INSTITUIÇÃO DE POLÍTICAS PÚBLICAS POR INICIATIVA PARLAMENTAR

LIMITES, POSSIBILIDADES E QUALIDADE

MURILO TEIXEIRA COSTA

Pedro Fernández Sánchez
Prefácio

INSTITUIÇÃO DE POLÍTICAS PÚBLICAS POR INICIATIVA PARLAMENTAR

LIMITES, POSSIBILIDADES E QUALIDADE

Belo Horizonte

2024

© 2024 Editora Fórum Ltda.

É proibida a reprodução total ou parcial desta obra, por qualquer meio eletrônico, inclusive por processos xerográficos, sem autorização expressa do Editor.

Conselho Editorial

Adilson Abreu Dallari
Alécia Paolucci Nogueira Bicalho
Alexandre Coutinho Pagliarini
André Ramos Tavares
Carlos Ayres Britto
Carlos Mário da Silva Velloso
Cármen Lúcia Antunes Rocha
Cesar Augusto Guimarães Pereira
Clovis Beznos
Cristiana Fortini
Dinorá Adelaide Musetti Grotti
Diogo de Figueiredo Moreira Neto (*in memoriam*)
Egon Bockmann Moreira
Emerson Gabardo
Fabrício Motta
Fernando Rossi
Flávio Henrique Unes Pereira

Floriano de Azevedo Marques Neto
Gustavo Justino de Oliveira
Inês Virgínia Prado Soares
Jorge Ulisses Jacoby Fernandes
Juarez Freitas
Luciano Ferraz
Lúcio Delfino
Marcia Carla Pereira Ribeiro
Márcio Cammarosano
Marcos Ehrhardt Jr.
Maria Sylvia Zanella Di Pietro
Ney José de Freitas
Oswaldo Othon de Pontes Saraiva Filho
Paulo Modesto
Romeu Felipe Bacellar Filho
Sérgio Guerra
Walber de Moura Agra

FÓRUM
CONHECIMENTO JURÍDICO

Luís Cláudio Rodrigues Ferreira
Presidente e Editor

Coordenação editorial: Leonardo Eustáquio Siqueira Araújo / Aline Sobreira de Oliveira
Revisão: Aline Almeida
Capa, projeto gráfico e diagramação: Walter Santos

Rua Paulo Ribeiro Bastos, 211 – Jardim Atlântico – CEP 31710-430
Belo Horizonte – Minas Gerais – Tel.: (31) 99412.0131
www.editoraforum.com.br – editoraforum@editoraforum.com.br

Técnica. Empenho. Zelo. Esses foram alguns dos cuidados aplicados na edição desta obra. No entanto, podem ocorrer erros de impressão, digitação ou mesmo restar alguma dúvida conceitual. Caso se constate algo assim, solicitamos a gentileza de nos comunicar através do *e-mail* editorial@editoraforum.com.br para que possamos esclarecer, no que couber. A sua contribuição é muito importante para mantermos a excelência editorial. A Editora Fórum agradece a sua contribuição.

Dados Internacionais de Catalogação na Publicação (CIP) de acordo com ISBD

C837i	Costa, Murilo Teixeira
	Instituição de políticas públicas por iniciativa parlamentar: limites, possibilidades e qualidade / Murilo Teixeira Costa. Belo Horizonte: Fórum, 2024.
	202 p. 14,5x21,5cm
	ISBN impresso 978-65-5518-829-5
	ISBN digital 978-65-5518-828-8
	1. Formulação de políticas públicas. 2. Iniciativa parlamentar. 3. Limites e possibilidades. 4. Qualidade material e formal. I. Título.
	CDD: 342.041
	CDU: 342

Ficha catalográfica elaborada por Lissandra Ruas Lima – CRB/6 – 2851

Informação bibliográfica deste livro, conforme a NBR 6023:2018 da Associação Brasileira de Normas Técnicas (ABNT):

COSTA, Murilo Teixeira. *Instituição de políticas públicas por iniciativa parlamentar*: limites, possibilidades e qualidade. Belo Horizonte: Fórum, 2024. 202 p. ISBN 978-65-5518-829-5.

À minha esposa, Carolina, e aos meus filhos, Rafael e Pedro, minha preciosa e amada família.

"Pois para mim o viver é Cristo".

(Filipenses 1:21)

SUMÁRIO

PREFÁCIO
Pedro Fernández Sánchez..13

INTRODUÇÃO...17

CAPÍTULO 1
DAS POLÍTICAS PÚBLICAS 27
1.1 Estado Social e políticas públicas 27
1.2 Políticas públicas e princípio da legalidade.........................31
1.3 Da questão da determinabilidade dos direitos sociais em
Portugal e no Brasil...36

CAPÍTULO 2
INSTITUIÇÃO DE POLÍTICAS PÚBLICAS POR INICIATIVA
PARLAMENTAR: LIMITES E POSSIBILIDADES.....................51
2.1 Iniciativa legislativa, competências e a função delimitadora
constitucional..51
2.2 Geração de despesas por iniciativa parlamentar: panorama
histórico constitucional 56
2.3 Criação de novas estruturas ou atribuições no âmbito do
Executivo: a problemática da tensão entre Governo e Legislativo.....59
2.4 Geração de despesas por iniciativa parlamentar: a jurisprudência
do STF..64
2.5 Elaboração da estimativa do impacto orçamentário e financeiro:
a constitucionalização da regra voltada para a responsabilidade
na gestão fiscal 68

CAPÍTULO 3

RELEVÂNCIA DA AVALIAÇÃO DE IMPACTO LEGISLATIVO COMO GARANTIA DA QUALIDADE DAS AÇÕES GOVERNAMENTAIS 73

3.1 Fundamentos: racionalidade e controle político e social...73

3.2 Avaliação de impacto legislativo: alcance e problemáticas.................74

3.3 Avaliação de políticas públicas no Parlamento brasileiro..................80

3.4 Desafios relacionados à formulação, à execução e à avaliação das políticas públicas...96

CAPÍTULO 4

DO PAPEL ESTRATÉGICO DAS LEIS ORÇAMENTÁRIAS NA RELAÇÃO DIALÓGICA E COLABORATIVA ENTRE GOVERNO E LEGISLATIVO...103

4.1 Marco regulatório constitucional e legal.............................104

4.2 Princípio democrático e o papel estratégico das leis orçamentárias na relação dialógica e colaborativa entre Governo e Legislativo 108

4.3 Compatibilidade e adequação orçamentária e financeira das políticas públicas instituídas por iniciativa parlamentar..................111

CAPÍTULO 5

RELEVO DO ELEMENTO TEXTUAL NA INSTITUIÇÃO DE POLÍTICAS PÚBLICAS: QUALIDADE DO TEXTO E SEGURANÇA JURÍDICA 123

5.1 Legística: panorama histórico 123

5.2 Conceituação, domínios e relevo da Legística formal 126

5.3 Qualidade da legislação e desenvolvimento: contributos da União Europeia e da OCDE...131

5.4 Contexto brasileiro e as carências do ensino na área de Legística ..136

5.5 Função delimitadora do texto: ponto de partida da interpretação e da concretização da norma..138

5.6 Características das regras jurídicas e o ideário da segurança 140

5.7 Da interpretação das regras constitucionais sob a perspectiva da efetividade do princípio da segurança jurídica: a força do texto para a estabilidade constitucional e a contenção do subjetivismo ..146

CAPÍTULO 6

CONCEITOS JURÍDICOS INDETERMINADOS COMO ESTRATAGEMA POLÍTICO 153

6.1 Conceituação e problemáticas relacionadas à interpretação e à aplicação dos conceitos jurídicos indeterminados.......................153

6.2 Debates parlamentares e as dificuldades na formação de consensos..161

6.3 Estudo de caso: debate e aprovação da nova Lei de Abuso de Autoridade (Lei nº 13.869, de 2019). Da violação dos princípios do Estado de direito democrático, da tipicidade penal e da segurança jurídica...167

6.4 Da pronúncia de inconstitucionalidade da norma que regula a antecipação da morte medicamente assistida em Portugal (Decreto nº 109/XIV, da Assembleia da República)..............................173

CONCLUSÕES..185

REFERÊNCIAS..193

PREFÁCIO

Na maioria dos sistemas contemporâneos que respeitam um modelo de Estado de Direito, observa-se uma clara diminuição do peso relativo dos órgãos parlamentares em benefício de um crescente protagonismo do Executivo. A intensidade desse movimento pode ser compreendida com maior clareza se se tiver em conta a circunstância de ele ser observável em diferentes sistemas de governo (podendo ocorrer em modelos que seguem o presidencialismo ou o parlamentarismo ou em sistemas mistos), mas também de ser verificável tanto em países cujos constituintes já haviam manifestado a tendência inicial de privilegiar a intervenção de órgãos executivos no exercício do poder legislativo quanto em países cujos textos constitucionais pareciam reservar o poder normativo primário dos órgãos executivos para casos excecionais, sem que tal impedisse que, também ali, se multiplicassem os casos de interferência executiva sobre a função legislativa.

A título de exemplo, não surpreenderia que, no caso português, em que os deputados constituintes assumiram a intenção de elevar o Governo a uma posição de centralidade que simultaneamente reuniria as funções de órgão superior da Administração Pública e de órgão legislativo comum, numa situação de quase paridade com o Parlamento, a prática constitucional viesse a observar a construção de um sistema dominado por um Governo-Legislador. Mas a verdade é que, recorrendo a outros instrumentos que estariam constitucionalmente reservados para situações excecionais, os órgãos executivos da generalidade dos Estados europeus, sob modelos parlamentares ou mistos (abstraindo agora do debate acerca da correção do conceito de semipresidencialismo para a qualificação destes últimos), podem, de um modo ou de outro, sob forma legislativa ou sob forma regulamentar, editar uma normação primária que rivaliza em importância e quantidade com a normação parlamentar.

Como se sabe, a situação não é muito diferente no caso brasileiro. O recurso a medidas provisórias ou a leis delegadas oferece a porta de entrada do Executivo na seara legislativa, ainda que se mantenha desprovido de uma posição paritária com o Congresso, o que implica que o principal órgão responsável pela aplicação da lei participa igualmente na sua feitura.

Naturalmente, não se desconhece que o movimento de deslocação da centralidade político-constitucional para os órgãos executivos no Estado contemporâneo resulta, sobretudo, da circunstância de os poderes públicos serem chamados a responder a crescentes demandas dos cidadãos num Estado interventivo e pós-social, sendo previsível que as assembleias parlamentares não disponham dos mesmos meios para conceber e implementar políticas públicas do que meios à disposição de órgãos executivos que lideram pesadas estruturas dotadas de serviços e agências especializadas. A própria evolução do sistema de direitos fundamentais, que soma direitos positivos de natureza social aos direitos defensivos clássicos, reconhecendo que nenhuma pessoa humana pode ver a sua dignidade assegurada sem o apoio de prestações positivas pelos poderes públicos, sempre acabaria por impactar sobre o papel próprio que cada órgão constitucional exerce no sistema de governo e na conceção e aprovação de políticas públicas.

A governamentalização dos sistemas constitucionais é, por isso, um efeito reflexo, e dificilmente evitável, da evolução de um Estado que está longe de manter o papel defensivo dos modelos liberais oitocentistas que ainda tornavam verosímil a atribuição aos Parlamentos do exclusivo sobre a função legislativa.

Não obstante essa evidência, não é possível negar que este movimento desvaloriza o papel das assembleias que assumem a principal função de representação dos cidadãos num Estado de Direito democrático.

A responsabilidade de conceção das políticas públicas – enquanto conjunto sucessivo e orientado de ações e decisões, aprovadas por um ou mais atores públicos, para resolução de um problema coletivo de uma parte ou da totalidade da comunidade – fica afastada do órgão legislativo para ser maioritariamente definida em gabinetes com perfil executivo, dificultando a fiscalização pela cidadania a quem a Constituição confia a soberania. Simultaneamente, ela parece deixar implícita na opinião pública uma sinalização da incapacidade de facto do legislador para dirigir a vida constitucional do país. Daí resulta, inevitavelmente, uma perda de credibilidade de um sistema que acaba distanciando o principal órgão representativo nacional dos seus representados.

É precisamente no contexto da identificação dos efeitos provocados por esta evolução constitucional contemporânea que se insere a obra que agora se publica.

A dissertação intitulada *Instituição de políticas públicas por iniciativa parlamentar: limites, possibilidades e qualidade* resulta da investigação realizada por Murilo Teixeira Costa para a obtenção do grau de mestre na Faculdade de Direito da Universidade de Lisboa, que mereceu elevada avaliação nas provas públicas que, nessa Faculdade, tiveram lugar em dezembro de 2022.

Tal avaliação resulta do mérito que deve ser reconhecido a Murilo Teixeira Costa por indagar quais as possibilidades – e em que termos elas podem ser aproveitadas – do Legislativo para assumir a iniciativa de definição de metas coletivas e programas de ação destinados à prossecução de fins socialmente relevantes para a comunidade. Num estudo que reúne elementos jurídicos – de vários ramos do Direito –, mas também econômicos e de outras ciências sociais, procura-se identificar os desafios à formulação, execução e posterior avaliação de políticas públicas de iniciativa parlamentar, propondo igualmente mecanismos de elevação da qualidade das normas que corporizam a sua implementação.

Os efeitos positivos que esses mecanismos podem produzir para a promoção de direitos fundamentais de natureza social – sem os quais a dignidade da pessoa humana não pode ser hoje assegurada, em virtude da insuficiência dos direitos de caráter defensivo para a sua tutela – não podem ser minimizados.

Mas não menos relevante neste estudo é a especial atenção prestada às respectivas consequências financeiras e ao impacto que podem produzir no equilíbrio de poderes entre Legislativo e Executivo, sobretudo à luz dos efeitos que a geração de despesas por iniciativa parlamentar pode produzir sobre a atividade de execução orçamental.

Num notável equilíbrio teórico-prático, e sem nunca desvalorizar os aspectos teórico-jurídicos e a construção dogmática, o estudo apresenta também ao leitor o estado atual da jurisprudência do Supremo Tribunal Federal, cuidando também em recorrer a estudos de caso – não apenas do Brasil, mas também de Portugal – que ilustram as cautelas a adotar na feitura das normas que disciplinam uma nova medida legislativa.

Quanto a este último aspecto, a dissertação de Murilo Teixeira Costa merece aplauso por não esquecer o contributo que a Ciência Legística pode oferecer para a elevação da qualidade dos textos normativos. Da redação formal dos diplomas legislativos depende, em muito, a efetividade das iniciativas dos órgãos constitucionais, mas também a segurança jurídica dos seus destinatários. Nesse contexto, têm de ser apontados os problemas que resultam, não apenas de falhas não intencionais derivadas de deficiências na redação dos textos, mas também de estratégias intencionais de recurso a conceitos excessivamente vagos, os quais, embora utilizados para evitar as dificuldades na formação de consensos, prejudicam os interesses de segurança e certeza jurídica que também constituem pilares do Estado de Direito.

Por conseguinte, a obra de Murilo Teixeira Costa vem preencher uma séria lacuna na doutrina – não simplesmente na doutrina brasileira, mas, mais amplamente, em toda a lusofonia – na abordagem de um tema que assume centralidade na realidade constitucional contemporânea. O seu estudo jurídico, valorizado por contributos multidisciplinares, oferece um valioso contributo no propósito de recentramento da atividade legislativa nos órgãos parlamentares, em benefício de um modelo equilibrado de separação de poderes e de implementação de direitos fundamentais inerentes à dignidade da pessoa humana num Estado Constitucional contemporâneo.

Pedro Fernández Sánchez
Professor da Faculdade de Direito da Universidade de Lisboa

INTRODUÇÃO

A temática referente às políticas públicas vem, gradativamente, firmando-se como um dos principais objetos de interesse público e de pesquisa, especialmente nas áreas das ciências sociais, econômicas e jurídicas, acompanhando, dessa forma, a evolução histórica dos direitos fundamentais e dos esforços para a sua efetividade.

Há quem conceitue as políticas públicas como metas coletivas e programas de ação governamental que visam coordenar a estrutura estatal e as atividades privadas para a concretização de fins socialmente relevantes e politicamente determinados (Bucci, 2002, p. 241). Seriam, segundo esta autora, por assim dizer, uma ação politicamente coordenada e socialmente útil.

Jorge Silva Sampaio (2014, p. 49-53), ao salientar a variedade de acepções e usos do conceito de política pública, procura defini-la como um conjunto sucessivo de decisões e/ou de ações, intencionalmente coerentes, tomadas por diferentes atores públicos e, por vezes, com a participação de atores não públicos, para resolver problemas politicamente identificados como coletivos. De acordo com o autor, é justamente esse conjunto de decisões e ações que se define como *política pública*, sempre e quando se trate de decisões que emergem dos atores públicos e que pretendam orientar a conduta de determinado segmento de população para que um problema coletivo possa ser resolvido por intermédio de um esforço conjunto.[1]

---

[1] Jorge Silva Sampaio (2014, p. 48) afirma que a expressão *política pública* é ainda bastante recente na linguagem das ciências política e administrativa europeias, com a exceção britânica, tendo sido introduzida em meados de 1970, como uma tradução literal do termo *public policy*.

Para Bucci (2002, p. 245-249), a noção de políticas públicas envolve diretamente a conexão entre o direito e o modelo de Estado e há técnicas de intervenção jurídica que vão sendo criadas e modificadas na relação entre o Estado e a sociedade. A autora defende que, quanto mais se conhece o objeto da política pública, maior é a possibilidade de efetividade desse arranjo jurídico-institucional complexo.

Nesse sentido, a autora (2002, p. 249) sustenta que "a eficácia de políticas públicas consistentes depende diretamente do grau de articulação entre os poderes e agentes públicos envolvidos". Isso teria especial relevo no campo dos direitos sociais, como saúde, educação e previdência, em que, como alerta a autora (2002, p. 249), "as prestações do Estado resultam da operação de um sistema extremamente complexo de estruturas organizacionais, recursos financeiros, figuras jurídicas cuja apreensão é a chave de uma política pública efetiva e bem-sucedida".

As políticas públicas são reconhecidas como instrumentos de ação dos governos, inerentes à própria função de governar e de estabelecer metas ou finalidades coletivas. Esse programa de ação, logicamente, deve estar subordinado àquilo que exprime a tarefa primordial do direito, a normatização das condutas. A instituição das políticas públicas precisa, assim, ser compatível com o sistema constitucional vigente, como requisito fundamental de sua validade.

Devido a sua amplitude conceitual e operacional, discute-se qual seria realmente a natureza jurídica das políticas públicas. Seriam elas normas, planos, atividades ou um regime jurídico? Bucci (2002, p. 257) explica que a exteriorização da política pública está distante de um padrão jurídico uniforme e claramente apreensível pelo sistema jurídico e esse fator pode ocasionar dúvidas quanto ao seu caráter cogente e sobre a forma como se deve exigir o seu cumprimento em juízo.[2]

---

[2] Registre-se que Bucci (2006, p. 47) intentou estabelecer, em estudo específico, um conceito de política pública em direito; todavia, concluiu ser plausível considerar que não haja esse conceito jurídico, mas apenas um conceito "de que se servem os juristas (e os não juristas) como guia para o entendimento das políticas públicas e o trabalho nesse campo". Jorge Silva Sampaio (2014, p. 66-72) não concorda com essa afirmação de Maria Bucci. Segundo o autor, para delimitar um conceito normativo de política pública, é necessário identificar a sua utilidade analítica. As normas jurídicas têm um papel decisivo no que toca à exteriorização normativa das políticas públicas. Assim, para ele (2014, p. 72), de um ponto de vista normativo, uma política pública será a exteriorização legal do conjunto de decisões e/ou ações governamentais que compõem a política pública, sob a veste formal de decreto-lei, lei ou outros atos normativos, como resoluções ou regulamentos. Em suas palavras, "ao Direito cabe moldar formal e vinculativamente o trabalho efetuado pela política, transformando-o em leis, normas de execução, dispositivos fiscais, enfim, conformando normativamente o conjunto institucional através do qual opera a política" (Sampaio, 2014, p. 68).

Em função de toda essa dimensão das políticas públicas, Barcellos (2008a, p. 112) afirma que elas envolvem não apenas a prestação de serviços ou o desenvolvimento de atividades executivas diretamente pelo Estado, mas, bem assim, a atuação normativa, regulatória e de fomento nas mais diversas áreas. Sustenta que se trata de um campo vasto que dificulta um exame teórico único e aprofundado de todas as possíveis atividades que integram as políticas públicas.

Comparato (2002) prefere se apoiar no conceito de política pública como um programa de ação, ao demarcar a sua distinção com os elementos da realidade jurídica que ela acaba por englobar, a saber, as normas e os atos. A sua natureza seria, assim, de uma atividade, isto é, um conjunto organizado de normas e atos tendentes à realização de um objetivo determinado. Segundo esse autor, o conceito de atividade é recente na ciência jurídica e encontra-se no cerne da moderna noção de serviço público.

Denota-se, com base nesses conceitos introdutórios, que, embora não haja consenso sobre a natureza jurídica das políticas públicas, um dos elementos que unifica todas essas abordagens é a premissa de que as políticas públicas visam, sobretudo, à consecução dos direitos fundamentais.

As políticas públicas têm, por conseguinte, uma natureza instrumental, na medida em que constituem o meio pelo qual se busca efetivar, em especial, os direitos sociais. As políticas públicas de direitos sociais visam proteger, garantir e promover, entre outros, os direitos à educação, à saúde, à moradia e à previdência social. Por essa razão, inserem-se num debate que envolve, sobretudo, a escolha racional e objetiva de prioridades e a identificação dos interesses públicos reconhecidos pelo direito (Bucci, 2002, p. 264), dentro de um respectivo contexto político, social, econômico, cultural e institucional, o que acaba por condicionar a sua formulação, o seu desenvolvimento e a sua avaliação.[3]

---

[3] Devido a essas condicionantes, Bucci (2002, p. 264-269) defende que as políticas públicas devem ser vistas também como processo ou conjunto de processos coordenados pelo governo para a interação entre sujeitos ou entre estes e a Administração, com o exercício do contraditório, como forma de controle prévio de discricionariedade, na medida em que exigem a apresentação dos pressupostos materiais que informam a decisão, em consequência da qual se desencadeia a ação administrativa. O processo de elaboração da política seria propício a explicitar e documentar os pressupostos da atividade administrativa e, dessa forma, tornar viável o controle posterior dos motivos. A escolha dos objetivos das políticas públicas não seria uma decisão isolada do agente público (escolha politicamente informada) e seu sucesso estaria relacionado com a qualidade do processo administrativo que precede a sua realização, que a implementa e, por fim, avalia-lhe.

A formulação de políticas públicas não é uma atividade simples. Trata-se de uma tarefa árdua, assentada em juízos de valor e num complexo conjunto de interesses. Envolve não apenas a prestação de serviços ou o desenvolvimento de atividades executivas diretamente pelo Estado, mas um amplo conjunto de atividades. Por isso mesmo, Bucci e Coutinho (2017) preferem qualificar as políticas públicas como arranjos-institucionais complexos, a envolver a articulação e a coordenação das áreas política, econômica, gestão e direito.

Relativamente à influência do contexto político, Comparato (2002) ressalta que, com o advento do Estado Social, o protagonismo do Poder Legislativo vigente no Estado Liberal deixa de existir, pois a legitimidade do Estado passa a fundar-se não na expressão legislativa da soberania popular, mas na realização de finalidades coletivas, a serem alcançadas, programadamente, por meio das políticas públicas ou dos programas de ação governamental, conferindo-se preeminência à função planejadora exercida pelo agora chamado Poder Executivo, a quem incumbirá um papel hegemônico.

E, sob a perspectiva da teoria filosófica, Jeremy Waldron (2003, p. 1-5) reflete sobre a atuação parlamentar e aduz que há certa desconfiança em relação ao Legislativo, como se esse fórum fosse indigno para decidir sobre as questões mais graves e mais sérias dos direitos enfrentadas pela sociedade moderna, e que os tribunais, com seu relativo isolamento ante a política partidária, seriam um local mais adequado para solucionar tais questões.

Waldron (2003, p. 1) comenta que, em comparação com o tema dos tribunais, existe um silêncio quando se fala em legislação ou legislatura, não havendo nada sobre esse assunto na jurisprudência filosófica moderna que seja comparável à discussão da decisão judicial. O autor argumenta que a legislação e as legislaturas têm má fama na filosofia jurídica e política e não se desenvolveu uma teoria normativa da legislação que pudesse servir como base para criticar certas extravagâncias ou para compreender normativamente a legislação como forma genuína de direito. Para o autor, pinta-se a legislação com cores soturnas para dar credibilidade à ideia de revisão judicial da legislação, sob a autoridade de uma carta de direitos. Nesse compasso, idealiza-se o ato de julgar emoldurado junto ao retrato de má fama do legislador. Não convencido disso, Waldron (2003, p. 3) pretende "recuperar e destacar maneiras de pensar a respeito da legislatura que a apresentem como um modo de governança dignificado e uma fonte de direito respeitável".

Nesse contexto de recuperação da respeitabilidade da legislatura, é válido refletir sobre as condições conferidas ao legislador para responder, de maneira digna e efetiva, à substancial preocupação manifestada pela doutrina em promover a reabilitação dogmática dos direitos sociais como direitos fundamentais, evitando-se, dessa forma, como alerta Reis Novais (2010, p. 9), a secundarização, a menorização e a subalternização dos direitos sociais, "como se aquela afirmação constitucional, todavia inequívoca, não passasse de uma proclamação política ou de mero cumprimento retórico de um ritual politicamente correcto, mas dogmaticamente inconsequente".[4]

Portanto, especificamente a respeito da formulação de políticas públicas, apresentam-se questões importantes a serem alvo de reflexão. A presente obra objetiva fazer uma análise sobre a temática referente à instituição de políticas públicas por iniciativa parlamentar, enfocando os limites, as possibilidades e a qualidade concernentes a esse domínio de atuação dos membros do Legislativo. Esse é um tema que pode ser melhor investigado e, para delimitá-lo, esta obra tem como perspectiva contextual a sistemática constitucional brasileira, sem prejuízo de realizar uma abordagem valendo-se das lições do direito comparado.

Com efeito, a temática central desta obra é: referentemente à formulação de políticas públicas por iniciativa parlamentar, quais são os limites e as possibilidades relacionadas a esse domínio de atuação parlamentar, e, bem assim, quais são os critérios qualitativos para que essa atividade ocorra de forma eficaz, eficiente e efetiva?

Desse modo, tomando-se tais pressupostos como referência, esta obra preocupa-se em investigar e responder, especialmente, às seguintes perguntas fundamentais:

(i) qual é o alcance e quais são os limites da iniciativa legislativa conferida aos membros do Legislativo para instituírem políticas públicas?

(ii) as políticas públicas instituídas por iniciativa parlamentar podem criar ou aumentar as despesas públicas de caráter continuado?

(iii) qual é o posicionamento da jurisprudência do Supremo Tribunal Federal brasileiro a respeito desse assunto?

---

[4] Reis Novais (2010, p. 23 e 29) acrescenta que o reconhecimento de uma inevitável e forte dimensão política dos direitos sociais não deve obnubilar as diferenças entre os dois domínios (político e jurídico), porquanto é possível tratar, de forma autônoma, os direitos sociais como problema político ou como problema jurídico e utilizar argumentos adequados à sua defesa e contestação num ou no outro espaço.

(iv) qual é a relevância da avaliação de impacto legislativo na garantia da qualidade das ações governamentais?

(v) existe, no âmbito do Legislativo brasileiro, uma experiência de organização e de institucionalização de lógicas de avaliação e de monitoramento de políticas públicas? O parlamento brasileiro é dotado de uma estrutura organizativa específica que apoie, administrativa e tecnicamente, o legislador a realizar eficazmente a avaliação de impacto legislativo das políticas públicas?

(vi) quais são, presentemente, os principais desafios relacionados à formulação, à execução e à avaliação de políticas públicas?

(vii) qual é o papel estratégico das leis orçamentárias na relação dialógica e colaborativa entre Governo e Legislativo?

(viii) existem formas e modelos específicos de previsibilidade e de compatibilidade orçamentária e financeira para as proposições de iniciativa parlamentar que gerem despesas de caráter continuado?

(ix) é possível, utilizando-se os critérios científicos e técnicos propostos pela Legística, produzir políticas públicas com qualidade? Qual é o relevo do elemento textual na instituição de políticas públicas? Em termos de interpretação das políticas públicas, quais são as principais funções exercidas pelo texto, particularmente sob a perspectiva da efetividade das políticas públicas e do princípio da segurança jurídica?

(x) é possível observar, em determinados contextos de impasses para a formação de consensos no Legislativo, a utilização inadequada de conceitos jurídicos indeterminados como estratagema político para viabilizar acordos e formar maiorias parlamentares circunstanciais? Em caso positivo, quais são as consequências dessa prática para a qualidade, a atividade interpretativa e a aplicação das normas? Essa prática pode ensejar, de alguma forma, a violação dos princípios do Estado de direito democrático, da segurança jurídica e da determinabilidade?

Importa referir, nesta altura, que há um profícuo debate na doutrina e na jurisprudência sobre a temática das políticas públicas. No entanto, existe uma carência na doutrina de abordagens específicas sobre o alcance e as possibilidades de iniciativa parlamentar nessa matéria, o que acaba por conferir interesse e utilidade a esta obra. Realmente, discussões com enfoque na iniciativa parlamentar são mais restritas ao âmbito da jurisprudência, motivo pelo qual se procura, metodologicamente, realizar uma análise crítica das decisões em que o Supremo Tribunal Federal fixa parâmetros para a atuação parlamentar nesse campo.

Registre-se que, em termos de literatura, existem disponíveis, à pesquisa, estudos que tratam sobre os temas relacionados aos direitos fundamentais, às políticas públicas, à iniciativa legislativa e à geração de despesas, bem assim sobre monitoramento e avaliação de políticas públicas, legística e orçamento, que são áreas pertinentes ao objeto desta obra e necessitam ser exploradas.

Sabe-se que a doutrina do Direito tem se preocupado, a partir de uma perspectiva epistemológica, em produzir propostas metodológicas peculiares para responder às principais questões relacionadas à teoria jurídica. Perry (2000, p. 152), referindo-se ao pensamento de Hart, afirma que, como há algo especial a respeito da matéria da teoria jurídica, seus objetivos não podem ser atingidos por meio dos métodos usuais das ciências naturais, eis que, no caso do Direito e de outras estruturas normativas, "a exatidão descritiva requer um preceito metodológico peculiar a essa área de investigação".[5]

Nesse sentido, com a intenção de responder às indagações ora formuladas, mas sem pretensões de completude, na fundamentação teórico-metodológica desta obra são utilizados os métodos de aborda-gem dedutivo e fenomenológico em função da problemática envolvida. No que se refere ao procedimento, emprega-se a pesquisa exploratória, com levantamentos bibliográficos. Realiza-se, dessa forma, a revisão da literatura, a fim de consubstanciar o aporte teórico e histórico que fundamenta o objeto de estudo.

A obra compreende, assim, no Capítulo 1, como forma de melhor contextualizá-la dedutivamente, uma abordagem preliminar correlacio-nando, historicamente, o advento do Estado Social e o desenvolvimento dos direitos fundamentais, da dignidade da pessoa humana e das políticas públicas. Realiza-se ainda, nessa parte, uma análise sobre as

---

[5] Bix (2000, p. 211) comenta que a abordagem de Hart procura responder a questões sobre o Direito e a teoria jurídica, partindo de dentro da própria prática do Direito, ao focalizá-la e enfatizar "até que ponto a maioria dos problemas da teoria jurídica, se não todos, pode ser solucionada apenas por uma descrição melhor de nossas práticas", muito embora, na opinião de Bix (2000, p. 229), o foco sobre as práticas não irá, por si só, sanar todos os enigmas do Direito e da teoria jurídica, pois alguns desses problemas vão além "das ciladas da linguagem e refletem dilemas morais e políticos genuínos – e genuinamente difíceis".

funções que o princípio da legalidade exerce na instituição das políticas públicas. A questão da determinabilidade dos direitos sociais e suas repercussões também é objeto de estudo nesse ponto do livro.

No Capítulo 2, efetua-se uma abordagem sobre os limites e as possibilidades de instituição de políticas públicas por iniciativa parlamentar, concentrando-se, para tanto, em cinco subtemas. O primeiro diz respeito ao papel da Constituição da República Federativa brasileira em delimitar o alcance do poder de iniciativa legislativa e bem assim definir as regras de competência e as matérias em que o seu exercício se dará de forma concorrente e privativa. Em seguida, examina-se, sob um viés histórico-constitucional, o comportamento assumido pelas Constituições brasileiras editadas nos regimes democráticos e ditatoriais ao estabelecerem, em maior ou menor grau, restrições quanto à iniciativa parlamentar de proposições que implicassem em despesas públicas. Nesse capítulo, analisam-se os limites concernentes à criação de novas estruturas ou atribuições no âmbito do Executivo. A jurisprudência do Supremo Tribunal Federal (STF) sobre o tema é examinada em seguida. Encerra-se esse capítulo com o estudo de um assunto atual concernente à alteração e introdução na Constituição da República da regra, antes apenas legal, que exige a elaboração de estimativa de impacto orçamentário e financeiro nas proposições legislativas que criem ou alterem despesa obrigatória ou acarretem renúncia de receita.

Sendo impossível realizar uma investigação exaustiva que esgote toda essa matéria, o livro concentra-se em determinados pontos que geram maior tensão entre Governo e Legislativo no que concerne à instituição de políticas públicas por iniciativa parlamentar, com especial relevo às questões orçamentário-financeiras e atinentes à qualidade material e formal das políticas públicas, sem pretensões, ademais, de examinar o tema da justiciabilidade dos direitos sociais.

O Capítulo 3 abrange uma análise sobre a relevância da avaliação de impacto normativo para a garantia da qualidade das ações governamentais. Em termos de políticas públicas, há um consenso de que elas devem ser bem desenhadas, viáveis, eficazes, eficientes e efetivas. A avaliação de impacto legislativo apoia-se na ideia de que é preciso tornar o processo legislativo mais racional, de forma a conferir-lhe um incremento de racionalidade (Chevallier, 1992, p. 18-22). Justifica-se, portanto, discorrer sobre o potencial da avaliação de impacto legislativo das políticas públicas para tornar essas intervenções estatais mais confiáveis e ampliar a qualidade da legislação produzida.

No Capítulo 4, empreende-se um estudo sobre o papel estratégico das leis orçamentárias na relação dialógica e colaborativa entre Governo e Legislativo, correlacionando-se a questão da efetividade das políticas públicas com o grau de articulação entre as esferas governamentais e a sociedade, tendo-se como referência o modelo brasileiro, o princípio democrático e as possibilidades de adequação orçamentária e financeira das políticas públicas instituídas por iniciativa parlamentar.

O Capítulo 5 propõe uma reflexão sobre o relevo do elemento textual na instituição de políticas públicas. Essa análise pressupõe, dessarte, um estudo sobre a Legística e os critérios científicos e técnicos que o legislador deve observar para produzir uma política pública com qualidade e suas correlações com a interpretação, o desenvolvimento do Estado e da própria democracia, a efetivação dos direitos e a construção de um ambiente de segurança jurídica. Em item próprio desta parte do livro, faz-se uma análise das principais diferenças existentes entre as regras e os princípios constitucionais apontadas na doutrina, com especial enfoque na conexão entre a função/estrutura das regras jurídicas e a realização do valor segurança, na sua dimensão concernente à estabilidade e previsibilidade do sistema jurídico.

Finalmente, no Capítulo 6, realiza-se uma abordagem sobre uma questão atual e que tem se agravado no Parlamento, consistente na dificuldade em se alcançar consensos nas matérias em discussão e a utilização inadequada dos conceitos jurídicos indeterminados como estratagema político para a resolução de tais impasses, prática esta que tem potencial para comprometer a qualidade formal dos atos normativos, inclusive daqueles que criem políticas públicas, ocasionar complicações à atividade interpretativa e aplicação das normas e ensejar, em determinadas situações, a violação dos princípios do Estado de direito democrático, da segurança jurídica e da determinabilidade.

O fio condutor que confere unidade a todas essas abordagens é, precisamente, a interdependência que há entre as correspondentes temáticas que compõem cada um dos capítulos desta obra. São conteúdos que estão envolvidos e correlacionados, de forma fundamental e direta, com o contexto da atividade parlamentar de criação de políticas públicas. Este, propriamente, o tema central e que pode ser representado e abordado, dedutivamente, por meio de um percurso que vai desde o alcance e possibilidades da iniciativa parlamentar nessa matéria, passa pelo processo de avaliação de impacto legislativo e sua relação com a qualidade substancial das proposições, não pode prescindir de uma análise da questão orçamentária, e culmina, como se verá, com o estudo sobre a qualidade formal, no sentido textual, das políticas públicas e sua relação com a segurança jurídica e com determinados mecanismos políticos que podem influenciar o debate, a redação e a aprovação de tais atos normativos na esfera do Legislativo.

CAPÍTULO 1

DAS POLÍTICAS PÚBLICAS

1.1 Estado Social e políticas públicas

O estudo referente às políticas públicas pressupõe a aproximação do direito com outras áreas do conhecimento, dentro de um contexto de interdisciplinaridade, com particular e necessária abertura para os domínios da ciência política, da sociologia e das ciências econômicas e administrativas, de modo a conferir-lhe o indispensável aporte para a compreensão e o atendimento das demandas coletivas.

O surgimento das políticas públicas é um evento associado ao contexto do Estado Social. Esse é um tema diretamente relacionado, portanto, com a existência do Estado Social.[6] Sabe-se que o advento dos direitos sociais, especialmente com força normativa constitucional a partir do início do século XX,[7] com a Constituição mexicana (1917), a Constituição de Weimar (1919) e, no Brasil, a Constituição de 1934, veio

---

[6] Segundo Liberati (2013, p. 77), o termo *Estado Social* apareceu, primeiramente, na Lei Fundamental de Bonn, de 1949. Entretanto, o autor esclarece que os direitos sociais foram inseridos, pela primeira vez, na Constituição Francesa de 1848, seguida pela Constituição mexicana de 1917 e de Weimar, em 1919.

[7] Bonavides (2006, p. 375) diz que os direitos fundamentais são o oxigênio das Constituições democráticas. Contudo, sobre a constitucionalização dos direitos sociais, importa assinalar que a simples previsão desses direitos na Constituição não é suficiente para caracterizar um Estado como democrático, porquanto há Estados totalitários que consagram os direitos sociais em suas Constituições, como também existem Estados democráticos, tal como demonstram as Constituições norte-americana, britânica e alemã, que não consagram expressamente os direitos sociais no texto constitucional. Blanco de Morais (2014a, p. 67 e 71) destaca que a Constituição Federal alemã de 1949 não incorpora direitos sociais, limitando-se a declarar uma cláusula do Estado Social. Registre-se, nesse aspecto, que o sistema jurídico alemão veda a supressão dos direitos sociais.

a exigir do Estado uma mudança de postura, pois uma das principais características dos direitos sociais é a sua dimensão prestacional, a demandar do Estado o cumprimento de prestações positivas – obrigações de fazer ou de dar em prol dos cidadãos –, o que muito se difere do abstencionismo que caracteriza o agir liberal estatal em relação à garantia dos direitos de liberdade.

Nesse sentido, Vasco Pereira da Silva (1996, p. 74) considera que essa mudança do Estado Liberal para o Estado Social resultou na transformação das funções administrativas do Estado, que passa de agressiva a "prestadora ou constitutiva e essa sua nova função torna-se a principal característica do Estado Social, que é, necessariamente, um 'Estado de Administração'".

Reis Novais (2010, p. 20) menciona que, historicamente, o Estado Social se assumiu como herdeiro e continuador natural do Estado de Direito liberal do século XIX, numa visão de defesa dos direitos sociais,[8] mas de forma complementar e integrada com a manutenção e promoção dos direitos e liberdades individuais, diferentemente da alternativa soviética de proeminência dos direitos sociais dos trabalhadores em contraposição às liberdades. O autor (2010, p. 22) comenta que o advento do Estado Social contribuiu para a ampliação do correspondente espectro político de apoio aos direitos sociais, para cuja sustentação confluíam tanto os movimentos socialistas e sociais-democratas quanto os partidos e movimentos conservadores de inspiração social cristã.

Jorge Silva Sampaio (2014, p. 53-54) recorda que, a partir dos anos 50, com o desenvolvimento do Estado Social de bem-estar, o setor público começou a intervir direta e potencialmente perante problemas concretos e começaram a aparecer verdadeiras políticas públicas. Nessa altura, os políticos, gestores públicos e acadêmicos começaram "a interrogar-se acerca da eficácia e eficiência de diferentes instrumentos de regulação, de incentivo económico e, mais recentemente, de instrumentos de persuasão e de informação" (Sampaio, 2014, p. 53-54).

Como discorre Liberati (2013), esse novo período fez surgir uma grande quantidade de direitos – chamados direitos sociais –, que

---

[8] Reis Novais (p. 21) expõe que a adjetivação "social" não tem, como por vezes se admite, especialmente na doutrina brasileira, um sentido de socialização ou coletivização tomado em contraposição a "individual" ou a "privado", mas antes um sentido diretamente político, relativo à evolução constitucional clássica de Estado de Direito liberal para Estado de Direito social, portanto, "um sentido que se pode tomar como politicamente referido à assunção, por parte do Estado, do comprometimento com os fins de resolução da chamada questão social". Refere-se, por isso, a uma adjetivação que acompanha e deriva da evolução do Estado e das concepções sobre a relação Estado-Indivíduo.

CAPÍTULO 1
DAS POLÍTICAS PÚBLICAS | 29

vieram a transmudar a finalidade do Estado, com respaldo na ideia de uma proteção global de natureza social. Segundo esse autor (2013, p. 77-78), os direitos sociais "compõem-se de um conjunto de direitos que exigem a realização de autênticas prestações de serviços por parte do Estado, com o fim de suprir ou incrementar os direitos de igualdade". Essas prestações seriam, além disso, essenciais à aquisição da plena cidadania, pois assegurariam o desfrute das condições materiais para o exercício das liberdades.

O Estado Social atua, desse modo, por meio das políticas públicas, as quais podem ser compreendidas como um conjunto de princípios, diretrizes, objetivos, metas, programas de ações e normas que orientam a atuação do poder público e coordenam a estrutura estatal e as atividades privadas para a realização, sobretudo, dos direitos fundamentais.[9]

Com efeito, hodiernamente, é papel fundamental do Estado Constitucional – aquele, como define Miranda (2002, p. 71), assente numa Constituição reguladora tanto de toda a sua organização como da relação com os cidadãos e tendente à limitação do poder –, salvaguardar, minimamente, a dignidade da pessoa humana, ao garantir-lhe o livre exercício dos direitos individuais e a fruição dos direitos sociais a serem concretizados por intermédio de políticas públicas.

Andrade (2009, p. 159) compreende que toda a matéria dos direitos fundamentais visa, por definição substancial, à prossecução de valores ligados à dignidade humana dos indivíduos, a qual não representa um valor abstrato, pois, "ao predomínio no plano axiológico e funcional de uma irredutível dimensão subjectiva há de naturalmente corresponder, no plano jurídico-estrutural, o lugar central da posição jurídica subjectiva",[10] posições estas que formam um conjunto a partir

---

[9] Jorge Silva Sampaio (2014) assinala que os direitos fundamentais, inclusive os sociais, a partir da sua consagração jurídico-constitucional, apresentam-se como fundamento e limites das políticas públicas de desenvolvimento, as quais constituem a base de um conjunto de atividades a serem realizadas pela Administração, para que os fins consagrados na Constituição sejam cumpridos. É por meio das políticas públicas "que o Estado concretiza os direitos fundamentais e, assim, protege, garante e promove o acesso individual aos bens jusfundamentais" (Sampaio, 2014, p. 232-237). Para esse autor, os direitos fundamentais são, portanto, marcos das políticas públicas. Essa concepção acarreta efeitos positivos em, pelo menos, três dimensões: (i) a precisão das obrigações do Estado; (ii) o desenvolvimento do princípio da interdependência entre direitos; e (iii) a exigibilidade dos direitos sociais.

[10] Andrade (2009, p. 111) esclarece que "utiliza-se, para referir o núcleo subjetivo formado por posições jurídicas individuais, o conceito tradicional de direito subjetivo, que, no entanto, tem de ser entendido aqui, num sentido amplo, como posição jurídica subjetiva activa ou de vantagem".

do qual se organiza todo o sistema constitucional de respeito, proteção e promoção da dignidade humana.

Para Liberati (2013, p. 74), a norma principiológica da dignidade da pessoa humana "contorna as funções e atividades estatais, na medida em que o Estado se obriga a concentrar seus esforços na realização de tarefas e funções destinadas à realização do homem por meio da proteção dos direitos fundamentais".

Jorge Silva Sampaio (2014, p. 146-166), ao discorrer sobre o papel essencial das políticas públicas enquanto resposta a problemas sociais, defende que o Estado social, enquanto Estado-Prestador, não morreu, nem pode morrer, mas seu papel deve ser rediscutido e melhorado ao longo do tempo, despindo-se de aspectos burocráticos que tolham a eficácia e adaptando-se às novas circunstâncias, de maneira que a política social se converta num serviço público organizado à margem da burocracia do Estado com o controle democrático da sociedade e uma relevante responsabilidade de garantia. Para esse autor, a democracia e o Estado social são realidades interdependentes e "não devemos nunca cair na tentação de encerrar o Estado social, sob pena de assassinarmos a própria dignidade da pessoa humana".

Reis Novais (2010, p. 22-23) considera que, atualmente, para além da promoção da dignidade da pessoa humana, os direitos sociais fundam-se, programaticamente, num espectro cada vez mais alargado, que vai desde o programa de realização de uma sociedade mais justa, incluindo os valores próprios da solidariedade cristã, até o simples pragmatismo de uma racionalidade econômica utilitarista, dentro de um contexto sempre marcado por um forte cunho político e de luta política. Isso porque a questão dos direitos sociais está diretamente ligada às diferentes concepções políticas e ideológicas sobre as funções do Estado, as relações do Estado com a prossecução do bem ou da justiça social e a sua posição perante a autonomia individual.

Ressalte-se, finalmente, que as políticas públicas desenvolvidas pelo poder público não se destinam apenas a garantir o exercício dos direitos fundamentais. Como ensina Bucci (2002, p. 241), as políticas públicas visam fins socialmente relevantes e politicamente determinados. Nesse mesmo sentido, Jorge Silva Sampaio (2014, p. 125) afirma que as políticas públicas assumem diversas tarefas e erguem-se sobre inúmeros âmbitos, existindo vários critérios que demonstram a sua diversidade. Nesse domínio pode-se validamente inserir as políticas públicas de desenvolvimento na área industrial, energia, transporte, tecnologia e inovação, e outros setores importantes que propiciam a elevação do nível e da qualidade de vida da população, o que também representa um dos objetivos do Estado Constitucional contemporâneo (Breus, 2007, p. 219).

1.2 Políticas públicas e princípio da legalidade

Na formulação e na execução das políticas públicas, o princípio da legalidade desempenha uma função destacada, pois essas são atividades que devem estar subordinadas àquilo que exprime a tarefa primordial do direito, a normatização das condutas. Esse é um critério fundamental para a validade das políticas públicas. A inobservância do princípio da legalidade tem potencial, portanto, para gerar a invalidade de uma política pública, por meio da declaração de nulidade dos atos que lhe dão substrato.

Reis Novais (2019, p. 219) recorda que, historicamente, a discussão sobre a existência da reserva de lei só adquiriu verdadeiro sentido "com a instituição de uma separação de poderes e de funções após o advento do Estado de Direito liberal". O autor explica que, até então, a concentração de poderes na pessoa do monarca absoluto privava de interesse político e prático a discussão do problema.

Nesse aspecto, Celso Antônio Bandeira de Mello (2010, p. 99-106) expõe que o princípio da legalidade se contrapõe ao poder autoritário e qualifica e confere identidade própria ao Estado de Direito, com base na ideia de que "a Administração Pública só pode ser exercida na conformidade da lei e que, de conseguinte, a atividade administrativa é atividade sublegal, infralegal, consistente na expedição de comandos complementares à lei".

Liberati (2013, p. 91-95) afirma que a efetivação do processo de escolha das políticas públicas tem seu fundamento, primeiro, na lei. Segundo o autor, o legislador será o artífice da fixação das políticas públicas necessárias à comunidade e definirá os critérios de preferência na escolha dos serviços e atividades mais urgentes para a população. Nesse sentido, a função de governar por políticas públicas jamais poderá excluir o respeito à legalidade. Antes, entre a lei e as políticas públicas deve haver uma simbiose e estas devem ser incorporadas ao comando legal, de modo a serem reconhecidas pelo direito e a gerarem efeitos jurídicos. O direito e o princípio da legalidade nortearão, portanto, a formulação e a implementação das políticas públicas, oferecendo, dessa forma, garantias e a necessária segurança jurídica aos indivíduos.

Esse é um processo, sobretudo, de formação do interesse público, no qual são eleitas e definidas as prioridades em face de vários interesses concorrentes, os quais serão reconhecidos como interesse público quando assim qualificados pela lei. É evidente que, num Estado democrático de direito, o legislador compartilha essa função com os cidadãos.[11]

Bucci (2002, p. 257-258) assevera que a política pública exterioriza-se de várias maneiras e todas elas devem submeter-se ao império da lei, mormente por se inserirem nas ações dos governantes cuja validade pode ser aferida pelo Judiciário. De igual forma, Jorge Silva Sampaio (2014, p. 66-67) afirma que é exatamente após o *erguer formal* da política, com a sua exteriorização normativa, que decorrem os efeitos jurídicos e a sua obrigatoriedade e que, eventualmente, poderá verificar-se o controle jurisdicional.

É por meio do princípio da legalidade, portanto, que se materializa o comando da norma constitucional e, de modo especial, os direitos fundamentais sociais. A previsão da dignidade da pessoa humana e da justiça social como, respectivamente, fundamento e objetivo da república brasileira,[12] não possui um sentido meramente figurativo. Ao invés, impõe ao Estado o dever de agir e de formular e executar políticas públicas para concretizar esses princípios constitucionais.

Infere-se, em vista disso, que, em termos de formulação, execução e gestão das políticas públicas, o princípio da legalidade está direta e particularmente interligado com o interesse público e o respeito à dignidade da pessoa humana, que são referências fundamentais em todo esse processo de conformação legal das políticas públicas.

Marcelo Rebelo de Sousa e André Salgado de Matos (2004, p. 160-178) ensinam que o princípio da legalidade não impede a existência de uma margem de livre decisão administrativa, consistente num espaço de liberdade de atuação administrativa conferido por lei e limitado pelo bloco de legalidade, o que implica uma parcial autodeterminação administrativa. Os autores (2004, p. 171) dissertam que essa maior ou menor margem de liberdade administrativa dependerá do grau de densificação normativa, no sentido de que "uma norma que densifique totalmente os pressupostos e os meios de actuação administrativa é uma

---

[11] Cite-se, a título de exemplo, a previsão contida no art. 204, inciso II, da Constituição brasileira, segundo a qual as ações governamentais na área de assistência social serão organizadas com a participação da população, por meio de organizações representativas, na formulação das políticas e no controle das ações em todos os níveis.

[12] Cf. art. 1º, III, e art. 3º da Constituição brasileira.

norma fechada; uma norma que os densifique apenas parcialmente é uma norma aberta, podendo tal abertura comportar várias formas e graus". Dessa forma, a primeira norma estabelece a vinculação da administração a uma conduta ativa ou omissa, totalmente predeterminada, e a segunda confere-lhe certa margem de livre decisão, ao prefixar apenas alguns aspectos da conduta administrativa. Comentam, ademais, que a maior parte das competências administrativas comporta, em diferentes medidas, quer aspectos vinculados, quer uma margem de decisão.

No entanto, importa assinalar que essa questão de saber se a reserva de lei deve-se estender às matérias de administração prestacional não é um tema pacífico na doutrina. Marcelo Rebelo de Sousa e André Salgado de Matos (2004, p. 164-167) esclarecem que sobre esse assunto se formaram, fundamentalmente, três correntes de pensamento.

Nesse sentido, um setor doutrinário minoritário na Alemanha e em Portugal defende a restrição da reserva de lei à administração agressiva, pois não faria sentido invocar-se tal fundamento quando está em causa a atribuição de vantagens aos cidadãos, e não a compressão da sua esfera individual.

De outra parte, uma corrente doutrinária maioritária se formou na Alemanha com fundamento na orientação formulada pelo Tribunal Constitucional Federal Alemão de que, no Estado social, a reserva de lei deveria ser alargada à atividade administrativa em todos os seus âmbitos que, acompanhando as modificações políticas, econômicas, sociais e culturais ocorridas, passaram a ser consideradas como essenciais para a coletividade (teoria da essencialidade). Essa tese, que, segundo os autores, tem escassa expressão em Portugal, não exclui a admissibilidade de atuações administrativas sem base legal em matérias consideradas não essenciais.

Por fim, um terceiro grupo de autores, largamente maioritário em Portugal, sustenta a necessidade de uma reserva (no sentido de precedência) total de lei, de modo que nenhum ato da administração, em qualquer esfera da sua atividade, poderia deixar de se fundamentar na lei.[13]

---

[13] Marcelo Rebelo de Sousa e André Salgado de Matos (2004, p. 164-167) indicam Sérvulo Correia e Paulo Otero como defensores da primeira linha de pensamento em Portugal, e muito menos desenvolvidamente, Afonso Queiró e Vieira de Andrade. Para esses autores, a disseminação da legitimidade democrática por todas as esferas do poder público dissolveu o fundamento democrático da reserva de lei. Os autores mencionam que, como fundamento normativo da posição sustentada, os defensores dessa tese apontam o art. 199º da Constituição de Portugal, que atribuiria uma competência genérica ao Governo para

Marcelo Rebelo de Sousa e André Salgado de Matos (2004, p. 167) integram essa última corrente de pensamento e argumentam que o princípio democrático permite explicar não apenas a sujeição da administração prestacional à reserva de lei, mas igualmente a extensão desta a todas as restantes esferas da administração, eis que defendem "a existência de uma precedência total de lei, no sentido da precedência de uma norma democrático-representativamente legitimada e suficientemente densificada".

Sobre a teoria da essencialidade, Reis Novais (2019, p. 230-231) comenta que as dificuldades relacionadas à sua aplicação resultam da ausência de critérios constitucionais indiscutíveis para distinguir o essencial do não essencial, embora seja observável o afinamento conceptual dessa teoria ante os esforços da doutrina e da jurisprudência. O autor entende que essa indeterminação do critério do que é ou não essencial possibilita uma maleabilidade na aplicação dessa teoria para fins de atendimento do princípio da reserva de lei, ao satisfazer às exigências de racionalização do funcionamento do Estado e de garantia da liberdade individual, pois essa teoria tem a "capacidade para atender às circunstâncias relevantes da situação concreta numa avaliação em que não são as definições talhares e abstractas, mas as questões materiais de grau e de justificação que são determinantes". Isso atribui, logicamente, um poder eventualmente excessivo ao Tribunal Constitucional responsável por dizer o que é ou não essencial para tais fins.

As conclusões de Reis Novais (2019, p. 233-234) são no sentido de que não é possível precisar o sentido concreto e fazer uma aplicação adequada do princípio da reserva de lei sem o recurso à teoria da essencialidade. Segundo o autor, "a superação das insuficiências desta teoria passa por uma compreensão aprofundada das razões que justificam o

---

praticar atos regulamentares nele diretamente fundados em matéria de administração prestacional, observado que a atuação administrativa bastar-se-ia com uma reserva de norma constitucional. Por sua vez, em relação à segunda corrente de pensamento, observam que a "impossibilidade de se definir aprioristicamente o espectro total da reserva de lei, mercê do caráter fluido do conceito de essencialidade, representa uma efectiva perda de segurança jurídica em relação ao Estado liberal; isto, contudo, constituiria uma inevitabilidade da complexificação das relações entre o Estado e a sociedade" (Sousa; Matos, 2004, p. 166). São apontados Rogério Soares, Maria João Estorninho e Cabral de Moncada como defensores desse pensamento em Portugal. Finalmente, citam que a terceira linha de pensamento é desenvolvida em Portugal, especialmente por Freitas do Amaral, Jorge Miranda, Gomes Canotilho, Maria da Glória Garcia, Manuel Afonso Vaz, Blanco de Morais e Maria Lúcia Amaral. Os autores aduzem que, na Constituição de Portugal, pode invocar-se a seu favor o art. 112º, nº 8, que exige a menção de um fundamento legal específico para todo e qualquer regulamento administrativo.

CAPÍTULO 1
DAS POLÍTICAS PÚBLICAS | 35

princípio da reserva de lei e da reserva de parlamento nas condições do Estado de Direito dos nossos dias, para, em função dessas conclusões, determinar aquilo que, para efeito de inclusão na reserva, deve ou não ser considerado essencial".[14]

Jorge Pereira da Silva (2015, p. 562-563) assevera que os deveres estaduais de proteção dos direitos fundamentais desenvolvem-se numa dimensão *legislativamente mediatizada*, pois "não pode dispensar-se levianamente a necessidade de *interpositio legislatoris* para levar a efeito operações de protecção jusfundamental".

Relativamente à questão da reserva de lei em matéria de administração prestacional, adere-se, nesta obra, ao posicionamento que defende a precedência total de lei. Significa entender que, em função dos princípios da legalidade e democrático, cumpre ao legislador fixar os parâmetros legais mediante os quais será executada e gerida uma determinada política pública pelo administrador, fixando-lhe limites para o agir administrativo discricionário e, inclusive, vinculações,[15]

---

[14] Nesse sentido, Reis Novais (2019, p. 234-238) discorre que, na argumentação do Estado de Direito, a importância da reserva de lei centra-se na segurança jurídica, previsibilidade, calculabilidade e controlabilidade, ante a necessidade de predeterminação normativa e com suficiente densidade da atuação administrativa. Por sua vez, relativamente aos argumentos democráticos, a reserva de lei parlamentar assume o papel de protagonista principal, sob a forte influência das ideias de que as decisões essenciais para a vida da comunidade devem ser tomadas pela instituição representativa de todos os cidadãos. Dessa forma, as decisões que afetam a realização dos direitos fundamentais devem ser oriundas dos representantes diretamente escolhidos para esse efeito. Segundo o autor, pesam ainda os argumentos relacionados com a qualidade intrínseca do processo legislativo parlamentar, ante as "razões que respeitam à sua maior aptidão para produzir resultados racionais e para produzir decisões que garantam integração e consensualização política e social". Nessa perspectiva, o processo legislativo parlamentar adquire superioridade qualitativa, ao garantir o conhecimento público do ato normativo em preparação, transparência, participação das oposições e da opinião pública nas discussões, que são todas vantagens "quando comparado com a relativa opacidade que antecede as decisões legislativas do Governo".

[15] Cite-se, como exemplo de agir administrativo vinculado na execução e na gestão de políticas públicas, as previsões contidas no: *(i)* art. 8º, da Lei nº 13.146, de 6 de julho de 2015, que institui a Lei Brasileira de Inclusão da Pessoa com Deficiência (Estatuto da Pessoa com Deficiência), ao estabelecer que é dever do Estado, da sociedade e da família assegurar à pessoa com deficiência, com prioridade, a efetivação dos direitos referentes à vida, à saúde, à sexualidade, à paternidade e à maternidade, à alimentação, à habitação, à educação, à profissionalização, ao trabalho, à previdência social, à habilitação e à reabilitação, ao transporte, à acessibilidade, à cultura, ao desporto, ao turismo, ao lazer, à informação, à comunicação, aos avanços científicos e tecnológicos, à dignidade, ao respeito, à liberdade, à convivência familiar e comunitária, entre outros decorrentes da Constituição Federal, da Convenção sobre os Direitos das Pessoas com Deficiência e seu Protocolo Facultativo e das leis e de outras normas que garantam seu bem-estar pessoal, social e econômico; *(ii)* art. 3º, da Lei nº 10.741, de 1º de outubro de 2003, que institui o Estatuto da Pessoa Idosa, ao determinar que é obrigação da família, da comunidade, da

tendo-se sempre em referência a dignidade da pessoa humana, o interesse público e os demais princípios constitucionais.

1.3 Da questão da determinabilidade dos direitos sociais em Portugal e no Brasil

A questão da determinabilidade dos direitos sociais é objeto de proficiente debate na doutrina. Essa discussão tem correlação com o regime delineado nos ordenamentos jurídicos e com a própria definição do conceito de direito subjetivo,[16] assunto este que tem gerado certa controvérsia no direito público.

José Melo Alexandrino (2011, p. 23) ensina que um direito social é fundamental quando é indisponível, alcança a todos (universalidade), responde a uma situação de perigo e a uma exigência social constante (permanência), respeita as necessidades básicas da pessoa que o Estado se compromete a atender (fundamentalidade) e está previsto na Constituição – o que não quer dizer que todos os direitos previstos na Constituição sejam fundamentais –, definindo-se, dessa maneira, como situações jurídicas das pessoas perante os poderes públicos consagradas na Constituição.[17]

---

sociedade e do Poder Público assegurar ao idoso, com absoluta prioridade, a efetivação do direito à vida, à saúde, à alimentação, à educação, à cultura, ao esporte, ao lazer, ao trabalho, à cidadania, à liberdade, à dignidade, ao respeito e à convivência familiar e comunitária; e *(iii)* art. 4º, da Lei nº 8.069, de 13 de julho de 1990, que institui o Estatuto da Criança e do Adolescente, ao definir que é dever da família, da comunidade, da sociedade em geral e do poder público assegurar à criança e ao adolescente, com absoluta prioridade, a efetivação dos direitos referentes à vida, à saúde, à alimentação, à educação, ao esporte, ao lazer, à profissionalização, à cultura, à dignidade, ao respeito, à liberdade e à convivência familiar e comunitária.

[16] Andrade (2009, p. 114) explana que os direitos subjetivos fundamentais são diferentes dos direitos subjetivos privados, pois possuem características únicas, desde logo, pela qualidade dos seus sujeitos passivos típicos, mas também pela multiplicidade de conteúdos, pela variedade e complexidade estrutural, pela diversidade funcional e até sujeição a diferentes regimes constitucionais. Dentre as características próprias dos direitos subjetivos fundamentais, pode-se citar a individualidade, universalidade, permanência e fundamentalidade.

[17] Alexandrino (2011, p. 157) adverte que os direitos fundamentais sociais não se confundem com os direitos a prestações derivados da lei, pois estes não respeitam os critérios de fundamentalidade material, permanência e universalidade (são direitos tipicamente exclusivos de certas pessoas), ao invés, são direitos patrimoniais disponíveis, e não pessoais e indisponíveis, como os direitos fundamentais. São, portanto, situações analíticas criadas e concretizadas por lei, com objeto, conteúdo e destinatário bem definido, caracterizados como direitos subjetivos (públicos) inteiramente exigíveis em tribunal.

Andrade (2009, p. 361) expõe que, consoante os ordenamentos jurídicos, o entendimento dos direitos sociais varia e podem tais direitos ser "encarados como princípios políticos, como normas programáticas, como preceitos indicadores de fins do Estado, como princípios jurídicos, como normas organizatórias, como garantias institucionais ou, mais raramente, como direitos subjectivos públicos".

Especificamente em relação à essa compreensão relacionada à dimensão do direito subjetivo, Carlos Blanco de Morais (2014b, p. 574) associa o conceito e o alcance do direito subjetivo à sua determinabilidade e à possibilidade de sua exigibilidade via judicial, ao defini-lo como "uma posição jurídica ativa consagrada em norma jurídica, portadora de um elevado grau de determinabilidade ou decidibilidade que permite ao seu titular desfrutá-la em termos imediatos ou exigir judicialmente que seja assegurado esse mesmo desfrute".

Dentro dessa concepção, o autor argumenta que não existe uma vinculação imediata entre direitos fundamentais e direitos subjetivos, pois essa conexão depende do nível de determinabilidade e de justiciabilidade conferido a um determinado direito fundamental. Nesse sentido, o professor Carlos Blanco de Morais (2014b, p. 577) realça que:

> (...) existem numerosos direitos subjetivos, que não são fundamentais, assim como existem, naturalmente, direitos fundamentais que, pela estrutura incompleta de suas normas, o conteúdo indeterminado destas, dependência de condições jurídicas complementares para a sua efetivação e justiciabilidade diminuída, não são direitos subjetivos. Nesta última situação se incluem não apenas os direitos sociais a prestações, mas também direitos de liberdade que se encontrem integralmente dependentes de lei quanto à sua efetivação.

Segundo Blanco de Morais (2014a, p. 73), a determinabilidade normativa do direito subjetivo envolveria, em regra: (i) a identificação objetiva do titular do direito; (ii) o seu objeto (o bem jurídico protegido); (iii) o seu conteúdo (faculdade de agir e obrigações específicas dos poderes públicos ou de terceiros, de forma a proporcionar o gozo do direito); e, finalmente, (iv) a sua efetiva justiciabilidade junto aos tribunais.

Com base em tais premissas, Blanco de Morais (2014a, p. 74) entende que as normas constitucionais consagradoras de direitos sociais a prestações não possuem, por natureza, a determinabilidade necessária em termos de identificação dos titulares e do conteúdo da obrigação prestacional a cargo do Estado para se consagrarem direitos subjetivos, tendo essa indeterminação o condão de impedir o desfrute imediato do direito a partir dos respectivos enunciados normativos constitucionais.

Blanco de Morais (2014a, p. 74-75) conclui que não é, desse modo, a constitucionalização de direitos sociais prestacionais que cria, em sentido próprio, um direito subjetivo às mesmas prestações, mas sim a lei. Os enunciados constitucionais nessa matéria são normas-princípio ou normas-*standard* que apontam fins e mandamentos dirigidos ao legislador, o qual lhe dará consecução "à luz das legítimas opções políticas e da reserva do financeiramente possível".

Alexandrino (2011, p. 45-47 e 157) compartilha do entendimento de que os direitos sociais não têm, por regra, um conteúdo determinado e não podem qualificar-se, portanto, como direitos subjetivos. Segundo o autor, os direitos sociais, no plano técnico-jurídico, estão associados a um conteúdo indeterminado ao nível da norma constitucional, envolvendo a realização de tais direitos a definição de prioridades e opções políticas acerca da canalização dos recursos disponíveis (gradualismo e flexibilidade de realização). É um processo marcado, assim, pela dependência a fatores políticos e econômicos.

Em sentido oposto, tendo como referência os direitos sociais, Canotilho (2003, p. 1257) concebe os direitos fundamentais sociais como autênticos direitos subjetivos, independentemente da sua determinabilidade e justiciabilidade imediatas. Para o autor, se um direito fundamental acha-se constitucionalmente protegido como direito individual, esta proteção efetua-se sob a forma de direito subjetivo.

Canotilho (2008, p. 266) disserta que a aplicabilidade direta do conteúdo essencial dos direitos fundamentais sociais não pode compadecer-se à reserva de lei constitutiva das prestações ou mesmo à reserva do possível entabulada em termos econômicos e financeiros, porque conduziria, diante da omissão do legislador e dos órgãos responsáveis por implementar a Constituição, à negação da existência de um núcleo essencial de prestações sociais. O autor infere que a efetividade dos direitos sociais constitucionalmente garantidos não pode ser neutralizada pelas omissões legislativas e executivas.

Nessa mesma linha de pensamento, Reis Novais (2010, p. 178) considera que os direitos sociais possuem uma relevante dimensão subjetiva, a qual se decompõem, assimetricamente, em duas vertentes, uma negativa (defensiva) e outra positiva. A primeira vertente tem um sentido tendencialmente pleno, caracterizado por sua aplicação imediata, por prescindir da atuação do legislador ordinário. A dimensão positiva, pelo contrário, depende da edição de lei ordinária, da reserva

CAPÍTULO 1
DAS POLÍTICAS PÚBLICAS | 39

das disponibilidades financeiras do Estado e somente alcançaria um sentido pleno quando definido com detalhe o conteúdo do direito social. Existiria, nesse aspecto positivo da subjetividade, uma relação de conexão e de dependência necessária entre as normas constitucionais que enunciam e as leis que concretizam os direitos sociais.

De outro ponto de vista, em relação à questão da determinabilidade dos direitos sociais, Andrade (2009, p. 361-365) defende o posicionamento de que tais normas contêm diretivas para o legislador, não conferindo aos seus titulares verdadeiros poderes de exigir, pois "visam, em primeira linha, indicar ou impor ao Estado que tome medidas para uma maior satisfação ou realização concreta dos bens protegidos". Para o autor, os direitos sociais não são, porém, normas programáticas, uma vez que impõem um dever de legislar, ou seja, têm força jurídica e vinculam efetivamente os poderes públicos, vedando-lhes o *non facere*. No entanto, para que os direitos sociais se tornem direitos subjetivos, é necessária uma atuação legislativa que defina o seu conteúdo concreto.

Andrade (2009, p. 361-365) reconhece que a intervenção legislativa é necessária, mas o legislador deve observar os critérios definidos pela Constituição para determinar o conteúdo mínimo dos direitos sociais, isto é, existe um espaço próprio para conformação do conteúdo das prestações que constituem o direito social. Por tudo isso, Andrade (2009, p. 365) afirma que os direitos sociais não constituem direitos subjetivos perfeitos, por não ser determinável *a priori* o seu conteúdo normal, ao nível constitucional, observado que, emitida a legislação destinada a executar os preceitos constitucionais, tais direitos se consolidam como direitos subjetivos plenos.[18]

Essas discussões demonstram que a Constituição pode remeter para a lei ordinária a determinação do conteúdo de um direito, de maneira que, em tais hipóteses, a eficácia constitucional fica limitada ou contida, em função da necessidade de regulamentação daquele direito.

Essa questão torna-se particularmente interessante na sistemática constitucional portuguesa, em razão do disposto no artigo 18º de sua

---

[18] Andrade (2009, p. 112-113) prefere, simplesmente, partir da ideia comum de que a figura do direito subjetivo implica um poder ou uma faculdade para realização efetiva de interesses que são reconhecidos por uma norma jurídica como próprios do respectivo titular. Segundo esclarece o autor (2009, p. 111), "utiliza-se, para referir o núcleo subjetivo formado por posições jurídicas individuais, o conceito tradicional de direito subjetivo, que, no entanto, tem de ser entendido aqui, num sentido amplo, como posição jurídica subjetiva activa ou de vantagem". Para o autor, "o direito subjetivo exprime a soberania jurídica (embora limitada) do indivíduo, quer garantindo-lhe certa liberdade de decisão, quer tornando efectiva a afirmação do poder de querer que lhe é atribuído".

Constituição, o qual, segundo defende Andrade (2009, p. 176), estabelece dois regimes diferentes para os direitos fundamentais, pressupondo-se, assim, em termos de determinabilidade, dois tipos de direitos, "aqueles cujo conteúdo principal é essencialmente determinado ou determinável ao nível das opções constitucionais e aqueles outros cujo conteúdo principal terá de ser, em maior ou menor medida, determinado por opções do legislador ordinário, ao qual a Constituição confere poderes de determinação ou concretização". Ao complementar esse raciocínio, o autor conclui que o regime dos direitos, liberdades e garantias aplica-se aos direitos susceptíveis de concretização ao nível constitucional, sendo diferente o regime àqueles que, "para além de um mínimo, só se tornam líquidos e certos no plano da legislação ordinária".

Conforme Andrade (2009, p. 174), essa ideia salientaria aspectos relevantes para a compreensão da diferença de regime, conferida pela Constituição portuguesa de 1976, entre direitos, liberdades e garantias – representada por um núcleo de direitos tido por mais valioso, mais homogêneo, avançado e próximo à dignidade da pessoa humana enquanto ser livre e autônomo –, e os direitos sociais, direitos estes em que as prestações estaduais positivas constituem o seu conteúdo principal, com destacado custo social, em face da escassez de recursos econômicos.

Blanco de Morais (2014a, p. 63-68) defende o primado substancial dos direitos, liberdades e garantias e diz que a concepção da indivisibilidade entre tais direitos e os sociais na Constituição portuguesa não logrou prosperar na jurisprudência do Tribunal Constitucional.[19]

---

[19] Em contraponto, Reis Novais (2020, p. 208-209 e 230) identifica na jurisprudência constitucional sobre direitos sociais duas linhas de desenvolvimento. Há um primeiro conjunto de decisões de autocontenção judicial e condescendência para com o legislador, fundada na especificidade dos direitos sociais e larga margem de conformação e autonomia de revisibilidade que disporia o legislador. Essa orientação dominou a jurisprudência do Tribunal Constitucional sobre direitos sociais durante o século XX. Posteriormente, outro conjunto de decisões passa a ser dominante nas duas últimas décadas, no qual o Tribunal utiliza, no controle das restrições aos direitos sociais, exatamente os mesmos limites que aplica nas restrições dos direitos, liberdades e garantias: princípios da dignidade da pessoa humana, da igualdade, da proteção da confiança e da proibição do excesso. Criticamente, o autor considera que essa jurisprudência padece de vícios sérios de fundamentação que a privam de consistência dogmática. Para ele, o importante para a jurisprudência constitucional seria a construção de uma rede coerente de decisões fundamentadas, de onde resulte uma dogmática constitucional adequada à natureza jusfundamental dos direitos sociais, emancipando o "Tribunal Constitucional relativamente aos *clichés* mecanicamente reproduzidos por uma doutrina que já era anacrônica nos finais do século passado". Por sua vez, ainda a respeito do tratamento que o Tribunal Constitucional português vem conferindo a essa matéria, Pedro Fernández Sánchez (2015, p. 93-110) detecta uma acentuada ambiguidade e indefinição decisória do Tribunal quanto à identificação do preciso fundamento constitucional para o controle de

O autor entende que o poder constituinte optou por uma diferenciação sistemática, formal e orgânica[20] entre os dois tipos de direitos, conferindo superioridade material e axiológica aos direitos de liberdade em face dos direitos sociais. Para ele, "é a essência do Estado de direito democrático e a dimensão de autodeterminação individual que constitui o âmago da dignidade humana que confere aos direitos liberdades e garantias mais peso axiológico e o título de direitos 'mais fortes'". Blanco de Morais (2014a, p. 68) indica que um dos fatores para esse quadro deficitário de proteção dos direitos sociais na ordem jurídica portuguesa seria a influência da doutrina e da jurisprudência alemã, cujo regime não incorpora, em seu texto constitucional, os direitos sociais.[21]

---

medidas legislativas restritivas de prestações sociais, posto que a jurisprudência oscila no enquadramento desses casos, invocando, de forma variada e imprecisa, os princípios da dignidade humana, do Estado de Direito, da proporcionalidade, da igualdade e da tutela da confiança. O autor (2015, p. 106-110) conclui que a incerteza quanto aos critérios dogmáticos utilizados pelo Tribunal Constitucional português na concretização do sistema de direitos fundamentais torna imprevisível a futura jurisprudência concernente à inter-relação entre direitos de liberdade e direitos sociais. Pedro Fernández Sánchez (2015, p. 109-110) reconhece que essa ambiguidade jurisprudencial não satisfaz os diferentes setores doutrinários que se contrapõem e debatem essa matéria. De modo semelhante, Vitalino Canas (2021, p. 102-103) também percebe aparentes discrepâncias na jurisprudência do Tribunal Constitucional português. No entanto, para o autor, isso não desmerece algumas tendências que vêm se consolidando, gradativamente, desde o início dos anos 2000. Em tal perspectiva, o autor considera que a jurisprudência do Tribunal rejeitou a solução extrema da proibição do retrocesso como princípio absoluto e reconheceu o mínimo de subsistência ou mínimo social como um parâmetro suscetível de controle judicial e inderrogável.

[20] Blanco de Morais (2014a, p. 67 e 79) comenta que os próprios defensores da tese da indivisibilidade consideram o critério orgânico um fator de diferenciação significativo entre os direitos de liberdade e os direitos sociais. Segundo o autor, a inserção dos direitos, liberdades e garantias na reserva relativa de competência da Assembleia da República implica que eles só podem ser regidos ou restringidos por lei parlamentar ou decreto-lei autorizado, enquanto muitos direitos sociais podem ser regulados ou restringidos não apenas por lei, mas por decreto-lei simples do Governo, quer por decretos legislativos regionais, quer ainda, em certos casos, por regulamentos independentes. Blanco de Morais lembra, porém, que a jurisprudência constitucional entende que a reserva parlamentar apenas inclui a componente essencial dos direitos de liberdade. Por sua vez, em relação aos direitos sociais, o autor recorda que as bases gerais dos principais direitos sociais (sistemas de ensino, segurança social e saúde) integram a reserva parlamentar. Contudo, no caso dos direitos sociais, diferentemente do regimento dos direitos de liberdade, não há uma reserva parlamentar de densificação total, pois o Parlamento pode resumir a sua atuação a leis de princípios muito gerais, ou seja, a parâmetros indeterminados de conteúdo incompletos, a serem complementados ou regulamentados no detalhe pelo Governo.

[21] Blanco de Morais (2014a, p. 70) aponta ainda, como razões históricas desse regime diferencial entre direitos de liberdade e direitos sociais, os acontecimentos que marcaram o processo constituinte de 1975-1976 e a formação do chamado "arco democrático" (CDS, PSD e PS) em contraposição à tentativa de imposição de um modelo constitucional de raiz marxista. Dessa forma, segundo o autor, acordaram essas agremiações partidárias

Nessa mesma senda, Alexandrino (2011, p. 44) considera que, à luz do texto e da estrutura da Constituição portuguesa, os bens e interesses protegidos pelas normas de direitos, liberdades e garantias gozam de um peso superior na ordem de prioridades definida pela Constituição. Para o autor, isso expressa os primados da liberdade (autonomia, participação e laboral) sobre a igualdade material, da efetividade jurídica dada ao conteúdo principal dos direitos, liberdades e garantidas, e do Estado de direito sobre o princípio do bem-estar.[22] Alexandrino (2011, p. 47) salienta que "isto não quer dizer que a divisão entre esses dois tipos de direitos fundamentais seja absolutamente radical ou que não haja mecanismos de ligação entre eles", como o artigo 17º da Constituição, que "desempenha um papel de verdadeira norma de articulação entre esses dois conjuntos", bem assim "os guardas de flanco dos direitos sociais: o princípio da proporcionalidade, o princípio da igualdade e o princípio da protecção da confiança".

Existe em Portugal, com efeito, uma vigorosa discussão doutrinária sobre o regime de proteção, a força normativa e o tratamento conferido constitucionalmente aos direitos de liberdade e aos direitos sociais.

No âmbito dessa controvérsia, Reis Novais (2010, p. 10) desenvolve uma dogmática unitária e abrangente dos direitos fundamentais e afirma que, na ordem constitucional portuguesa, os direitos sociais são efetivamente direitos fundamentais e como tal devem ser considerados,

---

um modelo de matriz ocidental de garantia de direitos fundamentais, como forma de defesa do Estado democrático contra um Estado revolucionário que com ele coexistia, por meio do qual os direitos de liberdade precederiam os direitos sociais. Outrossim, sobre o componente histórico, Pedro Fernández Sánchez (2015, p. 107-108) faz menção às *decisões-chave* tomadas pela Assembleia Constituinte e mantidas pelo legislador de revisão, que, ao considerar a vinculação/identificação de um subsistema dos direitos, liberdades e garantias com a ordem democrática e receando o perigo de subversão da dignidade-liberdade pela dignidade-igualdade-solidariedade, preferiu que o norte da Constituição fosse dirigido para o subsistema dos direitos, liberdades e garantias, "assim se justificando a 'normatividade reforçada' ou 'agravada' de que estes foram revestidos, numa separação qualitativa em face dos demais direitos fundamentais que o artigo 17.º da Lei Fundamental mitiga mas não destrói".

[22] Alexandrino (2011, p. 69) explica que tal primado não corresponde ao conceito de hierarquia material, uma vez que se apoia essencialmente em normas de regime. Outrossim, trata-se de um primado ao nível de definição da estrutura político-constitucional, permitindo uma estratificação de partida entre essas duas categorias de direitos fundamentais, com uma preferência relativa dos direitos da primeira sobre os direitos da segunda categoria, nomeadamente quanto à respectiva dimensão de peso. Finalmente, esse primado não impede a "efectividade jurídica reforçada de certas posições jusfundamentais referidas a direitos sociais".

de tal modo que "o seu regime de protecção se identifica, no essencial, com a protecção conferida aos direitos, liberdades e garantias", não havendo para esses últimos, dessa forma, qualquer tipo de regime material específico e substancialmente distinto de proteção privilegiada.[23]

No desenvolvimento dessa linha de pensamento, Reis Novais (2020, p. 31-32) discorre que a referida diferenciação de regimes entre os direitos de liberdade e os direitos sociais, defendida pela doutrina tradicional, é contraditória com a ideia de indivisibilidade dos direitos fundamentais, que se apoia na comum reconhecida fundamentação de todos eles na dignidade da pessoa humana, e bem assim subverte a própria ideia de supremacia da Constituição relativamente às normas ordinárias e aos poderes constituídos, pois umas normas constitucionais seriam "mais constitucionais que outras e a vinculação a que obrigam seria, também ela, gradativa".

Dentre outros argumentos, Reis Novais (2020, p. 74-81) considera que toda essa construção de regimes diferenciados da doutrina tradicional assenta-se num erro dogmático crucial que priva de racionalidade as justificações subjacentes. Esse erro doutrinário resultaria da "ignorância objectiva da distinção dogmática entre direito *como um todo* e cada uma das faculdades, direitos ou garantias que o integram". Segundo o autor, se quanto aos direitos fundamentais, tomados *como um todo*, é possível estabelecer diferenças de natureza, "tais diferenças não são mecanicamente replicadas quando consideramos cada uma das específicas faculdades ou garantias que integram cada direito fundamental".

Para a doutrina unitária, portanto, a classificação ou categorização prévia de um direito fundamental é irrelevante. Reis Novais (2020, p. 33) afirma que "o que conta é a natureza da norma em causa e a dimensão particular do direito e do dever estatal em questão no caso concreto, bem como as respectivas circunstâncias". No contexto dessa concepção, para resolver um problema de direitos fundamentais, é absolutamente indiferente a sua categoria, posto que, se é um direito constitucional, "o seu regime material é necessariamente o mesmo, é

---

[23] Reis Novais (2010, p. 11) comenta que, historicamente, numa primeira fase, no advento do Estado social europeu, os direitos sociais se beneficiaram de uma equiparação de princípio aos direitos de liberdade, assim, a Constituição de Weimar ou a Constituição republicana espanhola. Contudo, no momento que marcou a viragem do (neo)constitucionalismo europeu, na segunda metade do século XX, "a sorte dos direitos sociais foi decisivamente afectada pela discutida e discutível opção da Lei Fundamental de Bona quando esta se assumiu como Constituição sem direitos sociais".

o regime da supremacia das normas constitucionais relativamente aos poderes constituídos e às normas ordinárias".

Em sintonia com a proposta de uma dogmática unitária dos direitos fundamentais, Gonçalo Almeida Ribeiro (2020, p. 65-94) não nega a existência de diferenças estruturais entre os direitos de liberdade e os direitos sociais, mas procura relativizá-las. O autor faz distinção entre os domínios da *existência* e da *essência* do objeto dos direitos sociais. Nessa perspectiva, o fato de a *existência* do objeto dos direitos sociais (bem artificial ou artefato jurídico) depender da legislação não significa que a sua *essência*, consistente no conjunto das propriedades em virtude das quais tem determinada natureza, esteja na disposição do legislador. Nas palavras do autor, "o facto de a *existência* do objeto estar nas mãos do legislador de modo algum implica que a ordem constitucional não determine a sua *essência*" (Ribeiro, 2020, p. 84, grifos do autor). Ele considera, então, que os direitos fundamentais constituem uma unidade axiológica e gozam todos da proteção jurídica inerente ao estalão constitucional.[24]

Nesse domínio, num sentido mais moderado, Rui Medeiros (2010, p. 657-683) defende a adoção de uma solução intermédia, em que, "na distinção entre direitos, liberdades e garantias e direitos sociais, afigura-se fundamental não confundir, entre outros aspectos, a dimensão axiológica da vertente estrutural". Com efeito, de acordo com essa concepção, vislumbra-se, no plano axiológico, uma unidade de sentido entre liberdades e direitos sociais, enquanto, no plano estrutural, a marca indelével é a diversidade entre tais categorias no sistema constitucional português. O autor conclui que a inter-relação entre essas duas categorias de direitos fundamentais situa-se, assim,

---

[24] Gonçalo Almeida Ribeiro (2020, p. 79-84) entende que não há nenhum obstáculo estrutural, nem de outra natureza, para que determinadas intervenções legislativas no domínio dos direitos sociais prestacionais sejam submetidas ao escrutínio judicial baseado no princípio da proporcionalidade típico do modelo de controle das restrições aos direitos de liberdade. Nessa conjuntura, para fins de justiciabilidade daqueles casos em que se busca sindicar medidas legislativas de proteção social que operem a exclusão de certa categoria de pessoas do acesso a um bem social (défice horizontal) ou uma regressão constitucionalmente relevante no nível de proteção social anteriormente concedido pela lei, a comparação a ser estabelecida é entre o objeto ideal que se pode determinar a nível constitucional e o nível de proteção que resulta da legislação. O autor recorda que a jurisprudência constitucional alemã reconhece "que, apesar de o objeto do direito social ser um artefacto jurídico, é perfeitamente possível confrontar o objeto *positivo* imputável ao legislador com o objeto *ideal* situado no nível constitucional, sem prejuízo da abertura deste a um universo mais ou menos amplo de concretizações" (Ribeiro, 2020, p. 80-81, grifos do autor).

entre a unidade e a diversidade e repercute no sistema constitucional de autonomia do legislador e de separação de poderes.

Rui Medeiros (2010, p. 664) sublinha que a normatividade dos direitos sociais não deve "legitimar a imposição de uma Constituição dirigente e a consequente asfixia da liberdade de conformação do legislador ordinário legitimado democraticamente". Por isso, no que concerne à aplicação dos direitos sociais, o autor entende que o âmbito da pronúncia jurisdicional é limitado pela reserva de conformação política conferida ao legislador, não sendo permitido ao julgador extrair, de modo direto, dos enunciados constitucionais, conteúdos justiciáveis, ressalvada, todavia, a permissão contida no artigo 17º da Constituição portuguesa, que reconhece a existência de pretensões jusfundamentais de natureza social diretamente aplicáveis.

Em função do princípio da alternância democrática, Rui Medeiros (2010, p. 679) afirma que a "concretização do Estado Social é um processo aberto e dinâmico". Em vista disso, cabe aos órgãos legislativos, renovados e legitimados por meio de eleições, a função irrenunciável de avaliar "o modo de afectação de recursos escassos à satisfação das diferentes e muito heterogéneas necessidades coletivas" e estabelecer, em cada momento histórico, a ordem das prioridades políticas conjunturais (Medeiros, 2020, p. 678). Arremata que essa prerrogativa "tem expressão emblemática no programa do Governo e no Orçamento do Estado", que são, por isso, aprovados e cuja execução é fiscalizada pelo Legislativo (Medeiros, 2020, p. 680).

Os fundamentos teóricos até aqui expostos, embora tenham como referência a estrutura constitucional portuguesa, são importantes para a melhor compreensão da temática relacionada à formulação de políticas públicas sociais por iniciativa parlamentar no contexto constitucional brasileiro.

Conquanto a Constituição brasileira, por força da norma contida no §1º do seu art. 5º, indique um sentido de adesão à tese da unidade de regime jurídico para todos os direitos fundamentais,[25] ao prever

---

[25] Branco (2002, p. 133-134) defende que a norma constante no §1º do art. 5º da Constituição brasileira demonstra a preocupação do constituinte em evitar que, no sistema jurídico democrático brasileiro, "as posições afirmadas como essenciais da pessoa quedem como letra morta ou que somente ganhem eficácia a partir da atuação do legislador", e autoriza, ademais, que o Judiciário, mesmo à falta de comando legislativo infraconstitucional, concretize os direitos fundamentais. Por sua vez, Vitalino Canas (2021, p. 74-75) destaca que a Constituição de 1988, ao reconfirmar um caminho seguido desde a Constituição de 1934, não só é generosa na concessão de direitos sociais, como também os enumera

que as normas definidoras dos direitos e garantias fundamentais têm aplicação imediata, persiste ainda, entre outras, a problemática da determinabilidade dos direitos sociais, da reserva do politicamente adequado nesse campo, da omissão parcial dos deveres estatais de promoção dos direitos sociais e da concessão diferenciada de prestações.

Reis Novais (2010, p. 304-311) ensina que, em termos de conformação legislativa ordinária com suficiente grau de densidade normativa e de subjetivação dos direitos sociais, apresentam-se dificuldades atinentes à insuficiente determinabilidade do conteúdo normativo da respectiva imposição constitucional ou à existência de uma multiplicidade de meios para atingir o fim visado. De acordo com o autor, esses correspondentes deveres estatais podem vir a se sujeitar a uma "reserva do politicamente adequado ou oportuno que confere aos titulares do poder público uma margem de escolha política dos meios, formas, ritmos e prioridades de realização positiva dos direitos fundamentais" (Novais, 2010, p. 304). Haveria, em vista disso, uma margem de decisão política, uma reserva do politicamente adequado ou oportuno, reforçada, além do mais, pelo argumento financeiro. Essas seriam dificuldades reais.

Outrossim, Reis Novais (2010, p. 306-307) adverte que, à medida que o Estado vai promovendo a realização dos direitos sociais, podem surgir questionamentos referentes às situações da chamada omissão parcial dos deveres estatais de promoção ou de concessão diferenciada de prestações a distintas categorias de cidadãos, com violação aos princípios da igualdade e da proporcionalidade. Ele recorda que essas questões levaram a doutrina, inclusive, a refletir sobre a construção de um princípio da proibição do défice ou proibição da prestação insuficiente,[26] a ser desdobrado nos subprincípios da realização do mínimo e da razoabilidade.

---

expressa e especificamente, com densidade significativa, não os separa de outros direitos e dá-lhes plena força normativa e aplicabilidade imediata. Contudo, o autor adverte que a força normativa da Constituição se depara com restrições materiais e de implementação, por falta de recursos ou ineficiências administrativas.

[26] Reis Novais (2010, p. 308-311) expõe que, em função da dignidade da pessoa humana, existe um nível mínimo de condições fáticas que o Estado tem de garantir a dado indivíduo, no sentido de assegurar-lhe aquelas condições de sobrevivência sem as quais o indivíduo é incapaz de verdadeira autodeterminação, de gerir com autonomia a própria vida. Especificamente sobre o subprincípio da razoabilidade, o autor (2010, p. 310) explana que a omissão estatal deixa os cidadãos afetados numa situação pessoal intolerável, desrazoável, à luz dos padrões de um Estado de Direito social.

Ao discorrer sobre essa questão, Vitalino Canas (2021, p. 103-104) assevera que existem mesmo dimensões ou posições jurídicas subjetivas não incluídas no núcleo mínimo ou essencial do direito social. Desse modo, entende que, nesse contexto, o Estado tem o dever de praticar atos de cumprimento do direito social em termos que correspondam idealmente ao alcance de indicadores próximos ao padrão médio da sociedade ou de abster-se de restringir o seu cumprimento quando este já tiver sido alcançado. Acrescenta que, nesse domínio, o Estado de direito também não pode prescindir da fiscalização judicial e que os princípios da proibição de excesso e da proibição de défice ou de insuficiência aplicam-se, respectivamente, a quaisquer atos ou omissões positivas restritivas.

Andrade (2009, p. 365-381) ressalta que, em relação à sua força jurídica, os preceitos relativos aos direitos sociais não são meramente proclamatórios, eis que contêm normas jurídicas vinculantes, que concedem aos indivíduos posições jurídicas subjetivas e impõem positivamente ao legislador a obrigação de agir para lhes dar cumprimento efetivo (imposições legiferantes), sob pena de inconstitucionalidade por omissão total ou parcial. O autor anota que o grau de vinculação do legislador é variável e depende do caráter mais ou menos determinado ou determinável da imposição constitucional respectiva.

Por sua vez, Jorge Silva Sampaio (2014, p. 301-304) ressalta que a forma de consagração jurídico-constitucional dos direitos sociais "abraça um necessário grau de indeterminabilidade, tanto semântica como de conteúdo", ao serem enunciados por meio de normas em geral abertas e amplas, que admitem distintos métodos e via de realização. Isso aumenta a margem de livre conformação deixada ao legislador encarregado de concretizar tais direitos. Pondera, contudo, que essa indeterminação não significa uma improdutividade de efeitos jurídicos, pois o alcance dos direitos sociais, ainda que constitucionalmente impreciso, limita e conforma a margem de atuação dos poderes públicos, em especial "quanto à intensidade da pré-determinação do conteúdo de políticas públicas a prosseguir".

Jorge Silva Sampaio (2014, p. 239-241) reconhece, dessa forma, que as normas consagradoras de direitos fundamentais sociais possuem uma dimensão objetiva juridicamente vinculativa dos poderes públicos, no sentido de os obrigar a prosseguir com as políticas sociais ativas. O autor ressalva, porém, que é deixada ao legislador, sobretudo, uma margem de conformação na escolha da configuração de tais políticas de concretização de direitos sociais, margem essa que aumenta ou diminui "consoante as modulações decorrentes do grau de densidade da norma constitucional impositiva".[27]

Existe, portanto, um espaço autônomo relevante de conformação política do conteúdo dos direitos sociais pelo legislador. Jorge Pereira da Silva (2015, p. 31) reforça o posicionamento de que essa liberdade de conformação do legislador tem, como um dos principais limites, o princípio da proporcionalidade, na sua dupla dimensão de *proibição de defeito* – proteção insuficiente –, e de *proibição de excesso* – restrição injustificada. Noutra perspectiva, a respeito ainda dessa questão, sopesa que o legislador democraticamente legitimado, sem prejuízo das modulações decorrentes do grau de densidade da norma constitucional impositiva, "nunca actua desprovido da sua liberdade de conformação ao ponto de a sua função perder a marca da decisão política e de se transformar numa função secundária ou meramente executiva" (Silva, 2003, p. 30).[28]

Em termos de suficiente determinabilidade dos direitos sociais, compreende-se, com base em tais pressupostos, que, ao formular ou alterar determinada política pública social, o legislador coloca-se diante de notáveis desafios e dificuldades reais. É um exercício complexo que envolve, sobretudo, a concretização do princípio da dignidade da pessoa humana e a garantia de níveis adequados de prestações sociais que assegurem uma vida digna, preservando-se, na medida

---

[27] Jorge Silva Sampaio (2014, p. 240-241) recorda que as normas constitucionais são de uma diversidade de abertura e de densidade considerável e, de acordo com a jurisprudência do Tribunal Constitucional de Portugal, o âmbito e o conteúdo dos direitos fundamentais sociais devem ser configurados *ex novo* pelo legislador quando a norma constitucional não proceda à caracterização constitucional destes. Consoante tal entendimento jurisprudencial, essa impossibilidade de precisar juridicamente a formulação dos direitos fundamentais sociais impediria, inclusive, os cidadãos de extrair de tais direitos pretensões diretamente exigíveis. O autor (2014, p. 654) conclui que, quanto maior for a densidade normativa do direito, maior será, em princípio, a sua vinculatividade e a sua justiciabilidade.

[28] Sobre esse ponto, há quem defenda, como Andrade (2009, p. 365-381), o posicionamento de que essa liberdade de conformação não é absoluta, pois o legislador estaria vinculado a um conteúdo mínimo dos direitos sociais fundamentais (diretrizes materiais constitucionais), conteúdo este que pode considerar-se, em regra, constitucionalmente determinado, inclusive para fins de controle e afirmação judicial de tais direitos. Segundo esse autor, essas diretrizes materiais funcionam como parâmetro mínimo para concretização dos direitos sociais e ainda como uma garantia de estabilidade das situações ou posições já criadas pelo legislador, dotando-as de certa capacidade de resistência às mudanças normativas que impliquem uma supressão ou diminuição do grau de realização dos direitos sociais. Andrade (2009, p. 381) pondera, no entanto, que a liberdade constitutiva e a revisibilidade, apesar de limitadas pelo conteúdo mínimo dos direitos sociais fundamentais, constituem características típicas da função legislativa e elas seriam praticamente eliminadas se, em matérias tão vastas como as abrangidas pelos direitos sociais, o legislador fosse obrigado a manter integralmente o nível de realização e a respeitar os direitos por ele criados.

do razoavelmente possível, os patamares de conquista já realizados, sem incorrer, enfim, em omissão parcial ou concessão diferenciada de prestações. Essa responsabilidade encerra a escolha de prioridades, o respeito ao interesse público e às preferências constitucionais de alocação dos recursos, a ponderação em relação a fatores políticos, sociais e econômicos, todo um conjunto de variáveis que necessita ser reconhecido e analisado nesse processo de tomada de decisão.

É justamente nesse cenário que tem significado a presente obra, pois procura investigar o alcance, os limites e as possibilidades de formulação de políticas públicas por iniciativa parlamentar, de forma a dialogar com a problemática concernente à conformação e à efetivação dos direitos sociais. Pretende-se analisar essa etapa específica do ciclo das políticas públicas, enfocando a sua deflagração por iniciativa parlamentar, sem pretensões, ademais, de examinar a questão da justiciabilidade dos direitos sociais.

CAPÍTULO 2

INSTITUIÇÃO DE POLÍTICAS PÚBLICAS POR INICIATIVA PARLAMENTAR: LIMITES E POSSIBILIDADES

2.1 Iniciativa legislativa, competências e a função delimitadora constitucional

A respeito do primeiro questionamento formulado, referentemente ao alcance e aos limites da iniciativa legislativa conferida constitucionalmente aos membros do Legislativo para instituírem políticas públicas, a doutrina praticamente assente em reconhecer-lhes tal legitimidade. O que se difere entre os principais posicionamentos doutrinários é precisamente o alcance que essa legitimidade teria no sistema constitucional vigente.

Nesse sentido, Bucci (2002, p. 269) afirma que as grandes linhas, as diretrizes e os objetivos das políticas públicas são opções políticas que cabem aos representantes do Legislativo, que as organizam sob a forma de lei para a execução pelo Executivo. Esse parece ser um posicionamento em sintonia com o princípio da separação dos poderes, no sentido de, por um lado, assegurar a iniciativa dos membros do Legislativo na formulação de políticas públicas e, de outra parte, preservar a autonomia conferida constitucionalmente ao Executivo para definir as ações necessárias para concretizar as metas em políticas públicas já fixadas e, bem assim, organizar seus correspondentes órgãos e agentes na efetivação de tal propósito.

Importa, neste ponto, fazer a seguinte indagação: será que a participação dos membros do Legislativo na formulação de políticas públicas, em termos de iniciativa legislativa, se limitaria apenas a estabelecer princípios, diretrizes e objetivos nessa matéria, ou o sistema constitucional vigente lhes permitiria ir um pouco além em suas proposições legislativas?

Essa é uma análise que pressupõe, portanto, uma investigação sobre a dimensão da iniciativa legislativa conferida constitucionalmente aos parlamentares para deflagrarem proposições instituidoras de políticas públicas e, em complemento, inferir-se ainda sobre a abrangência da competência privativa do chefe do Executivo nessa matéria.

No que se refere a essa questão, a Constituição da República Federativa do Brasil prevê a existência das três principais funções do Estado, a saber, a executiva, a legislativa e a judicial, cujo exercício está concentrado precipuamente nos respectivos poderes estatais, os quais são independentes e harmônicos entre si. Com efeito, a função legislativa, consistente na aprovação de atos normativos, pertence, primordialmente, ao Poder Legislativo.

Por outro lado, em relação à iniciativa para o desencadeamento do procedimento legislativo, não existe exclusividade, posto que a própria Constituição confere essa iniciativa também aos cidadãos, ao Executivo, ao Judiciário e a outros órgãos autônomos com extração constitucional, nomeadamente ao Ministério Público, aos Tribunais de Contas e, mais recentemente, à Defensoria Pública, observando que se trata de uma faculdade a ser exercida somente nas hipóteses expressamente previstas na Constituição.

Sobre a iniciativa legislativa, Ferreira Filho (2001, p. 206) entende que ela representa o ato que deflagra o início do processo legislativo, consistente numa declaração de vontade formulada por escrito e articulada, manifestando-se pelo depósito do instrumento em mãos da autoridade competente.

Em razão da forma do seu exercício, sabe-se que a iniciativa se decompõe em três espécies. Há um domínio concorrente ou comum, em que a iniciativa pertence simultaneamente a mais de uma pessoa ou órgão para deflagrar o processo legislativo (art. 61, *caput*, Constituição brasileira).[29] A iniciativa comporta um domínio privativo ou reservado, no qual se confere a apenas uma pessoa ou órgão a legitimidade para

---

[29] Cf. "Art. 61. A iniciativa das leis complementares e ordinárias cabe a qualquer membro ou Comissão da Câmara dos Deputados, do Senado Federal ou do Congresso Nacional, ao Presidente da República, ao Supremo Tribunal Federal, aos Tribunais Superiores, ao Procurador-Geral da República e aos cidadãos, na forma e nos casos previstos nesta Constituição".

CAPÍTULO 2

INSTITUIÇÃO DE POLÍTICAS PÚBLICAS POR INICIATIVA PARLAMENTAR: LIMITES E POSSIBILIDADES | 53

principiar a marcha legislativa.[30] Finalmente, concede-se aos cidadãos a iniciativa popular a ser exercida pela apresentação à Câmara dos Deputados de projeto de lei subscrito por, no mínimo, um por cento do eleitorado nacional, distribuído pelo menos por cinco Estados, com não menos de três décimos por cento dos eleitores de cada um deles. (art. 61, §2º, da Constituição brasileira).

É válido afirmar que, na sistemática vigente, a iniciativa concorrente ou comum traduz-se na regra geral, motivo pelo qual, ressalvando-se os assuntos reservados privativamente ao Legislativo, Executivo, Judiciário, Órgão Ministerial, Cortes de Contas e Defensoria Pública, há um conjunto de temas a serem partilhados entre os deputados, cidadãos e o chefe do Executivo.

A exceção, portanto, a essa regra geral é a iniciativa privativa ou reservada definida pela Constituição brasileira para determinar que certos assuntos permaneçam na esfera de disponibilidade de certas autoridades e órgãos, consagrando-se, assim, a autonomia de cada Poder para dispor sobre assuntos de seu interesse.

Ferreira Filho (2001, p. 208) assevera que o aspecto fundamental da iniciativa reservada está em resguardar ao seu titular a decisão de propor direito novo em matérias confiadas à sua especial atenção, ou de seu interesse preponderante.

Referentemente à iniciativa privativa conferida ao chefe do Executivo, a Constituição brasileira (art. 61, §1º) enumera as matérias cuja iniciativa legislativa pertence-lhe reservadamente, a saber: (i) fixem ou modifiquem os efetivos das Forças Armadas; (ii) disponham sobre: a) criação de cargos, funções ou empregos públicos na administração direta e autárquica ou aumento de sua remuneração; b) organização administrativa e judiciária, matéria tributária e orçamentária, serviços públicos e pessoal da administração dos Territórios;[31] c) servidores

---

[30] A iniciativa privativa ou reservada está prevista da seguinte forma na Constituição Federal brasileira: (i) arts. 51 e 52, da CF, à Câmara dos Deputados e ao Senado Federal, respectivamente; (ii) art. 61, §1º, da CF, ao Presidente da República; (iii) art. 73, *caput*, da CF, ao Tribunal de Contas da União; (iv) arts. 93 e 96, da CF, ao Supremo Tribunal Federal, aos Tribunais Superiores e aos Tribunais de Justiça; (v) art. 129, §4º, da CF, ao Ministério Público; e (vi) art. 134, §§2º e 4º, à Defensoria Pública.

[31] Especificamente sobre a reserva de iniciativa de proposições legislativas sobre matéria tributária, o STF possui jurisprudência pacífica no sentido de que não existe reserva de iniciativa ao Executivo para propor leis que implicam redução ou extinção de tributos, e a consequente diminuição de receitas orçamentárias. Segundo esse entendimento jurisprudencial, a inexistência de reserva de iniciativa para leis de natureza tributária inclui, inclusive, as que concedem renúncia fiscal. As leis em matéria tributária enquadram-se na regra de iniciativa geral, que autoriza a qualquer parlamentar – deputado federal

públicos da União e Territórios, seu regime jurídico, provimento de cargos, estabilidade e aposentadoria; d) organização do Ministério Público e da Defensoria Pública da União, bem como normas gerais para a organização do Ministério Público e da Defensoria Pública dos Estados, do Distrito Federal e dos Territórios; e) criação e extinção de Ministérios e órgãos da Administração Pública, observado o disposto no art. 84, VI, da Constituição brasileira; f) militares das Forças Armadas, seu regime jurídico, provimento de cargos, promoções, estabilidade, remuneração, reforma e transferência para a reserva.

Sabe-se que, conforme as regras dogmáticas de hermenêutica jurídica, não se pode dar interpretação ampliativa à norma restritiva.[32] A iniciativa reservada ou privativa constitui matéria de direito estrito e não comportaria, por isso, interpretação ampliativa. A fixação das atribuições dos poderes estatais é um assunto materialmente constitucional e qualquer restrição a essa função deve advir de norma constitucional expressa. Logo, concernentemente ao alcance da iniciativa privativa do chefe do Executivo, infere-se que a interpretação do §1º do art. 61 da Constituição brasileira não deve ser ampliativa, mas restrita, pois representa exceção à regra da iniciativa geral conferida aos parlamentares.

Sobre o respeito ao devido processo legislativo na elaboração das espécies normativas, Moraes (2015, p. 671) destaca que se trata de um dogma corolário à observância do princípio da legalidade, consagrado constitucionalmente, posto que ninguém será obrigado a fazer ou deixar de fazer alguma coisa senão em virtude de espécie normativa devidamente elaborada pelo Poder competente, "segundo as normas de processo legislativo constitucional, determinando desta forma, a Carta Magna, quais os órgãos e quais os procedimentos de criação das normas gerais".

É função precípua da Constituição Federal, portanto, delimitar o alcance do poder de iniciativa legislativa dos parlamentares, definindo

---

ou senador – apresentar projeto de lei cujo conteúdo consista em instituir, modificar ou revogar tributo. Portanto, para o STF, não há, no texto constitucional em vigor, qualquer mandamento que determine a iniciativa exclusiva do chefe do Executivo quanto aos tributos. Registre-se, sobre esse tema, que a regra do artigo 61, parágrafo 1º, inciso II, "b", diz que são de iniciativa do presidente da República leis tributárias referentes apenas aos territórios. A iniciativa reservada aplica-se, assim, somente aos territórios, os quais são considerados meras descentralizações administrativo-territoriais da União e não possuem autonomia política como os entes federativos (Estados, Municípios e o Distrito Federal). Cf. STF, Agravo em Recurso Extraordinário nº 743480.

[32] Nesse sentido, STF, Recurso Extraordinário (RE) nº 792.687, Relatora Ministra Cármen Lúcia, DJ 30.03.2016.

CAPÍTULO 2
INSTITUIÇÃO DE POLÍTICAS PÚBLICAS POR INICIATIVA PARLAMENTAR: LIMITES E POSSIBILIDADES | 55

as regras e as matérias em que o seu exercício se dará de forma exclusiva, privativa ou mesmo concorrentemente com o Governo. Excepcionalmente, a Constituição reserva determinadas matérias para serem tratadas de maneira privativa pelo Executivo, descabendo-se, nessa hipótese, interpretações ampliativas para além das fronteiras normativas constitucionais.

Outrossim, é conhecido que as políticas públicas são ações desenvolvidas pelo poder público para satisfazer as necessidades essenciais de cada cidadão. Esses serviços públicos ofertados pelo Estado têm como foco a garantia e o gozo dos direitos fundamentais, tais como a manutenção da vida, a integridade da saúde, a educação, a proteção ao trabalho e previdência social, enfim, um piso vital mínimo relacionado à promoção dos direitos sociais garantidos constitucionalmente e em tratados internacionais. Essa é uma das funções primordiais do Estado e as suas inações comprometerão, destarte, a sua própria existência como ente político.

Tratando-se especificamente da repartição entre os entes federativos da competência em matéria de políticas públicas, a Constituição brasileira conferiu-lhes competência administrativa comum (art. 23)[33] e também competência legislativa concorrente (art. 24).[34] Com efeito, a União, os Estados-Membros, o Distrito Federal e os Municípios, respeitando-se, respectivamente, os critérios da cooperação e da predominância do interesse, devem adotar medidas administrativas e normativas visando à implementação de políticas públicas.

Os critérios da cooperação e da predominância do interesse decorrem do princípio federativo que visa assegurar a divisão constitucional de competências, a manutenção de autonomia dos entes federativos

---

[33] Conforme previsto no art. 23, incisos II, V, VIII, IX, X, XII, é competência comum da União, dos Estados, do Distrito Federal e dos Municípios: cuidar da saúde e assistência pública, da proteção e garantia das pessoas com deficiência; proporcionar os meios de acesso à cultura, à educação, à ciência, à tecnologia, à pesquisa e à inovação; organizar o abastecimento alimentar; promover programas de construção de moradias e a melhoria das condições habitacionais e de saneamento básico; combater as causas da pobreza e os fatores de marginalização, promovendo a integração social dos setores desfavorecidos; estabelecer e implantar política de educação para a segurança do trânsito.

[34] O art. 24, incisos IX, XII, XIV, XV, confere à União, aos Estados e ao Distrito Federal competência legislativa concorrente sobre as seguintes matérias: educação, cultura, ensino, desporto, ciência, tecnologia, pesquisa, desenvolvimento e inovação; previdência social, proteção e defesa da saúde; proteção e integração das pessoas com deficiência; proteção à infância e à juventude. Por sua vez, o art. 30, incisos I e II, confere aos Municípios competência para legislar sobre assuntos de interesse local, e suplementar a legislação federal e a estadual no que couber.

e o equilíbrio no exercício do poder, cuja importância é ressaltada por Miranda (1990, p. 13-14) e Canotilho (2003, p. 87), evitando-se, dessa forma, a desordem jurídica na federação.

Para Ferreira Filho (2012, p. 64), a descentralização é instrumento de eficiência governamental, pois, em geral, a centralização retarda as decisões que sobrevêm a destempo, atrasadas, e não raro leva a decisões inadequadas, de modo que "a centralização tende a distanciar a vivência do problema da competência para decidi-lo, ou do poder para enfrentá-lo".

Realmente, em termos de qualidade na formulação, execução e gestão das políticas públicas, a opção do constituinte brasileiro de 1988 de promover a descentralização das competências administrativas e legislativa, antes concentradas na União durante o regime militar por força da Constituição brasileira de 1967, representou um signifíco avanço, pois aproximou as esferas de decisões das pessoas, sendo, portanto, mais lógico e apropriado que as Administrações regional e local sejam responsáveis pelas políticas públicas para a satisfação dos direitos de tais pessoas, sem prejuízo da coordenação administrativa e do respeito às normas gerais editadas pela União, que são componentes fundamentais para a necessária unidade entre os entes federativos e a efetividade dos direitos fundamentais.

2.2 Geração de despesas por iniciativa parlamentar: panorama histórico constitucional

A possibilidade de o parlamentar apresentar uma proposição legislativa criando ou aumentando a despesa pública é algo que tem suscitado questionamentos, dúvidas e reflexões. É até mesmo comum se deparar com afirmações no sentido de que os parlamentares estão impedidos de gerar despesas de caráter continuado por meio de suas proposições legislativas. Mas será que esse posicionamento tem respaldo no sistema constitucional vigente? Essa é uma temática que merece ser abordada, preliminar e nomeadamente, sob um viés histórico constitucional.

Ao estudar as Constituições que o Brasil já teve desde a primeira, editada em 1824, constata-se que a restrição quanto à iniciativa parlamentar de proposições que impliquem em despesas iniciou-se na Constituição de 1937, no contexto do regime ditatorial da Era Vargas conhecido como Estado Novo. Referido período foi marcado pela concentração de poderes no Executivo, cujo chefe legislava por

CAPÍTULO 2
INSTITUIÇÃO DE POLÍTICAS PÚBLICAS POR INICIATIVA PARLAMENTAR: LIMITES E POSSIBILIDADES | 57

meio da edição de decretos-leis, que não precisavam da aprovação do Legislativo, pois já possuíam força de lei.

O art. 64 da Constituição de 1937[35] preconizava que não eram admitidos como objeto de deliberação projetos ou emendas de iniciativa de qualquer das Câmaras versando sobre matéria tributária ou que resultasse em aumento de despesa. Essa Constituição era bem restritiva em relação à atuação parlamentar, pois dispunha que a nenhum membro de qualquer das Câmaras caberia a iniciativa de projetos de lei, a qual somente poderia ser tomada por um quinto de Deputados ou de membros do Conselho Federal. Dessa maneira, o parlamentar, isoladamente, estava impedido de apresentar qualquer projeto de lei, o que somente poderia ocorrer se conseguisse o apoio de um quinto dos membros da sua respectiva Câmara.

A respeito de tais limitações ao exercício da atividade parlamentar, Cavalcante Filho (2013, p. 7) conclui que a Constituição de 1937, de forma isolada na história constitucional brasileira, inverteu a lógica da separação de poderes, atribuindo, como regra, a iniciativa de projetos de lei ao Executivo.

Nesse particular, Pedro Fernández Sánchez (2017, p. 21) ensina que as fórmulas de separação dos poderes têm as suas origens mais remotas localizadas há cerca de 3.500 anos[36] e seus últimos momentos de referência constituídos, na segunda metade do século XVIII, pela elaboração dos sistemas do barão de Montesquieu e de Jean-Jacques Rousseau. Para o autor (2017, p. 5), não existe um conceito ideal e unitário de separação de poderes a que cada Constituição esteja predestinada a

---

[35] "Art. 64. A iniciativa dos projetos de lei cabe, em princípio, ao Governo. Em todo caso, não serão admitidos como objeto de deliberação projetos ou emendas de iniciativa de qualquer das Câmaras, desde que versem sobre matéria tributária ou que de uns ou de outros resulte aumento de despesa. §1º A nenhum membro de qualquer das Câmaras caberá a iniciativa de projetos de lei. A iniciativa só poderá ser tomada por um quinto de Deputados ou de membros do Conselho Federal".

[36] Pedro Fernández Sánchez (2017, p. 61-67) considera que o Antigo Testamento lançou as bases para o primeiro e mais antigo padrão constitucional de separação de poderes que se conhece na história humana. As escrituras testamentárias hebraicas relatam a formulação pioneira e embrionária da ideia e da experiência de separação entre funções e órgãos do Estado associada à concepção de dignidade pessoal e em que havia a compartimentação rígida entre o poder religioso-normativo e o poder secular-executivo, que não poderiam ser acumulados na mesma pessoa e na mesma tribo. Segundo o autor, nesse sistema legislativo resultante do Antigo Testamento, "a separação entre funções e órgãos surgiu como mero corolário da concepção axiológica do sujeito de Direito como ser humano individual dotado de existência empírica num concreto momento espácio-temporal" (Sánchez, 2017, p. 61), o que se contrapõe à visão que surgiria no Ocidente, por via helenística, que se baseia na ideia de Homem enquanto ser abstrato desumanizado, que não tem existência empírica e antropológica.

recorrer, pois "cada sistema de separação de poderes vigente num dado momento e numa dada comunidade política corresponde àquele que tiver sido escolhido e positivado nas estruturas normativas aprovadas pelo poder constituinte".[37]

Com o advento da Constituição de 1946 e a redemocratização do país, a referida restrição em relação à iniciativa legislativa parlamentar veio a ser abolida. Todavia, em função do regime militar instaurado em 1964, houve o recrudescimento das restrições ao Legislativo e a Constituição de 1967 (art. 60, II), bem como a posterior Emenda Constitucional nº 1, de 1969 (arts. 57, II, e 65), reproduziram, em seus textos, a regra impeditiva da iniciativa parlamentar e tornaram a vincular os projetos de lei que criassem ou aumentassem a despesa pública à iniciativa privativa do chefe do Executivo.

No que se refere à geração de despesas por iniciativa parlamentar, esse quadro apenas veio a ser modificado com a promulgação da Constituição de 1988, quando deixou de existir a limitação em relação à iniciativa parlamentar para geração de despesas.

A Constituição Federal do Brasil em vigor possui, presentemente, três vedações principais relacionadas à geração de despesas por iniciativa parlamentar. A primeira refere-se à impossibilidade do parlamentar, via emenda, em aumentar despesa em proposição de autoria reservada do Executivo (CF, art. 63, I). A segunda é a que vincula ao chefe do Executivo a iniciativa para deflagrar o processo legislativo relativo às leis orçamentárias (CF, art. 165). Finalmente, há uma limitação recente introduzida pela Emenda Constitucional nº 95, de 15 de dezembro de 2016, que acrescentou, ao Ato das Disposições Constitucionais Transitórias, o art. 113, o qual dispõe que a proposição legislativa que crie ou altere despesa obrigatória ou renúncia de receita deverá ser acompanhada da estimativa do seu impacto orçamentário e financeiro. Trata-se, em realidade, da constitucionalização de uma regra prevista na Lei de Responsabilidade Fiscal (artigos 14 e 16, da Lei Complementar nº 101, de 4 de maio de 2000). Sobre essas duas últimas vedações, discorrer-se-á em tópicos específicos desta obra.

---

[37] Relativamente ao vigente sistema constitucional de Portugal criado em 1975-1976, Pedro Fernández Sánchez (2017, p. 5) entende que ele consiste numa fronteira atípica de separação dos poderes legislativo e judicial, ao manter uma variante legicêntrica, acrescido, contudo, de novos elementos próprios de uma variante de matriz judicialista, não facilmente coadunáveis entre si. Essa escolha do constituinte devolve "ao intérprete a pesada tarefa de densificar a linha de demarcação entre funções e órgãos legislativo e jurisdicionais".

2.3 Criação de novas estruturas ou atribuições no âmbito do Executivo: a problemática da tensão entre Governo e Legislativo

A formulação de políticas públicas não é uma atividade simples. Trata-se de uma tarefa árdua, assentada em juízos de valor e num complexo conjunto de interesses. Envolve-se não apenas a prestação de serviços ou o desenvolvimento de atividades executivas diretamente pelo Estado, mas um amplo conjunto de atividades.

Andrade (2009, p. 360) comenta que o domínio típico dos direitos sociais a prestações pressupõe "que seu conteúdo depende substancialmente de opções políticas do legislador, em função do pluralismo ideológico ou por força de limitações jurídicas e de facto".

Refletindo sobre a complexidade do ciclo da política pública, Monteiro e Moreira (2018, p. 71) afirmam que, nas décadas mais recentes, as políticas públicas têm sido confrontadas com um leque de desafios e oportunidades, que impactam de forma considerável nos seus conteúdos e, também, na geometria de implementação, monitorização e avaliação.

Segundo tais autores (2018, p. 72), o novo paradigma informacional das sociedades capitalistas avançadas, interligadas e globais tem levado a questionar as políticas, os programas e serviços públicos na "sua substância e na forma como são desenhados, implementados, avaliados e revisitados".

O ciclo da política pública envolveria, desse modo, cinco etapas sequenciais: a identificação da questão sobre a qual se pretende intervir; a formação da agenda (*agenda settig*); a formulação e legitimação da política; a implementação e monitorização da política; e a avaliação *ex post* da eficácia, eficiência e impacto da política.[38] O presente livro ater-se-á, neste ponto, à etapa de formulação das políticas públicas por iniciativa parlamentar.

---

[38] Howlett, Ramesh e Perl (2013, p. 14) discorrem dessa forma sobre cada uma dessas etapas: "A montagem da agenda se refere ao processo pelo qual os problemas chegam à atenção dos governos; a formulação da política diz respeito ao modo como as propostas de políticas são formuladas no âmbito governamental; a tomada de decisão é o processo pelo qual os governos adotam um curso de ação ou não ação; a implementação da política se relaciona ao modo pelo qual os governos dão curso efetivo a uma política; e a avaliação da política se refere aos processos pelos quais tanto os atores estatais como os societários monitoram os resultados das políticas, podendo resultar daí em uma reconceituação dos problemas e das soluções político-administrativas".

As políticas públicas visam, sobretudo, efetivar os direitos fundamentais sociais assegurados constitucionalmente. Sarmento (2010) anota que há uma nítida conexão entre políticas públicas e direitos fundamentais sociais, "na medida em que a primeira é um meio para a efetivação dos segundos". Canotilho (2003, p. 518) disserta que os direitos sociais realizam-se por meio de políticas públicas orientadas segundo o princípio básico e estruturante da solidariedade social, compreendido como o conjunto de dinâmicas político-sociais através das quais "a comunidade política (Estado, organizações sociais, instituições particulares de solidariedade social e, agora, a Comunidade Europeia) gera, cria e implementa proteções institucionalizadas no âmbito econômico, social e cultural". O autor cita, como exemplos de políticas públicas, o sistema de segurança social, o sistema de pensões de velhice e invalidez, o sistema de creches e jardins de infância, o sistema de apoio à terceira idade, o sistema de proteção da juventude, o sistema de proteção de deficientes e incapacitados.

A realização das políticas públicas precisa ocorrer, porém, dentro dos parâmetros da legalidade e da constitucionalidade. Isso sucede porque os direitos sociais envolvem, sobretudo, uma obrigação de fazer ou de dar, dependendo, portanto, para a sua efetivação, de concretização por meio da edição de atos normativos.

Ao tratar da natureza constitucional programática dos direitos sociais, Paulo e Alexandrino (2011, p. 252) discorrem que os direitos sociais vinculam o legislador infraconstitucional, a exigir dele um comportamento positivo para a concretização do desiderato constitucional, traduzido na regulamentação dos serviços e das políticas públicas.

De fato, conforme estabelece o §1º do art. 5º da Constituição brasileira, as normas definidoras de direitos e garantias fundamentais têm aplicação imediata e compete ao Executivo e ao Legislativo, assim, uma atuação visando promover, legislativamente, tais direitos, criando condições para o seu exercício (Andrade, 2009, p. 215).

Liberati (2013, p. 107) comenta que as normas constitucionais que garantem direitos fundamentais têm imediata aplicação porque não podem ser consideradas como "simples recomendações ou preceitos morais com eficácia meramente deferida para o futuro", e que pensar de forma diversa seria negar a existência dos direitos sociais.

Com efeito, a atribuição de formular as políticas públicas é um encargo que reside, primordial e concorrentemente, no Legislativo e no Executivo, como um verdadeiro poder-dever visando, sobretudo, à efetivação de direitos fundamentais.

Especificamente a respeito do dever de legislar, Jorge Pereira da Silva (2003, p. 21-51) esclarece que é preciso ter em conta a distinção fundamental entre o dever geral de produção legislativa e os quatro tipos de deveres específicos de legislar. O referido dever geral corresponde à competência legislativa conferida ao conjunto de órgãos legiferantes para concretizar as normas-fim do Estado, situando-se, por essa razão, no campo político-constitucional, observado que o incumprimento dessa responsabilidade gera uma censura no plano do contraditório político democrático, a exprimir um *silêncio legislativo* ou uma *inércia do legislador*. Diferentemente, os deveres específicos de legislar podem ser designados como: (i) dever de concretização de normas constitucionais; (ii) dever de proteção de direitos fundamentais; (iii) dever de correção e adequação de leis vigentes; e (iv) dever de reposição da igualdade violada. Esses deveres específicos de legislar estão no campo jurídico-constitucional e a sua violação merece um juízo de controle no domínio jurídico, podendo falar-se de *omissão legislativa inconstitucional*.

Existe, portanto, um dever específico de atuação legislativa relacionado à concretização dos direitos fundamentais. Sobre o papel do Parlamento nessa área, Jorge Silva Sampaio (2014, p. 97-100) recorda que, embora os Governos iniciem, em regra, os programas políticos e tracem as linhas orientadoras das opções políticas governamentais, o Legislativo influencia, em vários níveis, a elaboração e a criação legislativa de políticas públicas, ao assumir a grandeza dessa função.

Nesse sentido, ao dissertar sobre os limites da iniciativa parlamentar na formulação de políticas públicas, Cavalcante Filho (2013, p. 19) comenta que a criação de uma política pública não significa, necessariamente, a criação de um novo órgão ou a fixação de suas respectivas atribuições, o que seriam medidas inseridas na iniciativa privativa do chefe do Executivo. Para esse autor, é compatível com a Constituição e plenamente válida a instituição, por iniciativa parlamentar, de uma política pública dentro das atribuições já fixadas para um órgão já existente.

Com vistas a sustentar o seu posicionamento, Cavalcante Filho (2013, p. 20) cita julgamento do STF no Recurso Extraordinário nº 290.549, em que se declarou a constitucionalidade de lei de iniciativa parlamentar que criou o programa intitulado "Rua da Saúde", sob o argumento de que tal medida não representou invasão da esfera da competência privativa do chefe do Executivo, pois a criação do referido programa apenas tinha por objetivo fomentar a prática de esportes em vias e logradouros públicos, tendo ficado expressamente consignado nesse texto legal que "a implantação, coordenação e acompanhamento do programa ficará a cargo do órgão competente do Poder Executivo", a quem incumbirá, também, aprovar as vias designadas pelos moradores para a execução do programa.

Embora esse julgamento não tenha sido prolatado pelo Plenário do STF, Cavalcante Filho (2013, p. 21) registra a existência de outro julgado posterior, em sentido semelhante, em que a composição plenária do STF, na ADI nº 3394, declarou constitucional lei que criava programa de gratuidade de testes de maternidade e paternidade, afastando-se a alegação de inconstitucionalidade da lei por vício de iniciativa, já que a lei não criava ou estruturava qualquer órgão da Administração Pública.

Com base nesses pressupostos, em suas conclusões, Cavalcante Filho (2013, p. 22-24) formula um parâmetro para o exercício da iniciativa parlamentar nessa matéria, consistente em que a política pública procure estabelecer, para a efetivação de um direito social, uma conexão com as atribuições de órgãos já existentes, sem que isso implique num redesenho da atuação institucional ou na transformação material dos órgãos executivos, "conferindo-lhes novas e inéditas atribuições, inovando a própria função institucional da unidade orgânica". Para tanto, é necessário distinguir a criação de uma nova atribuição, o que é vedado mediante iniciativa parlamentar, da mera explicitação e/ou regulamentação de uma atividade e atribuição que já cabe ao órgão Executivo.

Exemplificando o seu pensamento, Cavalcante Filho (2013, p. 24) cita a conjectura de uma proposição de iniciativa parlamentar que vise atribuir ao serviço público de saúde a estipulação de critérios para a avaliação da qualidade dos cursos superiores de medicina. Para o autor, isso significaria dar uma nova atribuição ao sistema de saúde, medida que extrapolaria os lindes da iniciativa parlamentar. Diferentemente seria a hipótese de uma proposição de autoria parlamentar que estipulasse prazos para o primeiro tratamento de pessoas diagnosticadas com neoplasia. Nesse caso, ter-se-ia apenas a explicitação ou a regulamentação de uma atividade que já cabe ao sistema de saúde desempenhar, uma possibilidade, portanto, para a atuação parlamentar de maneira compatível com o sistema constitucional vigente.

É possível aferir, dessarte, que há, em termos de parâmetros constitucionais, um caminho estreito a ser percorrido pelos parlamentares em matéria de instituição de políticas públicas. Exige-se cautela para preservar o equilíbrio e a separação entre os Poderes, pois existe uma linha tênue que separa, na temática em análise, de um lado, o campo correspondente à iniciativa parlamentar e, de outro, a autonomia conferida constitucionalmente ao Executivo para dispor sobre as matérias de cunho eminentemente administrativo.

Com efeito, além de não se poder criar novas estruturas ou atribuições aos órgãos e às entidades do Executivo, exige-se do parlamentar, ao propor um projeto legislativo instituindo determinada política pública, o exame prévio da legislação em vigor que trata sobre a organização administrativa[39] do Executivo, para conferir se aquele direito a ser implementado está em sintonia e se tem compatibilidade com o rol das atribuições do Executivo já existentes. Assim, para a sua validade, do ponto de vista constitucional, deve haver uma correspondência entre a medida legislativa pretendida e as atribuições em vigor dos órgãos executivos.

O ideal, na perspectiva constitucional, é que o parlamentar, ao propor a criação de determinada política pública, não promova o detalhamento das medidas a serem implementadas pelo Executivo, facultando-lhe a escolha dos meios como o respectivo serviço público será prestado. Preserva-se, assim, a autonomia constitucionalmente assegurada ao Executivo para engajar os órgãos que integram a sua estrutura administrativa no desenvolvimento das atividades e na execução dos instrumentos previstos na política pública instituída por iniciativa parlamentar.

Sob tais premissas é que, no julgamento da referida ADI nº 3394, o STF declarou constitucional lei de iniciativa parlamentar que criou um programa de gratuidade de testes de maternidade e paternidade, afastando a alegação de sua inconstitucionalidade. O julgamento da ADI nº 3394 é representativo, porquanto a análise no Supremo tenha ultrapassado a simples questão da criação ou estruturação de órgão público e alcançado a problemática referente à geração de despesas por iniciativa parlamentar, tema que será mais bem examinado no tópico seguinte.

---

[39] Carvalho Filho (2012, p. 447) discorre que o termo organização administrativa "resulta de um conjunto de normas jurídicas que regem a competência, as relações hierárquicas, a situação jurídica, as formas de atuação e controle dos órgãos e pessoas, no exercício da função administrativa".

2.4 Geração de despesas por iniciativa parlamentar: a jurisprudência do STF

Há um questionamento comum formulado em face das políticas públicas de iniciativa parlamentar que gerem efeitos financeiros e repercussão direta sobre o orçamento público. É frequente, em tais hipóteses, o argumento de que essa medida seria inconstitucional, pois o parlamentar não poderia criar despesas nas proposições legislativas de sua iniciativa.[40]

No julgamento da ADI nº 3394, o STF enfrentou e refutou a alegação de que qualquer projeto de lei que crie despesa só poderá ser proposto pelo chefe do Executivo estadual, conforme restou consignado na ementa do respectivo acórdão:

> Ao contrário do afirmado pelo requerente, a lei atacada não cria ou estrutura qualquer órgão da Administração Pública local. Não procede a alegação de que qualquer projeto de lei que crie despesa só poderá ser proposto pelo Chefe do Executivo. As hipóteses de limitação da iniciativa parlamentar estão previstas, em *numerus clausus*, no artigo 61 da Constituição do Brasil - matérias relativas ao funcionamento da Administração Pública, notadamente no que se refere a servidores e órgãos do Poder Executivo.

O argumento utilizado pelo relator, ministro Eros Grau, foi no sentido de que as hipóteses de limitação da iniciativa parlamentar estão previstas, em *numerus clausus*, ou seja, de forma taxativa, no artigo 61 da Constituição do Brasil, dizendo respeito às matérias relativas ao funcionamento da Administração Pública, notadamente no que se refere a servidores e órgãos do Executivo, e que não se pode ampliar aquele rol para abranger toda e qualquer situação que crie despesa para o Estado, em especial quando a lei prospere em benefício da coletividade.

O julgamento faz referência aos fundamentos contidos na ADI nº 2072, segundo os quais o Legislativo pode criar despesa num projeto que não seja de iniciativa exclusiva do Executivo, pois na Constituição

---

[40] Registre-se, neste ponto, que há uma discussão precisamente paralela a esta no Direito Constitucional Português, com base no nº 2 do art. 167 da Constituição portuguesa, que impede os deputados ou grupos parlamentares de apresentarem proposições que envolvam, para o ano econômico em curso, aumento de despesa ou diminuição de receita. Na Seção 3.3 deste livro (Avaliação de políticas públicas no Parlamento brasileiro) realiza-se uma abordagem sobre a aplicação da intitulada *lei travão* no sistema constitucional português.

não estaria escrito que não pode haver aumento de despesa em projeto do legislativo. O que a Constituição veda é o aumento de despesa por emenda ao projeto do Executivo, conforme estabelece o seu artigo 63, inciso I.

Destaca-se que um dos julgadores da ADI nº 3394, ministro Moreira Alves, sustentou o argumento de que, caso se entenda que qualquer dispositivo que interfira no orçamento viole a iniciativa exclusiva do Executivo para lei orçamentária, não será possível legislar, sem essa iniciativa, a respeito de qualquer matéria, por exemplo, pensão especial, doação ou remissão, que tenha reflexo no orçamento.

Importa citar, ainda, um julgado do STF, de 2014, referente à validade de uma lei do Distrito Federal, de iniciativa parlamentar, que dispõe sobre a obrigatoriedade de equipar com desfibriladores cardíacos semiautomáticos locais públicos. Nesse caso, embora a lei implicasse despesas para a administração do Executivo, o STF reconheceu, no Recurso Extraordinário nº 591209/DF, em decisão monocrática da ministra Carmen Lúcia, que a lei não criou ou extinguiu órgãos no Executivo; a matéria inclui-se no âmbito da competência genérica, cabendo a qualquer parlamentar, ou mesmo ao Executivo, a edição de lei dessa natureza, sem haver afronta ao princípio da separação de poderes; e que a matéria prevista na lei não gera dispêndios não previstos no orçamento, quando as atribuições que especifica já vêm disciplinadas em outros atos normativos.

Esses julgados expressam o posicionamento do STF de que o sistema constitucional vigente não veda a iniciativa parlamentar nas proposições legislativas que criem despesas, devendo-se ressalvar apenas a iniciativa privativa do Poder Executivo para as leis que estabelecerão o plano plurianual, as diretrizes orçamentárias e os orçamentos anuais (CF, art. 165), além da vedação de aumento da despesa prevista nos projetos de iniciativa privativa ou exclusiva do Executivo (CF, art. 63, I).

Em função da relevância dessa temática, e ante a necessidade de conferir-lhe uniformidade no tratamento judicial, o STF decidiu adotar uma tese com repercussão geral, nos termos do artigo 1.035 do Código de Processo Civil brasileiro, de maneira a atribuir efeito vinculatório aos demais juízes e tribunais.

Dessa forma, por meio do julgamento do Recurso Extraordinário nº 878.911, em que se discutia lei do município do Rio de Janeiro, de iniciativa parlamentar, que tornou obrigatória a instalação de câmeras de monitoramento de segurança nas dependências e cercanias de todas as escolas públicas municipais, o STF declarou a constitucionalidade dessa norma e resolveu editar a seguinte tese com repercussão geral:

> Não usurpa competência privativa do Chefe do Poder Executivo lei que, embora crie despesa para a Administração, não trata da sua estrutura ou da atribuição de seus órgãos nem do regime jurídico de servidores públicos (art. 61, §1º, II, "a", "c" e "e", da Constituição Federal).

Essa tese foi catalogada como Tema 917 e envolve um caso em que o Legislativo, no âmbito da instituição de uma política pública de segurança nas escolas municipais, determinou a obrigatoriedade de o Executivo instalar câmeras de monitoramento nas escolas públicas e cercanias.

No julgamento do Recurso Extraordinário nº 878.911, que deu origem ao Tema 917, o juiz relator, ministro Gilmar Mendes, consignou que tal obrigatoriedade imposta ao Executivo não configurava ingerência na criação ou alteração da estrutura ou das atribuições de órgãos da Administração Pública local, nem tratava do regime jurídico de servidores públicos, motivo pelo qual não vislumbrava nenhum vício de inconstitucionalidade formal na legislação impugnada. O relator ainda argumentou que a proteção aos direitos da criança e do adolescente qualifica-se como direito fundamental de segunda dimensão, que impõe ao Poder Público a satisfação de um dever de prestação positiva destinado a todos os entes políticos que compõem a organização federativa do Estado Brasileiro, nos termos do art. 227 da Constituição.

Constata-se que, nesse caso, ao prever a obrigatoriedade de instalação de câmeras de segurança nas escolas públicas e cercanias, o Legislativo foi além das simples linhas gerais em matéria de políticas públicas, não se condicionando ou limitando a apenas definir princípios, normas programáticas ou diretrizes nessa matéria, mas, pelo contrário, como se desse um passo maior, estabeleceu uma ação concreta a ser realizada pelo Executivo.

Realmente, tem-se na hipótese em estudo um comando relacionado a uma obrigação de fazer imposta ao Executivo, que se sustenta numa política pública de origem parlamentar, a qual não se circunscreve a meramente eleger uma diretriz para a política de segurança nas escolas públicas; antes, há um comando do Legislativo estipulando a forma ou o meio como a referida política deveria ser efetivamente concretizada pelo Executivo.

Ainda nessa seara, digna de referência é a decisão tomada pelo STF no julgamento da ADI nº 4.723, que reconheceu a validade de norma estadual de origem parlamentar que prevê a criação da Casa de Apoio aos estudantes e professores provenientes do interior do Estado. Segundo a linha do entendimento adotado pelo STF, a lei questionada não cria, extingue ou altera órgão da Administração Pública e não há ofensa à regra constitucional de iniciativa privativa do Poder Executivo para dispor sobre essa matéria. Embora seja razoável defender que a referida Casa de Apoio tem a natureza de órgão da Administração Pública, a fundamentação utilizada pelo STF, neste caso, foi no sentido de que não ofende a separação de poderes a previsão, em lei de iniciativa parlamentar, de encargo inerente ao Poder Público a fim de concretizar direito social previsto na Constituição. A ementa do julgado tem o seguinte teor:

> EMENTA: AÇÃO DIRETA DE INCONSTITUCIONALIDADE. CONSTITUCIONAL. LEI 1.597/2011, DO ESTADO DO AMAPÁ. CRIAÇÃO DA CASA DE APOIO AOS ESTUDANTES E PROFESSORES PROVENIENTES DO INTERIOR DO ESTADO. INEXISTÊNCIA DE OFENSA À INICIATIVA PRIVATIVA DO CHEFE DO PODER EXECUTIVO. AÇÃO DIRETA JULGADA IMPROCEDENTE. 1. Norma de origem parlamentar que não cria, extingue ou altera órgão da Administração Pública não ofende a regra constitucional de iniciativa privativa do Poder Executivo para dispor sobre essa matéria. Precedentes. 2. Não ofende a separação de poderes, a previsão, em lei de iniciativa parlamentar, de encargo inerente ao Poder Público a fim de concretizar direito social previsto na Constituição. Precedentes. 3. Ação direta julgada improcedente.

Verifica-se, em outra vertente, em relação à redação do referido Tema 917, que ela é bem sucinta e não houve uma preocupação do STF em fixar, de forma mais pormenorizada, os parâmetros objetivos para se precisar o alcance da reserva de iniciativa do Executivo e, bem assim, quando haveria ou não a invasão de tais limites por parte do Legislativo. Essa opção do STF parece refletir a estratégia adotada por aquela Corte para permitir a análise, caso a caso, da intromissão ou não do Legislativo nos assuntos reservados constitucionalmente ao Executivo, por ser uma tarefa que envolve um exame detalhado e criterioso.

Sobre a jurisprudência do STF nessa matéria, Rezende (2017, p. 18) aponta para uma oscilação e visível falta de clareza quanto aos critérios utilizados pelo STF no julgamento de questões envolvendo a reserva de iniciativa legislativa do Executivo. O autor afirma que "esse vai e vem jurisprudencial, essa instabilidade decisória, sem que a Corte sequer reconheça a existência de um maior ônus argumentativo para a tomada de decisões que superem entendimentos cristalizados, malfere alguns dos mais básicos princípios que compõem a ideia de Estado de Direito: a segurança jurídica e a isonomia".

No que se refere a esse posicionamento, é preciso lembrar, no entanto, que a possível oscilação ou instabilidade decisória da jurisprudência do STF, nessa matéria, pode retratar, em realidade, a singularidade e a complexidade de cada caso a ser julgado em que se alega possível invasão da iniciativa privativa do Executivo, exigindo-se daquela Corte um exame particularizado do alcance e do sentido da legislação questionada, o que não permite uma ampla uniformidade entre tais julgados.

Nessa perspectiva, o Tema 917 representa os contornos mínimos consensuais e uniformes sobre essa temática que devem ser observados pelos julgadores e, de modo orientativo, pelo próprio legislador na feitura das leis.

Há, ainda, outro fator que deve ser mencionado em relação ao Tema 917, especificamente no que concerne à geração de despesas por lei de iniciativa parlamentar. É que, logo após ter sido adotada essa tese pelo STF, foi promulgada, pelo Congresso Nacional brasileiro, a Emenda Constitucional nº 95, de 15 de dezembro de 2016, instituindo o Novo Regime Fiscal, conhecido como *teto dos gastos públicos*. É sobre essa questão que falar-se-á no próximo item.

2.5 Elaboração da estimativa do impacto orçamentário e financeiro: a constitucionalização da regra voltada para a responsabilidade na gestão fiscal

Importa assinalar que a Emenda Constitucional nº 95 acrescentou, ao Ato das Disposições Constitucionais Transitórias da Constituição Federal do Brasil (ADCT), o art. 113, o qual estabelece que a proposição legislativa que crie ou altere despesa obrigatória ou renúncia de receita deverá ser acompanhada da estimativa do seu impacto orçamentário e financeiro. Trata-se da constitucionalização de uma regra prevista na Lei de Responsabilidade Fiscal (artigos 14 e 16, da Lei complementar nº 101, de 4 de maio de 2000).[41] Tal exigência tem por finalidade dotar o

---

[41] "Art. 14. A concessão ou ampliação de incentivo ou benefício de natureza tributária da qual decorra renúncia de receita deverá estar acompanhada de estimativa do impacto

processo legislativo de instrumentos voltados ao controle do equilíbrio das contas públicas.

Com efeito, criou-se um novo parâmetro ou critério para o controle de constitucionalidade das normas que gerem despesas de caráter obrigatório.[42] Esse critério ainda não existia quando foi editado o Tema 917 pelo STF. Houve, portanto, uma mudança no panorama constitucional.

Exige-se, a partir da vigência dessa nova regra constitucional (art. 113, do ADCT), que a proposição legislativa que crie ou altere despesas obrigatórias ou resulte em renúncia de receita esteja devidamente instruída com a competente estimativa do seu impacto orçamentário e financeiro, sob pena de inconstitucionalidade. As normas orçamentárias e financeiras se tornaram, nesse aspecto, constitucionalmente cogentes.

---

orçamentário-financeiro no exercício em que deva iniciar sua vigência e nos dois seguintes, atender ao disposto na lei de diretrizes orçamentárias e a pelo menos uma das seguintes condições:
I – demonstração pelo proponente de que a renúncia foi considerada na estimativa de receita da lei orçamentária, na forma do art. 12, e de que não afetará as metas de resultados fiscais previstas no anexo próprio da lei de diretrizes orçamentárias;
II – estar acompanhada de medidas de compensação, no período mencionado no *caput*, por meio do aumento de receita, proveniente da elevação de alíquotas, ampliação da base de cálculo, majoração ou criação de tributo ou contribuição".
(…)
"Art. 16. A criação, expansão ou aperfeiçoamento de ação governamental que acarrete aumento da despesa será acompanhado de:
I – estimativa do impacto orçamentário-financeiro no exercício em que deva entrar em vigor e nos dois subsequentes;
II – declaração do ordenador da despesa de que o aumento tem adequação orçamentária e financeira com a lei orçamentária anual e compatibilidade com o plano plurianual e com a lei de diretrizes orçamentárias.
§1o Para os fins desta Lei Complementar, considera-se:
I – adequada com a lei orçamentária anual, a despesa objeto de dotação específica e suficiente, ou que esteja abrangida por crédito genérico, de forma que somadas todas as despesas da mesma espécie, realizadas e a realizar, previstas no programa de trabalho, não sejam ultrapassados os limites estabelecidos para o exercício;
II – compatível com o plano plurianual e a lei de diretrizes orçamentárias, a despesa que se conforme com as diretrizes, objetivos, prioridades e metas previstos nesses instrumentos e não infrinja qualquer de suas disposições.
§2o A estimativa de que trata o inciso I do *caput* será acompanhada das premissas e metodologia de cálculo utilizadas.
§3o Ressalva-se do disposto neste artigo a despesa considerada irrelevante, nos termos em que dispuser a lei de diretrizes orçamentárias.
§4o As normas do *caput* constituem condição prévia para:
I – empenho e licitação de serviços, fornecimento de bens ou execução de obras;
II – desapropriação de imóveis urbanos a que se refere o §3o do art. 182 da Constituição".

[42] Segundo o art. 17 da Lei de Responsabilidade Fiscal, considera-se obrigatória de caráter continuado a despesa corrente derivada de lei, medida provisória ou ato administrativo normativo que fixe para o ente a obrigação legal de sua execução por um período superior a dois exercícios.

É imprescindível, assim, que o Legislativo, por meio de seus órgãos próprios ou com o auxílio do Executivo, elabore sempre a estimativa do impacto orçamentário nas proposições de sua iniciativa que gerem despesas de caráter continuado. Essa é uma providência que deve anteceder a aprovação da matéria, principalmente para que os parlamentares tenham conhecimento desses dados e possam tomar uma decisão a favor ou contra a respectiva medida.

O Executivo poderá aferir, no momento propício ao juízo de sanção ou de veto, o cumprimento dessa regra. Esse fatalmente poderá vir a ser um dos fundamentos invocados pelo Executivo para vetar as matérias de iniciativa parlamentar geradoras de despesas, quando verificar que a mencionada estimativa não foi elaborada pelo Legislativo. Pela mesma razão, o Judiciário poderá invalidar leis cujo processo legislativo não tenha observado a norma contida no art. 113 do ADCT da Constituição Federal brasileira.

Dessa forma, com o advento da Emenda Constitucional nº 95, a exigência de elaboração da competente estimativa de impacto orçamentário e financeiro deixou de ser um simples critério legal e tornou-se uma regra constitucional, cujo desrespeito tem potencial para invalidar o ato normativo gerador de despesas obrigatórias.

Em termos de controle abstrato de constitucionalidade, releva acentuar que, com a transmutação do *status* hierárquico-normativo dessa regra, o STF poderá utilizá-la como critério para fiscalizar a constitucionalidade das normas questionadas sob esse fundamento, o que não poderia ocorrer no regime anterior à Emenda Constitucional nº 95, porque se tratava de uma questão restrita apenas ao plano da legalidade – ofensa à Lei complementar nº 101, de 2000 –, e não atinente à esfera da constitucionalidade (parametricidade constitucional).[43]

Registre-se, porém, haver uma divergência no âmbito do STF sobre o alcance da regra contida no art. 113 do ADCT da Constituição Federal, quanto a saber se ela valeria apenas para a União ou se alcançaria também os Estados, o Distrito Federal e os Municípios. A dúvida resulta da circunstância de que o próprio art. 106, introduzido ao ADCT da Constituição Federal pela Emenda Constitucional nº 95, determina que o Novo Regime Fiscal restringe-se aos orçamentos fiscal e da seguridade social da União, com vigência por vinte exercícios financeiros.

---

[43] Cf. ADI nº 1347, STF.

No julgamento do Recurso Extraordinário nº 1158273 perante o STF,[44] em questionamento relacionado a uma lei municipal da qual resultava renúncia de receita, o ministro Celso Mello afastou a aplicação do referido art. 113 do ADCT. O fundamento utilizado pelo julgador foi no sentido de que esse dispositivo da Constituição Federal não se qualifica como um preceito constitucional de observância obrigatória pelas unidades federadas. Posicionamentos nesse mesmo sentido podem ser colhidos na doutrina (Abraham, 2017, p. 241; Correia Neto, 2018, p. 2.382).

Em sentido oposto, ao julgar a ADI nº 5816, o plenário do STF, por maioria, sob a relatoria do ministro Alexandre de Moraes, decidiu que a Emenda Constitucional nº 95, de 2016, por meio da nova redação do art. 113 do ADCT, estabeleceu requisito adicional para a validade formal de leis que criem despesa ou concedam benefícios fiscais, requisito esse que, por expressar medida indispensável para o equilíbrio da atividade financeira do Estado, dirige-se a todos os níveis federativos. O relator somou a sua decisão ao argumento de que, em que pese a Emenda Constitucional nº 95 estabelecer cominações específicas para o âmbito da União, sobressai o seu preponderante caráter nacional, especialmente no tocante às normas de processo legislativo e orçamentário, como o art. 113 do ADCT.

A divergência na ADI nº 5816 coube ao ministro Marco Aurélio, para quem o art. 113 do ADCT possui eficácia transitória e limitada à esfera da União, mostrando-se inviável tomá-lo como parâmetro de constitucionalidade de atos normativos editados pelos demais entes federados, em especial aqueles que não adotaram modelos fiscais temporários de rigidez similar, sob pena de ter-se indevida interferência no equilíbrio federativo brasileiro.

Relativamente a essa controvérsia, adere-se, nesta obra, ao posicionamento segundo o qual a regra contida no art. 113 do ADCT da Constituição Federal aplica-se somente à União, por ser um entendimento consentâneo com o princípio federativo, que visa assegurar a unidade nacional, a descentralização do poder político, a repartição de competências, e, nomeadamente, a autonomia de cada ente estatal se organizar por meio de sua própria Constituição, respeitados os princípios da Constituição Federal. Percebe-se que o art. 113 em questão

---

[44] Embora o recurso extraordinário não integre o rol das ações do controle abstrato de constitucionalidade, a menção a esse julgado é importante para se perceber o posicionamento de um dos membros do STF sobre essa relevante questão.

foi introduzido na parte transitória da Constituição Federal, e não no seu corpo permanente, a demonstrar que sua vigência é limitada e vinculada aos orçamentos fiscal e da seguridade social da União, como enuncia o próprio art. 106 do ADCT, a cuja delimitação o intérprete não pode se afastar.

CAPÍTULO 3

RELEVÂNCIA DA AVALIAÇÃO DE IMPACTO LEGISLATIVO COMO GARANTIA DA QUALIDADE DAS AÇÕES GOVERNAMENTAIS

3.1 Fundamentos: racionalidade e controle político e social

Em termos de fundamento, pode-se dizer que a avaliação de impacto legislativo apoia-se na ideia de que é preciso tornar o processo legislativo mais racional. A avaliação de impacto legislativo tem a capacidade, assim, de conferir-lhe um incremento de racionalidade (Chevallier, 1992, p. 18-22). Na espécie, uma racionalidade instrumental que requer a adequação entre os meios e os fins, no sentido de que os instrumentos legais sejam adequados para realizar os objetivos sociais e de políticas públicas.

Há, de fato, uma tensão entre a racionalidade e a cultura regulatória interventiva, sobretudo em países como o Brasil, que vivenciam a problemática da inflação legislativa, como se a lei fosse a melhor solução para todas as dificuldades. Por isso mesmo, existe um constante desafio de desviar-se da tendência de fazer análises de impacto legislativo pragmáticas e menos detalhadas, estudos menos rígidos, apenas para justificar o processo decisório, e não para embasá-lo. A tomada de decisão, em tais circunstâncias culturais, ocorre de forma pragmática e a análise de impacto acaba ajudando pouco nesse processo.

Outrossim, Chevallier (1992, p. 22) ensina que essa racionalidade decorrente da introdução da avaliação de impacto legislativo nos processos de produção das normas jurídicas defronta-se com a persistência de uma *dimensão simbólica* que surge como um elemento constitutivo e substancial da norma jurídica. Em contraponto a esse simbolismo, a racionalização dos processos de produção legislativa destina-se a devolver à norma jurídica a sua legitimidade, plena eficácia e concretização.

Por sua vez, em contextos como o estadunidense e o brasileiro, em que se outorga poder normativo às agências reguladoras, Guerra e Salinas (2018, p. 402-430) apontam, ainda, um outro fundamento para a avaliação de impacto legislativo, consistente no controle político exercido pelo Legislativo sobre tais agências, ao exigir-lhes que façam análise de impacto regulatório, justifiquem adequadamente suas decisões e as publiquem. A avaliação de impacto regulatório assume, portanto, uma dimensão de controle político, por meio da previsão legal de uma obrigação procedimental mediante a qual o Legislativo supervisiona o poder normativo e, também, a discricionariedade exercida pelo Executivo.

. A avaliação de impacto legislativo vem se firmando, portanto, como uma política de Estado, visando conferir qualidade às intervenções estatais na vida dos governados. Nessa compreensão, o Estado deve justificar sua presença e as suas decisões com plausível fundamento de interesse público. A avaliação de impacto legislativo reforça, assim, o compromisso de que não deve haver espaço para o arbítrio e o improviso.

Em termos de políticas públicas, há um consenso de que elas devem ser bem desenhadas, viáveis, eficazes, eficientes e efetivas. A avaliação de impacto das políticas públicas tem o potencial para tornar essas intervenções estatais mais confiáveis. Ao reunir, compartilhar e publicizar todo o insumo informacional que dá suporte ao processo de tomada de decisão na esfera das políticas públicas, a avaliação permite o controle social da atuação do Poder Público.

3.2 Avaliação de impacto legislativo: alcance e problemáticas

A necessidade de legislar e instituir determinada política pública surge em face de uma situação problemática. É preciso avaliar, previamente, qual é o problema, quando ele se manifestou e como ele pode ser solucionado. Outro questionamento fundamental é saber se o problema pode ser solucionado sem a necessidade de uma lei, por meio de simples medidas administrativas, como campanhas publicitárias e outros recursos que incentivem os cidadãos a adotarem bons comportamentos.

Considera-se que legislar e instituir uma política pública é algo complexo, que exige planejamento e conhecimento profundo da realidade sobre a qual se pretende intervir. Contudo, existem países, como o Brasil, em que ainda vigora uma cultura imediatista, como se a lei fosse a melhor forma de resolver os problemas. Disparam-se leis à medida que os problemas vão surgindo.

O ideal, todavia, é que seja feita uma avaliação preliminar sobre a efetiva necessidade da edição de uma lei para resolver aquela situação problemática. Se, após essa análise, for constatada realmente a necessidade de uma lei, parte-se então para uma próxima etapa, em que são traçados os objetivos da política pública, precisamente para delinear o caminho para resolver a questão.

Normalmente, devem ser oferecidas opções aos responsáveis pela tomada de decisão, inclusive a *opção zero*, que consiste em *nada fazer* diante daquela situação e quais serão as consequências, os custos, os benefícios e os riscos da inação. São oferecidas opções aos responsáveis pela tomada de decisão, porque os objetivos de política pública podem ser atingidos por meios e formas diferentes, dependendo dos recursos financeiros e materiais disponíveis, o que implica a formulação de várias alternativas.

Blanco de Morais (2007, p. 343) define a avaliação de impacto regulatório como "um processo analítico fundado em bases científicas e técnicas que informa o decisor legislativo sobre os efeitos potenciais ou efectivos das leis, nomeadamente em termos dos seus custos, benefícios, riscos e praticabilidade administrativa".

Cabugueira (2020, p. 248) ensina que, quando levada à prática em toda a sua complexidade, a avaliação de impacto "impõe uma reflexão sobre a necessidade da intervenção e um confronto das medidas alternativas que permitam atingir o mesmo objetivo de interesse público". Segundo o autor, esse confronto permite identificar e, sempre que possível, estimar os impactos esperados de cada alternativa nas dimensões econômica, social e ambiental. Alerta, todavia, que essa forma de intervenção não "pretende pôr em causa o processo de decisão política ou substituí-lo como um exercício técnico de análise, mas antes, contribuir para esse processo gerando informação útil para o decisor" (Cabugueira, 2020, p. 249).

Especificamente sobre o processo de avaliação das políticas públicas, Rita de Cássia Leal Fonseca dos Santos (2021, p. 11-33) considera que essa avaliação tem sido, reconhecidamente, o domínio mais frágil do sistema de políticas públicas, tanto na arena internacional quanto no Brasil. Segundo a autora (2021, p. 15-16), a complexidade dos fenômenos sociais "torna desafiadora qualquer experiência de avaliação que pretenda ser exaustiva e capaz de (i) desenhar o modelo sistêmico que gera o problema-objeto da política pública e (ii) aferir os efeitos da política na dinâmica de operação desse sistema". Cita-se, como exemplo desse desafio, as avaliações de impacto socioambiental, "chamadas a dar conta de movimentos iterativos entre variáveis e fenômenos de natureza diversas – físicas, biológicas, sociais – que se retroalimentam".

Rita de Cássia Leal Fonseca dos Santos (2021, p. 16) recorda, apoiando-se em Sanches (2000, p. 1),[45] determinadas complexidades das políticas públicas: (i) são formuladas por múltiplos agentes; (ii) como norma, não são claramente explicitadas pelos seus formuladores; (iii) são operacionalizadas por intermédio de um vasto número de agentes e ações; (iv) são submetidas a constantes mudanças, sofrendo os efeitos de novas políticas públicas; (v) no mesmo ambiente institucional, convivem políticas públicas que se opõem e se entrechocam continuamente e muitas das entidades que as formulam e executam possuem interesses divergentes e conflitantes; (vi) os programas não são desenhados e executados de forma a permitir que se isole o efeito a ser medido, tornando-se ainda mais dificultosa a complexa tarefa de avaliar.

No que concerne ao relevo dessa temática, Nazaré da Costa Cabral (2018, p. 263) esclarece, em estudo específico sobre avaliação de impacto legislativo das políticas públicas, que é no âmbito da Organização para a Cooperação e Desenvolvimento Econômico (OCDE) que se têm produzido, especialmente a partir de 1997, os trabalhos mais importantes e regulares sobre o assunto, como o *Regulatory Impact Assessment*.[46]

---

[45] SANCHES, O. M. *O papel do legislativo na avaliação de políticas públicas*: limitantes, instrumentos e perspectivas. Texto desenvolvido para orientar debate interno realizado no âmbito das Consultorias das Casas do Poder Legislativo Federal. Brasília, 2000. Disponível em: https://www2.camara.leg.br/orcamento-da-uniao/estudos/artigos/ antes-de-2005/Artigo160.pdf. Acesso em: 26 jun. 2024.

[46] Nazaré da Costa Cabral (2018, p. 263) aponta que, em 1997, foi publicado o relatório *Regulatory Impact Assessment: Best Practices in OCDE Countries*, bem assim destaca estudos recentes OCDE (2009, 2012 e 2015) e Deighton-Smith *et al.* (2016). Na União Europeia, o assunto merece atenção (Renda, 2006, e EC, 2009).

A autora explica que, conforme definido pela OCDE, o *Regulatory Impact Assessment* constitui simultaneamente um "instrumento e um processo de decisão que habilita os agentes de decisão política a compreender se, e de que forma, é possível legislar melhor com vista a alcançar os diferentes objetivos de política pública". Nazaré da Costa Cabral (2018, p. 263) comenta que a sua natureza instrumental visa garantir, de forma rigorosa e sistemática, a identificação e a avaliação dos impactos potenciais das ações governamentais, seja pela quantificação dos custos e benefícios da medida reguladora, como pela avaliação da eficácia das medidas para atingir os pretendidos objetivos de política pública, e para identificar possíveis abordagens alternativas à disposição do decisor.

Com efeito, pode-se dizer que há uma relação direta entre a avaliação de impacto legislativo e a promoção do bem-estar econômico e social, e, bem assim, entre tal avaliação e a melhoria da consistência e coerência no desenho das políticas públicas, resultando-se em eficiência e eficácia na gestão governamental e, enfim, na qualidade de suas ações.

De fato, a avaliação de impacto legislativo é fator que contribui para o bem-estar dos cidadãos e, inclusive, das empresas, que poderão ter menos encargos e burocracias, o que é almejado numa economia de mercado, e terão ainda mais segurança para realizar seus investimentos. Existem, certamente, condições que favorecem esse ambiente de segurança jurídica. Nazaré da Costa Cabral (2018, p. 264) aponta o contributo do relatório de impacto legislativo para o aumento dos níveis de informação e de transparência no processo de tomada de decisão legislativa, reduzindo-se, dessa forma, "os custos de tomada de decisão desnecessária ou inconsistente e, bem assim, os riscos associados à chamada *captura do regulador"*, caracterizado pela promoção de interesses particulares em detrimento do interesse geral.[47]

Relativamente à essa problemática da chamada *captura do regulador*, Mitchell e Randy (2004, p. 176), acadêmicos partidários da escola norte-americana da *Public Choices*, defendem que o processo político

---

[47] Sobre o papel da lei no Estado de Direito, Blanco de Morais (2007, p. 87) preleciona: "A lógica intervencionista de caráter económico e social inerente ao novo modelo constitucional de Estado de Direito, o despontar do pluralismo dos interesses reclamando do poder político *direito e dinheiro* e o florescimento das autonomias territoriais de recorte federal ou regional alteraram expressivamente a morfologia da lei. Esta abandonou a regra mítica «de justa conduta» destinada à prossecução dos fins do Estado burguês, para se expandir como instrumento transformador das relações políticas, sociais e económicas, respondendo a exigências, não apenas oriundas de uma clientela ou estamento dominante mas antes, de toda a espécie de destinatários".

existente tem a tendência de levar adiante os interesses daqueles que estão em melhor situação e aqueles que vão bem no mercado são os que se saem melhor na organização política. No entanto, apesar de serem imperfeitos, os mercados e as organizações políticas são importantes para o bem-estar individual e coletivo. Para esses autores, mesmo democracias imperfeitas têm muito mais a ser dito a seu favor do que não democracias.

No tocante aos instrumentos analíticos usados no contexto do relatório de impacto legislativo, Nazaré da Costa Cabral (2018, p. 266) expõe, com didatismo, que eles podem ser agrupados em duas categorias, a saber, uma qualitativa, em que se procura verificar a efetiva necessidade de adoção de determinada medida de política legislativa, e, por outro lado, uma vertente quantitativa, na qual objetiva-se contabilizar/quantificar os custos e os benefícios (*lato sensu*) associados a essa mesma medida.

Complementando o seu raciocínio, Nazaré da Costa Cabral (2018, p. 266-267) explica que, qualitativamente, deve-se responder aos *threshold tests* (testes de limiar), como: a) a intervenção legislativa tem justificação; b) ela é a melhor forma de intervenção governativa? Não basta existir a *rationale* para a intervenção, pois é preciso ponderar a oportunidade, forma e dimensão da intervenção em face da justificação existente. Sobre essa questão, a OECD enuncia os seis princípios para uma regulação com qualidade: necessidade; eficácia; proporcionalidade; transparência, responsabilização e consistência. No domínio quantitativo, Nazaré da Costa Cabral (2018, p. 266) indica a análise custo-benefício (ACB) como o principal instrumento analítico do RIA, ao procurar captar os custos e benefícios das medidas de natureza regulatória. Em alternativa, aponta a análise custo-eficácia (ACE), adequada quando se trata de confrontar custos e benefícios que não sejam tão facilmente quantificáveis, especialmente no aspecto monetário.

Com efeito, em termos de opções, o padrão é que se façam avaliações e prognoses sobre os custos e benefícios das medidas para o Estado, os cidadãos e as empresas. O desejável é que uma lei tenha mais benefícios do que custos. Todavia, nem sempre isso é possível. Em tais hipóteses, é recomendável que a autoridade responsável apresente uma justificação razoável para se adotar a medida. Observa-se, também, que existem variáveis que não tem expressão econômica, como os impactos ambientais, mas há métodos próprios para se fazer essa análise nesses casos. Importa, sobretudo, que tais relatórios de impacto sejam públicos e transparentes.

CAPÍTULO 3
RELEVÂNCIA DA AVALIAÇÃO DE IMPACTO LEGISLATIVO COMO GARANTIA DA QUALIDADE... | 79

Finalmente, de forma geral, a avaliação das políticas públicas operacionaliza-se em três momentos distintos. Sinteticamente, João Ferrão (2018, p. 19) diz que há uma avaliação *ex ante*, associada à fase de formulação da política ou programa; outra intermédia ou intercalar, relacionada com a fase de sua execução; e a avaliação *ex post*, aplicada após a conclusão da política ou programa.

A princípio, como advertem Monteiro e Moreira (2018, p. 72), há uma análise *ex ante* que precede a adoção da medida legislativa e que visa "essencialmente aferir a consistência das estratégias de intervenção, contribuindo assim (juntamente com outras fontes de informação) para o melhor desenho possível da política pública". A etapa intermediária seguinte envolve a implementação e monitorização da política (avaliações *on-going* ou formativas) e tem uma natureza mais pragmática de operacionalização, acompanhamento e ajuste. Por último, na avaliação *ex post* analisa-se "em que medida a política pública atingiu os seus propósitos e informar a decisão sobre a sua manutenção, alteração, aprofundamento ou eventual extinção", momento propício, portanto, à prestação de contas à sociedade como um todo.

Com efeito, a análise *ex ante* tem a natureza de planejamento, posto que visa identificar problemas e atores, desenhar processos e prever resultados. De fato, para se instituir uma política pública, exige-se um bom planejamento e o conhecimento profundo da realidade sobre a qual se pretende intervir, de modo a viabilizar a tomada de uma decisão qualificada, no sentido de conseguir resolver, da melhor forma, o respectivo problema.[48]

Nesse contexto, a avaliação de impacto legislativo, por sua natureza, tem lugar *ex ante*. Contudo, como adverte Nazaré da Costa Cabral (2018, p. 267), com apoio nos estudos da OCDE, essa avaliação *ex ante* é suscetível de erro, motivo pelo qual são necessárias revisões *ex post* para melhorar os procedimentos utilizados no respectivo relatório, por exemplo, o uso de indicadores de desempenho para verificar

---

[48] De seu turno, a análise intermédia e a *ex post* compreendem a avaliação de resultados e dos impactos da política pública, utilizando-se, para isso, de uma variedade de técnicas de análise de dados e também a realização de testes. Falanga (2018, p. 252) esclarece que os métodos *pré-pós* "são utilizados para medir os impactos que determinadas intervenções inerentes às políticas têm sobre o conhecimento, as atitudes, os valores, as competências e os comportamentos de seus destinatários". Segundo o autor, os métodos selecionam uma amostra potencialmente representativa do público-alvo, a qual será envolvida no processo de avaliação preliminar e posterior à intervenção, por meio de inquéritos ou entrevistas.

a contabilização adequada dos encargos associados a determinada medida ou dos benefícios líquidos dela resultantes.

A avaliação de impacto legislativo fornece, portanto, subsídio informacional para a tomada de decisões. Contudo, é preciso assinalar que ela não substitui a decisão política e não impõe aos responsáveis pela tomada de decisão uma posição de neutralidade política. A avaliação de impacto legislativo oferece ao tomador de decisão um conjunto de informações úteis e necessárias para que ele possa assumir melhor as suas responsabilidades, sabendo-se que sempre deve haver uma motivação plausível para a tomada da decisão.

Nessa relação propiciada pela avaliação de impacto legislativo, é salutar que exista uma interface entre a política e a técnica. Não dá para fazer política sem o necessário suporte técnico, sob pena de se caminhar para o populismo. Por outro lado, não é recomendável que a tecnocracia exerça o domínio sobre o processo de tomada de decisões. Os técnicos não são eleitos e, por isso, não têm legitimidade popular e mandato eletivo para assumirem a responsabilidade da tomada de decisão, pois seu papel principal é contribuir com informações para o melhor processo de decisão política. Cabe à política e ao tomador de decisão, assim, escolher a opção técnica que mais atenda ao interesse público.

Finalmente, em contextos como o brasileiro, em que há escassez de receitas, a avaliação de impacto legislativo é elemento primordial para que os governos possam racionalizar recursos públicos, focando no bom uso de suas receitas e em ações que darão retorno em termos de eficácia, eficiência e efetividade. Nesse sentido, permite-se fazer mais coisas com menos recursos, aumentando, portanto, o custo-benefício das políticas públicas e a qualidade das ações governamentais. Ademais, pode-se inferir que a avaliação de impacto legislativo eleva gradativamente o acerto da gestão pública, contribuindo para uma transformação positiva na vida dos cidadãos beneficiários das políticas públicas.

3.3 Avaliação de políticas públicas no Parlamento brasileiro

Há, ainda, uma questão que interessa ser explorada neste ponto e que se refere, precisamente, a saber qual o papel do Parlamento brasileiro na avaliação das políticas públicas, bem como compreender se ele é dotado de uma estrutura organizativa específica que o apoie, administrativa e tecnicamente, a realizar eficazmente essa atividade.

Isso é algo importante que se deve investigar, em especial porque se sabe que, após a criação de uma política pública pelos parlamentares, será o Executivo o responsável por sua execução e quem será em primeiro lugar cobrado pela eficácia e qualidade das ações implementadas.[49]

Nessa esteira, ao dissertar sobre paradigmas, práticas, teorias e metodologias de avaliação das políticas públicas, João Ferrão (2018, p. 6) salienta que não existe uma única história da avaliação, mas várias, e que "tanto os discursos sobre avaliação como as práticas de avaliação são influenciados por múltiplos fatores, de natureza política, societal, econômica, institucional e cultural", podendo variar de forma significativa entre países e entre áreas de política pública. O autor observa, contudo, que os processos de globalização do conhecimento científico e o papel de entidades multinacionais e supranacionais e organizações internacionais "tem contribuído para diluir algumas das fronteiras existentes entre tradições de avaliação nacionais e mesmo entre domínios de política".

Em termos teóricos e metodológicos, João Ferrão (2018, p. 14) acentua que as perspectivas de avaliação hoje são mais plurais, recorrendo a uma maior diversidade de referenciais, com suporte numa espécie de árvore das teorias de avaliação, consoante proposto por Alkin e Christie (2004), com "base no peso relativo que cada teoria atribui aos seguintes aspectos: métodos de avaliação, juízos de valor e uso dos resultados das avaliações".

João Ferrão (2018, p. 18) acrescenta que os países em que o Estado teve uma liderança mais forte no período do pós-guerra, nomeadamente por meio do lançamento de políticas nacionais ambiciosas em diversos domínios, alcançaram precocemente um significativo grau de maturidade das práticas de avaliação e consolidaram uma cultura institucional de avaliação e aprendizagem permanentes. Para o autor, Portugal, Espanha, Itália e Irlanda não têm tradição consolidada de avaliação, pois desenvolveram suas práticas influenciados por fatores legais externos, provenientes do seu enquadramento internacional,

---

[49] Jorge Silva Sampaio (2014, p. 61) ensina que a fase de implementação da política pública consiste numa adaptação do programa da política pública formulado às situações concretas que deverão ser enfrentadas. O autor alerta que esta fase, que compreende a organização dos meios a utilizar na execução, a interpretação das diretivas governamentais e a sua aplicação propriamente dita, "é normalmente muito mais complexa do que parece ou do que os analistas das políticas públicas muitas vezes imaginam, bastando pensar na multiplicidade de meios formais para atacar a política e na facilidade de evolução do problema que pode desactualizar rapidamente os meios utilizados" (Sampaio, 2014, p. 61).

supranacional ou multilateral, não lhes permitindo, ainda, atingir uma efetiva cultura de avaliação.

No Brasil, não existe, até o momento, uma normatização a disciplinar os procedimentos de avaliação das políticas públicas.[50] Já existem órgãos públicos no âmbito da União com atribuições para a realização de monitoramento e avaliação, embora sem uma previsão de sistematização desses esforços. Registre-se que essas ações concentram-se sobretudo no Executivo, podendo-se citar o Conselho de Monitoramento e Avaliação de Políticas Públicas – CMAP,[51] órgão vinculado ao Ministério da Economia.[52]

A respeito da diferença entre as atividades de monitoramento e de avaliação, Gabriela Lacerda (2021, p. 60) explica que o monitoramento é o acompanhamento cotidiano da execução de uma política pública e auxilia a verificar o cumprimento das metas estabelecidas, se

---

[50] Registre-se, sobre esse tema, que se encontra em tramitação no Senado Federal, especialmente, duas proposições com esse objetivo, a saber: (i) Proposta de Emenda Constitucional nº 26, de 2017, de autoria da senadora Maria do Carmo Alves e outros, que dispõe sobre a criação de um sistema integrado de avaliação de políticas públicas; (ii) Projeto de Lei do Senado nº 488, de 2017, de autoria do senador Roberto Muniz, que altera a Lei da Técnica Legislativa para determinar que as proposições legislativas que instituam políticas públicas contenham a avaliação de impacto legislativo. O inteiro teor dessas proposições está digitalmente disponível, respectivamente, em: (i) https://legis.senado.leg.br/sdleg-getter/documento?dm=5377314&ts=1567527051434&disposition=inline; (ii) https://legis.senado.leg.br/sdleg-getter/documento?dm=7327764&ts=1630416791438&disposition=inline. Acesso em: 28 jun. 2024.

[51] O Conselho de Monitoramento e Avaliação de Políticas Públicas – CMAP – é um órgão do Ministério da Economia e foi instituído pelo Decreto nº 9.834, de 2019, e consiste em instância de natureza consultiva, com a finalidade de avaliar uma lista de políticas públicas previamente selecionadas, que são financiadas por gastos diretos ou subsídios da União. Uma vez concluída essa etapa de avaliação, o Conselho propõe-se, ainda, a monitorar a implementação das recomendações de alteração das políticas públicas que porventura forem propostas a partir da avaliação efetuada, em consonância com as práticas de governança. No âmbito do Ministério da Cidadania, existe um órgão denominado Secretaria de Avaliação e Gestão da Informação – SAGI –, com atribuição para fornecer informações pertinentes a pesquisadores, servindo como mecanismo de transparência na disponibilização de pesquisas, publicações, eventos, cursos, micro dados e ferramentas para avaliação de políticas daquele ministério. Informações disponíveis em: https://www.gov.br/economia/pt-br/acesso-a-informacao/participacao-social/conselhos-e-orgaos-colegiados/cmap. Acesso em: 26 jun. 2024.

[52] O Plano Plurianual da União para o período de 2020 a 2023, instituído pela Lei nº 13.971, de 27 de dezembro de 2019, estabelece, no seu artigo 14, que a sua avaliação consiste em processo sistemático, integrado e institucionalizado de análise das políticas públicas, com o objetivo de aprimorar os programas e a qualidade do gasto público. É previsto, ainda, que essa avaliação será realizada no âmbito do mencionado Conselho de Monitoramento e Avaliação de Políticas Públicas – CMAP – e contemplará avaliações de políticas públicas financiadas por gastos diretos e subsídios da União, selecionadas anualmente. O artigo 16, §1º, dispõe que a escolha das políticas que constarão da lista anual de avaliações ocorrerá segundo critérios de materialidade, criticidade e relevância.

o governo caminha ou não na direção pretendida, enquanto a avaliação serve para verificar se determinada intervenção pública funcionou ou não. Trata-se da aferição, de forma sistemática, dos resultados de uma política pública, contribuindo para o desenho e a reformulação de estratégias capazes de levar aos resultados esperados.

Ao analisar o processo de avaliação de políticas públicas que vem sendo institucionalizado e implementado pelo governo federal brasileiro, sobretudo após a criação do CMAP, Miranda *et al.* (2021, p. 35-56) destacam que tem sido priorizada a avaliação *ex post*, de modo a permitir a emissão de recomendações para o aprimoramento dos programas governamentais, objetivando-se a oferta de serviços públicos mais eficazes e efetivos à sociedade e a melhoria da qualidade dos gastos públicos.

Os autores consideram que, nos últimos anos, o Brasil tem avançado no processo de institucionalização de avaliação de políticas públicas e, para isso, o CMAP conta com parcerias com instituições públicas e privadas de pesquisa e com organismos internacionais, como o Banco Interamericano de Desenvolvimento – BID – e o Instituto de Pesquisa Econômica Aplicada – IPEA.

Contudo, Miranda *et al.* (2021, p. 47-52) revelam que ainda não foi desenvolvido e definido um modelo para o processo de análise *ex ante* no âmbito do CMAP. Esse desenho está sendo realizado e também se encontra em construção um catálogo de políticas públicas que "visa, primordialmente, conhecer, sistematizar e dar transparência ao universo de políticas públicas do Poder Executivo Federal, financiado por gasto direto ou por subsídio". Os autores acreditam que esse catálogo será importante para servir de base para a seleção de políticas públicas a serem avaliadas e fornecer informações para a tomada de decisões no âmbito do ciclo orçamentário.

Rita de Cássia Leal Fonseca dos Santos (2021, p. 18) afirma que o referido Conselho de Monitoramento e Avaliação de Políticas Públicas – CMAP –, do Ministério da Economia, não possui, até o momento, prerrogativas e instrumentos para mobilizar atores e coordenar alterações de políticas públicas, seja no espaço interno do Poder Executivo federal, seja nas relações interpoderes necessárias para validação parlamentar ou subnacional. Para a autora, a criação do CMAP é um bom começo, mas o órgão precisa ser apoiado e robustecido.

Finalmente, a respeito do processo de avaliação de políticas públicas no contexto do governo federal brasileiro, Miranda *et al.* (2021, p. 49-52) concluem ser preciso alinhar os processos de avaliação e o ciclo orçamentário, prática comum em países como Chile e Canadá, para permitir que as decisões alocativas de recursos públicos no orçamento sejam orientadas por critérios mais claros e transparentes, baseadas em evidências, de modo a conferir mais efetividade a esse processo, excluindo, com efeito, políticas públicas ineficientes e mantendo e aprimorando aquelas bem avaliadas. Os autores apontam, também, ser necessária a difusão, no governo federal, "da cultura de avaliação como mecanismo fundamental para entrega de políticas públicas mais eficientes", "a viabilização do acesso aos dados necessários para assegurar avaliações que reflitam a realidade de cada política" e "a disseminação dos resultados das avaliações para que os mesmos possam ser utilizados pela sociedade, pelos gestores e pelos formuladores de políticas públicas, inclusive o Congresso Nacional".

Em termos de legislação, foi editada a Lei nº 13.874, de 20 de setembro de 2019, resultado da conversão da Medida Provisória nº 881, de 2019, a qual prevê, em seu artigo 5º, a necessidade de análise de impacto regulatório de atos normativos de interesse geral de agentes econômicos ou de usuários dos serviços prestados, que conterá informações e dados sobre os possíveis efeitos do ato normativo para verificar a razoabilidade do seu impacto econômico.[53] Essa questão encontra-se regulamentada pelo Decreto nº 10.411, de 30 de junho de 2020.

A referida medida, embora represente um avanço, alcança, tão somente, a avaliação do impacto econômico do ato normativo, o que reflete apenas um dos elementos que compõem o amplo mecanismo de avaliação do impacto legislativo. Essa medida legislativa revela-se insuficiente nos aspectos metodológicos de avaliação legislativa, pois tal análise deve abranger também outros aspectos, como as questões sociais, jurídicas e ambientais, e não apenas os dados econômicos.

Criticamente, pode-se observar que a Lei nº 13.874, de 2019, estabelece a exigência de análise de impacto econômico como uma forma de se criar um obstáculo para a regulação e a oneração (custos)

---

[53] Cf. Lei nº 13.874, de 2019. "Art. 5º As propostas de edição e de alteração de atos normativos de interesse geral de agentes econômicos ou de usuários dos serviços prestados, editadas por órgão ou entidade da administração pública federal, incluídas as autarquias e as fundações públicas, serão precedidas da realização de análise de impacto regulatório, que conterá informações e dados sobre os possíveis efeitos do ato normativo para verificar a razoabilidade do seu impacto econômico.
Parágrafo único. Regulamento disporá sobre a data de início da exigência de que trata o *caput* deste artigo e sobre o conteúdo, a metodologia da análise de impacto regulatório, os quesitos mínimos a serem objeto de exame, as hipóteses em que será obrigatória sua realização e as hipóteses em que poderá ser dispensada".

dos indivíduos e das empresas. Todavia, não existe, nessa legislação, a previsão de uma análise *a posteriori* para justificar e subsidiar uma possível e necessária desregulamentação de uma obrigação anteriormente instituída. Trata-se, portanto, de uma falha da legislação ao não prever a análise de impacto para a hipótese de desregulamentação de determinadas atividades.

Sobre essas questões, João Tiago Silveira (2020, p. 188 e 189) reforça o entendimento de que a avaliação legislativa transformou-se num instrumento de avaliação de políticas públicas e, em especial, da qualidade da legislação e tem vindo a incidir sobre seus diferentes domínios, por exemplo, o impacto ambiental, os impactos sociais, a igualdade de gênero, os efeitos em populações nativas, os efeitos sobre crianças e jovens, impacto sobre a concorrência e outras áreas. O autor afirma, a respeito da amplitude da avaliação, que foi ultrapassada "a ideia inicial de que se trataria de um processo destinado a verificar apenas os 'excessos regulatórios' e os seus efeitos sobre a economia".

No plano europeu, esse autor (2020, p. 192) vê como sintomático, nesse sentido, o Acordo Interinstitucional de 13 de abril de 2016, entre o Parlamento Europeu, o Conselho da União Europeia e a Comissão Europeia sobre Legislar Melhor, em que foi estipulado que as "avaliações de impacto deverão definir soluções alternativas e, se possível, os potenciais custos e benefícios a curto e longo prazo, determinando o seu impacto econômico, ambiental e social de forma integrada e equilibrada graças a análises qualitativas e quantitativas".

No contexto brasileiro, até o advento da Lei nº 13.874, de 2019, a análise de impacto legislativo se restringia ao âmbito das Agências Reguladoras, cuja legislação[54] obriga a realização de Análise de Impacto Regulatório (AIR) para adoção e alteração de atos normativos de interesse geral dos agentes econômicos, consumidores ou usuários dos serviços prestados.

Importa assinalar que a Emenda Constitucional nº 95, de 2016, acrescentou, ao Ato das Disposições Constitucionais Transitórias da Constituição Federal, o art. 113, o qual estabelece que a proposição legislativa que crie ou altere despesa obrigatória ou renúncia de receita deverá ser acompanhada da estimativa do seu impacto orçamentário e financeiro. Como já foi dito, trata-se da constitucionalização de uma regra prevista na Lei de Responsabilidade Fiscal (artigos 14 e 16, da

---

[54] Cf. previsto na seguinte legislação: Lei nº 13.848, de 25 de junho de 2019; Lei nº 9.782, de 26 de janeiro de 1999; e Lei nº 9.984, de 17 de julho de 2000.

Lei complementar nº 101, de 4 de maio de 2000), com a finalidade de dotar o processo legislativo de instrumentos voltados ao controle do equilíbrio das contas públicas.

Ressalte-se que, recentemente, a Constituição do Brasil foi alterada (§16 do art. 37, e parágrafo único do art. 193) pelas Emendas Constitucionais nº 109, de 2021, e nº 108, de 2020, para prever, respectivamente, que: *(i)* os órgãos e entidades da Administração Pública, individual ou conjuntamente, devem realizar avaliação das políticas públicas, inclusive com divulgação do objeto a ser avaliado e dos resultados alcançados, na forma da lei; *(ii)* o Estado exercerá a função de planejamento das políticas sociais, assegurada, na forma da lei, a participação da sociedade nos processos de formulação, de monitoramento, de controle e de avaliação dessas políticas.[55]

A Constituição do Brasil passou a estabelecer, portanto, a necessidade de a administração pública realizar a avaliação das políticas públicas e, ainda, dar transparência ao objeto avaliado e aos resultados alcançados. Essas normas constitucionais, contudo, não foram regulamentadas. É necessário, portanto, que o Congresso Nacional regulamente essa questão e garanta a eficácia desses dispositivos constitucionais que tratam sobre a avaliação das políticas públicas.

Registre-se que, no âmbito das unidades da federação brasileira, o Estado de Goiás instituiu, em 2019, mediante previsão constitucional,[56] um sistema governamental integrado e permanente de monitoramento e avaliação de políticas públicas, com o objetivo de promover o aperfeiçoamento da gestão pública. Gabriela Lacerda (2021, p. 58) cita que

---

[55] Gabriela Lacerda (2021, p. 60) afirma que, segundo a OCDE, enunciados específicos prevendo a avaliação de políticas públicas em patamar constitucional foram identificados somente na Suíça, Alemanha, França, Colômbia, México e Costa Rica.

[56] Esse sistema foi instituído por meio da Emenda Constitucional nº 63, de 4 de dezembro de 2019, do Estado de Goiás. A esse sistema compete, na forma da lei: (i) avaliar a economicidade, a efetividade, a eficácia e a eficiência das políticas públicas de responsabilidade estadual; (ii) fornecer subsídios técnicos para o monitoramento de políticas públicas vigentes e para a formulação e para a implementação de novas políticas públicas; (iii) disponibilizar informações, relatórios, dados e estudos relativos às políticas públicas para livre acesso de qualquer cidadão; (iv) ampliar a sistemática articulação entre os órgãos dos Poderes que desempenhem as atividades de monitoramento e avaliação de políticas públicas no âmbito do Estado de Goiás; (v) firmar parcerias com universidades, fundações, associações sem fins lucrativos, organizações não governamentais e outras instituições, visando: a) conceder maior transparência aos dados de responsabilidade governamental; b) dotar de maior qualidade as análises dos dados; e c) agilizar e facilitar os trabalhos de monitoramento e de avaliação. O teor desta Emenda Constitucional encontra-se disponível digitalmente em: http://www.gabinetecivil.goias.gov.br/emendas constitucionais/emendaconstitucionaln63.htm. Acesso em: 01 jul. 2024.

o primeiro sistema de monitoramento e avaliação de políticas públicas no Brasil foi instituído em 2017, pelo Governo do Estado do Espírito Santo, por meio da Lei nº 10.744, de 5 de outubro do referido ano.

Diferentemente do que ocorre na União Europeia, onde o foco da avaliação de impacto normativo é maior no Legislativo, no Brasil essa atividade concentra-se no Executivo e a institucionalização da avaliação tem se dado sobretudo no âmbito deste Poder.

A respeito dessa questão, Gabriela Lacerda (2021, p. 63) entende que o valor de um sistema de avaliação e de monitoramento de políticas públicas consiste no uso intensivo e sistemático das evidências para fins de gestão. A autora explica que existem, basicamente, três modelos desses sistemas: independente, centralizado e descentralizado. No modelo centralizado, a governança do sistema é estruturada em torno do centro de governo e as autoridades orçamentárias e de planejamento exercem a coordenação do sistema, acompanham as recomendações advindas das avaliações e integram as evidências para a tomada de decisão sobre o orçamento e sobre o aperfeiçoamento das políticas. No modelo descentralizado, departamentos setoriais, responsáveis pela gestão e implementação da política, conduzem as avaliações. Por último, no modelo independente, um órgão específico, sem vínculo institucional com o governo, é criado para a coordenação e a implementação do monitoramento e da avaliação das políticas públicas. Segundo a autora, os principais objetivos de tais sistemas são transparência, controle social e *accountability*.

Sobre esse tema, destaca Nazaré da Costa Cabral (2018, p. 268) três fatores críticos que concorrem para o sucesso dos mecanismos de avaliação de políticas públicas, a saber: *(i)* adequado suporte político, por meio do envolvimento sério dos atores políticos relevantes; *(ii)* capacitação técnica e competência dos responsáveis pelo relatório; *(iii)* escolha criteriosa dos agentes responsáveis pelo relatório, os quais poderão integrar as próprias instâncias legislativas (departamentos do governo ou serviços ministeriais) ou ficar a cargo de entidades especializadas e independentes, fora da estrutura administrativa governamental.

Pode-se observar, nesse sentido, a semelhança entre a experiência portuguesa e a prática brasileira de se concentrar, de forma preponderante, no Executivo as funções relacionadas à realização do relatório de impacto normativo nos processos legislativos de sua responsabilidade, embora seja imprescindível também a elaboração dessa análise em relação às proposições de iniciativa parlamentar.

Quanto a essa problemática em Portugal, Nazaré da Costa Cabral (2018, p. 273) explicita que, em sede parlamentar, a avaliação de impacto normativo não é em regra realizada, limitando-se, por vezes, à análise apenas dos impactos orçamentários, com o auxílio da Unidade Técnica de Apoio Orçamental – UTAO –, e da costumeira verificação quanto à violação da *lei travão*, conforme o nº 2 do artigo 167.º da Constituição portuguesa, que impede os deputados ou grupos parlamentares de apresentarem proposições que envolvam, para o ano econômico em curso, aumentos de despesa ou diminuição de receita.

Tiago Duarte (2007, p. 151-152, 532 e 588) explica que a *lei travão* impõe limites à iniciativa legislativa dos deputados que tenha por objeto o aumento das despesas e a diminuição das receitas prevista na lei do Orçamento, evitando-se que, durante o ano econômico, os deputados criem dificuldades para a execução orçamental. Para o autor, apesar de não ter sido esse o caminho trilhado pelos constituintes em Portugal, é durante o debate orçamental que mais pertinentemente se justificaria a existência de uma *lei travão*, para evitar que os deputados apresentassem e aprovassem emendas sem terem qualquer limite padronizador. Em comparação, o autor observa que, na França, Espanha e Alemanha, existe uma aplicação rigorosa da *lei travão* durante a discussão da proposta governativa de orçamento, como ocorre também na generalidade dos restantes ordenamentos jurídicos de matriz parlamentar.

Importante destacar que, conforme assentado no Acórdão nº 545/2021, a jurisprudência do Tribunal Constitucional de Portugal converge no entendimento de que o comando constitucional da *norma travão* abrange, inclusive, duas situações específicas relacionadas às iniciativas legislativas parlamentares, a saber: *(i)* aquelas que acarretem, indiretamente, um aumento de despesa pública ou a diminuição de receitas orçamentárias no ano econômico em curso; e *(ii)* as normas que tenham sua origem em apreciações parlamentares de decretos-leis perante a Assembleia da República, nos termos do nº 1 do artigo 169º da Constituição, quando as correspondentes alterações/aditamentos de autoria parlamentar implicarem em violação da regra contida no nº 2 do artigo 167º da Constituição.[57-58]

---

[57] O Acórdão nº 545/2021 (Processo nº 356/2021, relatoria do Conselheiro Fernando Vaz Ventura) refere-se ao julgamento de requerimento do Primeiro-Ministro de Portugal, com fundamento no artigo 281.º, nº 2, alínea c) da Constituição, por meio do qual o Tribunal declarou a inconstitucionalidade, com força obrigatória geral, das seguintes normas, por violação do disposto no nº 2 do artigo 167.º da Constituição: a) artigo 3.º da Lei nº 16/2021, de 7 de abril, na parte em que adita o artigo 4.º-C ao Decreto-Lei nº 8-B/2021, de 22 de

Em suma, a argumentação do Tribunal Constitucional é no sentido de que a *ratio legis* da *lei travão* é a tutela do plano financeiro do Executivo para o ano econômico em curso, baseado no orçamento aprovado pela Assembleia da República, cuja execução incumbe ao Governo. Esse comando constitucional ficaria esvaziado da sua eficácia se não alcançasse, nesse quadro de aumento de despesa ou de diminuição de receitas por iniciativa legislativa parlamentar, a hipótese em que se configure efeito financeiro indireto ou se refira à apreciação parlamentar de decretos-leis, em conformidade com o nº 1 do artigo 169º da Constituição.

---

janeiro e, através deste, altera os números 2 e 3 do artigo 24.º do Decreto-Lei nº 10-A/2020, de 13 de março, b) artigo 2.º da Lei nº 16/2021, de 7 de abril, na parte em que altera o nº 2 do artigo 3.º do Decreto-Lei nº 8-B/2021, de 22 de janeiro; c) artigo 2.º da Lei nº 15/2021, de 7 de abril, que alterou, em sede de apreciação parlamentar, nº 6 do artigo 3.º do Decreto-Lei nº 6-E/2021, de 15 de janeiro. As normas invalidadas pelo Tribunal Constitucional são resultantes de alterações introduzidas pelos parlamentares em diplomas normativos de autoria do Governo que acolhem um conjunto de medidas excecionais e temporárias relativas à situação epidemiológica do novo Coronavírus – Covid-19. Registre-se que a questão da proibição de efeitos financeiros indiretos já havia sido objeto de decisão do Tribunal no Acórdão nº 297/86 e foi reafirmada nesse julgamento. Em apoio desse entendimento, o Tribunal alega que "concorre o argumento histórico: a atual formulação da *norma-travão* partiu da proposta apresentada pela 5.ª Comissão na Assembleia Constituinte, que proibia as iniciativas legislativas que *diretamente* constituíssem um aumento de despesa ou diminuição de receita; ora, a versão final eliminou o advérbio «diretamente», o que não pode ser tido como simples «mudanças de cosmética jurídica»". Disponível digitalmente em: https://www.tribunalconstitucional.pt/tc/acordaos/20210545. htm. Acesso em: 01 jul. 2024.

[58] Dentre outras alegações, argumenta-se no requerimento do Primeiro-Ministro que as razões para incluir a norma travão na Lei Fundamental de 1976 relacionam-se, em especial, com: *(i)* a proteção da estabilidade, equilíbrio, unidade e coerência do conteúdo orçamental, como plano financeiro do Estado durante o ano econômico em curso e pressuposto do regular funcionamento da Administração, bem como da sustentabilidade da segurança social e das finanças públicas em geral; *(ii)* a salvaguarda da competência exclusiva do Governo para dar execução à Lei do Orçamento do Estado, após a sua aprovação, no contexto da incidência do princípio da separação com interdependência de poderes entre o Parlamento e o Governo, no processo de produção e concretização da lei orçamental; *(iii)* a garantia de compromissos externos assumidos regularmente pelo Estado Português em matéria financeira, nomeadamente, junto da União Europeia. Assinala-se que "a existência de uma competência compartilhada entre Governo e Assembleia da República em todo o ciclo orçamental que, fruto de uma relação fiduciária entre os dois órgãos de soberania no domínio financeiro, não obsta a uma delimitação rigorosa de reservas de competência bem distintas das duas instituições em todo o processo de produção e execução orçamental, a qual espelha, inequivocamente, o reflexo do princípio da separação de poderes". Em síntese, a tese é no sentido de "que a Constituição determina, seja através da reserva de iniciativa orçamental atribuída ao Governo, seja através da norma-travão, que o 'Parlamento tem um momento próprio para determinar ao Executivo tarefas concretas orçamentais relevantes' e esse momento, no qual o referido órgão decide em liberdade, é o da aprovação da Lei do Orçamento de Estado, estando, a partir desse momento limitado no respeitante a iniciativas dos seus titulares que tenham por objeto alterar receitas e despesas orçamentadas".

Em Portugal, há uma preocupação com a instituição e o desenvolvimento de uma política de produção legislativa em suas várias dimensões. Caupers, Guibentif e Almeida (2014, p. 97) citam os seguintes programas governamentais que tiveram como objeto a reforma legislativa: (a) a Comissão para a Simplificação Legislativa (2001), no âmbito do Ministério da Reforma do Estado e da Administração Pública; (b) a Comissão Técnica responsável pela preparação do Programa Estratégico para a qualidade e eficácia dos Atos Normativos do Governo (2003/2006); (c) o Programa "Legislar Melhor" aprovado pela Resolução nº 63/2006, de 18 de maio, e (d) o Programa Simplegis, apresentado publicamente em maio de 2010.

Por sua vez, João Tiago Silveira (2020, p. 182) cita, como assinaláveis evoluções nos últimos anos em Portugal, a utilização do formulário eletrônico para o agendamento de diplomas em Conselho de Ministros para recolha de dados e informações para exercícios de avaliação legislativa prévia, e o programa de avaliação legislativa "Custa Quanto", atualmente em vigor (Resolução do Conselho de Ministros nº 44/2017, de 24 de março, e Resolução do Conselho de Ministros nº 74/2018, de 8 de junho).

Cabugueira (2020, p. 247) discorre que o programa "Legislar Melhor" apresenta-se como um objetivo de política pública, na medida em que "concorre para aumentar a credibilidade do processo legislativo e contribui para o bem-estar dos cidadãos, das empresas e para o bom funcionamento da economia", assumindo, por tudo isso, as características de bem-público.

Em estudo específico sobre o papel dos parlamentos da Europa na estruturação e na avaliação de políticas públicas, apoiando-se em inquéritos e pesquisa conduzida pelo *European Parliamentary Research Service* (Serviço de Pesquisa do Parlamento Europeu) que investigou as capacidades e práticas de política regulatória de 38 (trinta e oito) parlamentos nacionais em toda a Europa,[59] Irmgard Anglmayer (2021, p. 103-127) ressalta que, embora os Governos continuem sendo os principais atores nessa área, os parlamentos desempenham cada vez mais um papel ativo, com destaque para as Assembleias nacionais polaca e suíça e o Parlamento Europeu. O autor aponta que o Parlamento

---

[59] Cf. EUROPEAN PARLIAMENTARY RESEARCH SERVICE. *Appraising the quality of the European Commission's impact assessments*: Trends and developments from 2015 to 2018. European Parliament, European Parliamentary Research Service. Brussels, 2019. Disponível em: https://www.europarl.europa.eu/RegData/etudes/STUD/2019/642807/EPRS_ STU(2019)642807_EN.pdf. Acesso em: 01 jul. 2024.

Europeu tem institucionalizado a avaliação, utilizando evidências indicadas em relatórios técnicos, na criação de políticas públicas. Os sistemas, segundo Anglmayer, seriam mais poderosos nos locais onde a função avaliativa está presente na Constituição do país.

Irmgard Aglmayer (2021, p. 103-127) aponta que metade dos parlamentos pesquisados na Europa participam de avaliações de impacto, mas não existe um plano para o envolvimento parlamentar. Em vez disso, os parlamentares escolhem as atividades que funcionam melhor para eles no seu contexto nacional específico. Segundo o autor, no geral, há uma grande variação entre os parlamentos, que vai desde um papel passivo de escrutínio puramente formal até um envolvimento muito ativo na avaliação de impacto. Nesse aspecto, o propósito e o valor agregado do envolvimento das legislaturas estão principalmente ligados à supervisão parlamentar do Executivo, e, em menor medida, à função legislativa dos parlamentos.

As conclusões de Irmgard Aglmayer (2021, p. 124-125) são no sentido de que existe um potencial considerável para os parlamentos se envolverem em avaliações de impacto *ex ante* e *ex post,* mas poucos parlamentos utilizam instrumentos de política regulatória de forma sistemática, como ferramenta estratégica para melhorar a qualidade da legislação e para melhorar o escrutínio parlamentar da ação do governo. Para o autor, o trabalho de política regulatória tem o potencial de fortalecer a supervisão e a função legislativa dos parlamentos. O sucesso de um mecanismo de avaliação parlamentar parece depender, todavia, de uma série de fatores: um nível adequado (administrativo ou político), uma base legal sólida, fortes direitos de acesso à informação, os recursos necessários e um acompanhamento obrigatório pelo Executivo parecem facilitar a sua eficácia.

De sua parte, o parlamento brasileiro ainda não possui uma cultura institucional de realizar a análise do impacto legislativo das proposições de iniciativa parlamentar. Um dos motivos que podem ser apontados em relação ao Brasil para essa deficiência relaciona-se ao fato de o Legislativo não dispor de idênticas informações ou do mesmo conjunto de dados disponíveis no Executivo, e também por não possuir uma estrutura de pessoal especializado encarregado de elaborar o competente relatório de impacto legislativo. Nesse passo, a instituição de políticas públicas por iniciativa parlamentar ocorre em geral com poucas informações e dissociada do alcance dos seus efetivos impactos.

Existe quem defenda, como Ives Gandra Martins e Celso Ribeiro Bastos (1995, p. 387), que o Executivo tem melhor visão do que o Legislativo para instituir políticas públicas, em virtude de as estar gerindo, o que exige conhecimento que o Legislativo não tem. Assim, "outorgar a este poder o direito de apresentar os projetos que desejasse seria oferecer-lhe o poder de ter sua iniciativa sobre assuntos que refogem a sua maior especialidade", e poderia resultar em deliberações desastrosas, à falta de conhecimento, prejudicando a própria administração nacional.

Contudo, esse é um posicionamento, a toda evidência, incompatível com o sistema constitucional vigente, pois este confere ao parlamentar a iniciativa legislativa em matéria de criação de políticas públicas, como já exposto nesta obra. É um argumento de ordem prática e que não deve prevalecer.

E qual seria, então, o papel do Legislativo brasileiro no contexto da avaliação das políticas públicas?

Sobre essa questão, Rita de Cássia Leal Fonseca dos Santos (2021, p. 22-28) ensina que a avaliação de políticas públicas é onerosa e, para gerar valor relevante, precisa mobilizar equipes, metodologias e recursos tecnológicos. Precisa se apoiar em entidades de excelência na coleta de dados e produção de indicadores. É vital estruturar processos continuados de pesquisa e formação de competências. Em função de sua onerosidade, a avaliação de políticas públicas necessita ser fundamentalmente seletiva, tendo-se clara a compreensão do que se pretende entregar com esse processo.[60]

A autora expõe (p. 23-24), ao aprofundar a sua análise, que essa avaliação é fonte de evidências sobre a coerência interna e a consistência empírica do que o poder público realiza no mundo em termos de políticas públicas. Por sua vez, tais evidências "são insumos para duas naturezas de processo: o de tomada de decisão pelos agentes do Estado e os de interação entre o Estado e a sociedade". Nesse contexto, o "papel do Poder Legislativo na avaliação de políticas públicas precisa

---

[60] Rita de Cássia Leal Fonseca dos Santos (2021, p. 28-29) considera que, quanto mais assumida e transparente for essa seletividade, mais efetiva tende a ser a capacidade construída para a boa decisão. Por isso, segundo a autora, "o Poder Legislativo deve habilitar-se a definir e divulgar agenda de prioridades estratégicas para a sociedade, sinalizando aos atores linhas de pesquisa relevantes para o processo decisório e deles recolhendo evidências". A autora aponta que metodologias de fomento à atuação seletiva de governos, como a chamada *deliverologia*, vêm sendo propugnadas por organismos internacionais, como o Banco Interamericano de Desenvolvimento – BID. Cf. INTER-AMERICAN DEVELOPMENT BANK. *Deliverology*: The Art and Science of Keeping Campaign Promises. Washington, 2017. Disponível em: https://blogs.iadb.org/caribbean-dev-trends/en/deliverology-the-art-and-science-of-keeping-campaign-promises/. Acesso em: 01 jul. 2024.

servir, em última análise, a essas duas naturezas de fenômenos, as quais, não por acaso, mantêm correspondência direta com as funções institucionais do parlamento".

Rita de Cássia Leal Fonseca dos Santos (2021, p. 24) explica que as evidências empíricas, os juízos de valor e os dados, informações e conhecimentos produzidos pelos processos de avaliação de políticas públicas subsidiam, por um lado, a interação entre o Estado e a sociedade, sendo papel do Legislativo comunicar e disseminar tais estudos para a interação efetiva com a sociedade, e, noutra vertente, importa garantir que as linhas de ação do processo decisório materializado no exercício das funções legislativas e fiscalizatória estejam devidamente informadas pelos melhores subsídios disponíveis sobre a matéria.

Com efeito, o papel a ser exercido pelo Legislativo brasileiro na avaliação de políticas públicas deve ser capaz de atender a essas duas linhas de ação: integração entre o Estado e a sociedade, e processo decisório. Rita de Cássia Leal Fonseca dos Santos (2021, p. 30) conclui que, juntas, essas duas dimensões de atuação têm o potencial de "dotar o Poder Legislativo, e as demais instâncias do poder público, de condições mais sólidas para lidar com realidade crescentemente complexa, volátil, ambígua e incerta".

Realmente, o Poder Legislativo tem capacidade única e vocação institucional para construir processos decisórios baseados em evidências e para exercer o papel de entidade integradora e disseminadora de conhecimentos em políticas públicas. Essas são atividades que se correlacionam diretamente com as suas atribuições constitucionais, dentre as quais se destacam a capacidade para dialogar com autoridades e demais atores, requisitar informações e base de dados, realizar audiências públicas, exercer o controle externo da Administração Pública, instaurar comissões parlamentares de inquérito, acompanhar e fiscalizar os gastos públicos e apreciar e emendar os projetos referentes às leis orçamentárias.

É especialmente fundamental, no entanto, como aponta Rita de Cássia Leal Fonseca dos Santos (2021, p. 27-29), que os achados de avaliações de políticas públicas sejam apropriados pelas autoridades constituídas e considerados nos processos decisórios de governo. De igual modo, considerando a sua qualidade de detentor das funções constitucionais de representação, fiscalização externa e legislador, "cabe ao Poder Legislativo criar estruturas e mecanismos para coligir e organizar informações e dados sobre políticas públicas e ofertá-los, de modo estruturado, aos atores interessados, no governo e fora dele".

Tratando-se da criação, manutenção e aperfeiçoamento de estruturas especializadas para assessorar e auxiliar o Legislativo federal brasileiro nessa complexa atividade de instituir e avaliar políticas públicas, importa fazer referência, na esfera do Congresso Nacional, à atuação das Consultorias Legislativas e de Orçamentos nas suas duas Casas, responsáveis, entre outras atribuições, pela produção de conhecimento e elaboração e análise de proposições legislativas. É salutar ainda o reconhecimento, na seara da avaliação de políticas públicas, do papel desempenhado pelo Tribunal de Contas da União (TCU), especialmente em seus trabalhos de auditoria, controle externo e produção e divulgação de conhecimento nessa área, a exemplo dos Relatórios de Políticas Públicas, publicados desde 2017 e que constituem documentos de análise relevantes. Essas experiências precisam ser replicadas e aperfeiçoadas no âmbito dos legislativos e tribunais de contas estaduais e municipais.

Rita de Cássia Leal Fonseca dos Santos (2021, p. 19) explica que os referidos Relatórios de Políticas Públicas vêm sendo elaborados a partir do disposto no art. 123 da Lei de Diretrizes Orçamentárias de 2018, que conferiu, ao Tribunal de Contas da União, "a responsabilidade por enviar à Comissão Mista de Planos, Orçamentos Públicos e Fiscalização (CMO) do Congresso Nacional um quadro-resumo relativo à qualidade da implementação e ao alcance de metas e objetivos dos programas e ações governamentais objeto de auditorias operacionais realizadas, para subsidiar a discussão do Projeto de Lei Orçamentária Anual".

De fato, a Lei de Diretrizes Orçamentárias – LDO – pode ser utilizada como uma importante ferramenta para viabilizar o exercício efetivo do controle externo pelo Legislativo, notadamente no acompanhamento da execução, pelo Executivo, das políticas públicas. Nesse sentido, é uma medida estratégica do Legislativo fazer inserir, no texto da LDO, normas que deem concretude ao papel auxiliar do Tribunal de Contas no controle externo e que instituam determinados procedimentos e ferramentas para o desempenho da função fiscalizatória e avaliativa das políticas públicas pelo Legislativo. São inúmeras as possibilidades nesse contexto e, gradativamente, o Legislativo tem percebido as potencialidades da LDO.

Outrossim, como referências positivas nesta área, importa ter em consideração, finalmente, os modelos britânico e holandês de estruturação de sistemas de avaliação de políticas públicas.

. A respeito da experiência legislativa no Parlamento do Reino Unido, Richard Kelly (2021, p. 149-156), ao oferecer uma visão geral desse processo, descreve que existe uma Agência única, de natureza independente, responsável por elaborar os relatórios de impacto legislativo. O autor também menciona que a Biblioteca da Câmara dos Comuns fornece aos membros do Parlamento documentos informativos (*briefing*) nas várias fases de apreciação de uma proposição legislativa, mesmo depois de ter sido promulgada a legislação. Esses documentos de instrução auxiliam os parlamentares a conhecerem mais profundamente os principais objetivos, elementos, argumentos, decisões e compromissos relacionados às correspondentes matérias em apreciação no Parlamento.

Richard Kelly (2021, p. 152-155) acrescenta que, quando uma proposição legislativa é apresentada no Parlamento do Reino Unido, são publicadas informações adicionais junto ao projeto, contendo a descrição do contexto da política pública e das medidas propostas, a avaliação de impacto e um memorando com a análise em relação aos dispositivos do projeto que delegam mais poderes aos ministros. Essas informações somam-se a outras, preparadas por organizações não governamentais e por grupos de interesse e de pressão. Depois da aprovação da matéria, os parlamentares continuam recebendo informações sobre os efeitos práticos da nova legislação sobre os cidadãos, empresas e grupos de interesse, seu impacto e necessidade de ajustes e revisões.

Especificamente sobre esse modelo, Gabriela Lacerda (2021, p. 67) considera que o sistema britânico confere mais ênfase ao monitoramento em detrimento da avaliação, e ambos são relativamente separados. A autora esclarece que, como as avaliações são realizadas de forma independente pelos departamentos setoriais, o Tesouro Britânico (*Her Majesty's Treasury*) e o *National Audit Office* (NAO) estabelecem procedimentos padronizados, por meio dos quais o "Tesouro publica os guias de avaliação *ex ante* (*The Magenta Book*) e de avaliação *ex post* (*The Green Book*), com os critérios a serem seguidos pelos departamentos setoriais ao realizar ou contratar as avaliações", enquanto, "por meio do NAO, o Poder Legislativo realiza o acompanhamento e a supervisão das avaliações realizadas pelos departamentos setoriais".

Da mesma forma, como padrão assertivo nesse contexto, é necessário reportar-se à possibilidade de os membros do Parlamento solicitarem o apoio dos técnicos que exercem funções nos departamentos legislativos dos diversos ministérios do governo. Isso é o que ocorre na Holanda, em que, antes do projeto ser remetido ao Parlamento, encaminha-se para análise do *Dutch Council of State – Advisory Board on Legislation*, entidade independente, prevista na Constituição, com uma longa tradição e cujos membros são nomeados pela sua experiência e conhecimento no domínio da legislação e que aconselham o governo e o parlamento sobre todos os projetos legislativos, no que respeita aos aspectos políticos, legais e técnicos.

A complexidade relacionada à instituição de políticas públicas por iniciativa parlamentar e os impactos que elas podem gerar sobre a sociedade evidenciam que não se devem permitir improvisações nessa área. São inúmeras as variáveis envolvidas e algumas delas, inclusive, de difícil mensuração objetiva. Por isso, exige-se acuidade e que as decisões estejam apoiadas em dados verídicos, sendo prudente o cotejamento entre várias alternativas possíveis. Em função do princípio democrático, as opiniões contrárias importam e não devem ser silenciadas. Os dados para a avaliação das políticas públicas devem vir dos técnicos e também da própria sociedade e dos setores afetados, promovendo-se momentos e formas de participação direta, com interação entre a dimensão representativa e a dimensão participativa, o que resultará em relatórios circunstanciados.

É certo que isso demanda uma mudança na cultura do Legislativo brasileiro. O parlamentar deve perceber que a avaliação de políticas públicas não lhe atrapalha no exercício do mandato, mas oferece-lhe subsídios para melhor exercê-lo. Em realidade, a avaliação fornece subsídios para ampliar o debate político, não restringe a atuação parlamentar, antes, pelo contrário, serve para apoiar e complementar essa atuação. Por melhores que sejam os textos normativos e o desenho das políticas públicas, é necessária uma mudança nas práticas sociais. Isso leva tempo e exige preparação e interação com as diversas dimensões de conhecimento. O Legislativo pode desempenhar, portanto, um papel fundamental no sistema de avaliação de políticas públicas.

3.4 Desafios relacionados à formulação, à execução e à avaliação das políticas públicas

O desenho das políticas públicas segue, normalmente, o critério da adequação, segundo o qual elas devem ser concebidas de modo a atender adequadamente aos seus respectivos objetivos. Além desse critério, fala-se presentemente, de maneira desafiadora, em outros dois critérios, a saber: aptidão ao futuro (*fit for future*) e resiliência. Nessa perspectiva, a política pública deve ser concebida e formulada de tal maneira que tenha capacidade de acompanhar as inovações e se adequar às mudanças futuras. Ou seja, uma política pública capaz de sobreviver e de resistir ao incerto.

Os desafios da inovação, da inteligência artificial (IA) e outros, como o provável surgimento de novas epidemias que afetem toda a humanidade, alertam para o fato de que as políticas públicas e a sua avaliação devem olhar para o futuro, dentro de uma dimensão prospectiva, equitativa e intergeracional.

Particularmente em relação à inteligência artificial, João Tiago Silveira (2020, p. 190-191) aponta que a sua utilização nos domínios da avaliação legislativa representa a possibilidade de realização de avanços significativos, nomeadamente para facilitar e tornar mais célere a recolha de informações/dados e a elaboração de tais estudos e para identificar tendências a partir de informação não sistematizada ou organizada.

João Tiago Silveira (2020, p. 190) pondera que um dos aspectos que reiteradamente se referem a propósito dos processos e estudos de avaliação legislativa é o tempo que eles frequentemente implicam, o atraso que podem provocar na aprovação de medidas legislativas (especialmente quanto à avaliação *ex ante*) e a dificuldade em lidar com quantidades de informação muito significativas. Esse é um processo que pode implicar um lapso temporal bastante longo, por envolver consulta pública, audição de *stakeholders*, eventual realização de inquéritos, recolha de informação, dados estatísticos e respectivo tratamento e procuras e buscas junto de diversas fontes, o que poderá ser facilitado com a utilização da inteligência artificial.

Sobre esse tema, Rita de Cássia Fonseca dos Santos (2021, p. 26-28) comenta que a aplicação da inteligência artificial à avaliação de políticas públicas tem o potencial de elevar a qualidade de informações e decisões a patamares hoje impensáveis.[61] Todavia, os investimentos nessa tecnologia demandam mobilização de volumes expressivos de

---

[61] Rita de Cássia Fonseca dos Santos (2021, p. 26-27) anota que, em 2019, a OCDE adotou o Princípio sobre Inteligência Artificial, que especifica valores a serem observados e providências a serem adotadas pelos governos. Dentre elas, recomenda: (i) promover investimentos públicos e privados em pesquisa e desenvolvimento para alavancar inovação em inteligência artificial confiável; (ii) apoiar ecossistemas acessíveis de inteligência artificial, com infraestrutura digital e tecnologias e mecanismos para compartilhamento de dados e conhecimento; (iii) assegurar ambiente regulatório que abra espaço para a utilização de sistemas confiáveis de inteligência artificial; (iv) empoderar pessoas com habilidades para inteligência artificial e apoiar os trabalhadores para uma transição justa; (v) cooperar com países e setores para o avanço na governança e regulação de inteligência artificial confiável.

recursos e requerem liderança estatal, o que é um desafio em tempos de profunda crise financeira, como a decorrente da pandemia de Covid-19. Por isso, recomenda-se a criação de estruturas tecnológicas de inteligência artificial e de pesquisa para uso compartilhado entre os órgãos do poder público. De igual forma, há o desafio de firmar e fortalecer amplas parcerias interfederativas para viabilizar a disponibilização de informações estruturadas pelos governos estaduais e municipais para a "obtenção de dados confiáveis de orçamento e políticas públicas, sem os quais o potencial das novas tecnologias de IA, *big data* e *machine learning* não se realizará".

Outro desafio refere-se à necessidade de aumentar a transparência e os mecanismos de participação no processo legislativo. Percebe-se, por vezes, certa tensão e disputa entre o Legislativo e o Governo que pode dificultar o trânsito de informações relacionadas à avaliação das políticas públicas.

Uma das principais dificuldades relaciona-se ao fato de o processo legislativo, no contexto brasileiro, ser pouco informado, basicamente com os pareceres dos relatores das matérias. A opinião técnico-jurídica dos relatores acaba tendo prevalência sobre outras informações. É preciso, dessa forma, agregar outras informações ao processo legislativo no seu curso para auxiliar na tomada de decisão. E isso deve ser formalizado, nomeadamente, por meio de alterações no regimento interno das Casas Legislativas.

Nessa preocupação de maior abertura do processo legislativo, a possibilidade de participação do *amicus curiae* no processo legislativo seria uma medida interessante, assim como já acontece no processo judicial, visando auxiliar o processo de tomada de decisão com informações úteis e relevantes.

Cabugueira (2020, p. 248) comenta que há uma ambição de fazer acompanhar o processo de decisão política de práticas que melhorem o próprio procedimento legislativo e de instrumentos que permitam suportar a decisão em evidência sobre os impactos esperados daquela intervenção.

A maior abertura do processo legislativo contribui, portanto, para a concretização dessa ambição de decidir e legislar com base na evidência. Amplia-se, de forma qualificada e útil, as informações de apoio ao processo de decisão política.

Essa sistemática de efetivo diálogo favorece a construção de políticas públicas compatíveis com a realidade. Há políticas públicas bem formuladas, bem concebidas, mas incompatíveis e inaplicáveis às administrações públicas existentes. Nesses casos, o que ocorre é a falha de previsão. O desafio, portanto, é evitar que isso aconteça ao se instituir determinada política pública.

Evert Vedung (2021, p. 157-174) destaca que, no conceito atual da nova governança política, há proeminência da complexidade dos problemas, da transversalidade, da horizontalidade, da coprodução e da colaboração governamental. Segundo o autor, esse tipo de governança demanda diferente tipo de gestão pública e de avaliação. Ele sugere, nesse aspecto, que inovações para novos sistemas de regras, de apoio econômico, de monitoramento ou remoções de obstáculos ao desenvolvimento de políticas públicas sejam testadas em experimentos de nicho (*trials*) em determinados municípios ou regiões, antes de serem implementadas em todo o país. Para o autor, os parlamentos podem requerer aos governos que apresentem ideias substantivas inovadoras sobre o que pode ser submetido a tais testes.

Sob outra perspectiva, tendo-se em referência a execução das políticas públicas, existe o desafio de construir e manter espaços de diálogo, de coordenação e de colaboração interinstitucional, de modo a envolver e articular os agentes responsáveis pela prática de atos relacionados às correspondentes políticas públicas.[62]

Fabrício Motta e Alessandra Gotti (2021, p. 1-2) enfatizam que o período de pandemia de Covid-19 tornou clara a importância de diálogo e cooperação entre os gestores públicos para a busca de eficiência e eficácia das políticas públicas. Para os autores, "diálogo interinstitucional, coordenação, cooperação, articulação e sinergia são algumas das expressões utilizadas muitas vezes como sinônimos para significar a necessidade de aproximação e soma de esforços para a realização de competências administrativas que, ainda que possuam certo grau de diferenciação, se identificam na noção maior de interesse público".

---

[62] Em vigor desde 1º de outubro de 2021, o art. 49-A, acrescido à Lei nº 9.784, de 1999, permite que, no âmbito da Administração Pública federal do Brasil, as decisões administrativas que exijam a participação de 3 (três) ou mais setores, órgãos ou entidades poderão ser tomadas mediante decisão coordenada, sempre que: I – for justificável pela relevância da matéria; e II – houver discordância que prejudique a celeridade do processo administrativo decisório. Para tais fins, essa legislação define a decisão coordenada como: a instância de natureza interinstitucional ou intersetorial que atua de forma compartilhada com a finalidade de simplificar o processo administrativo mediante participação concomitante de todas as autoridades e agentes decisórios e dos responsáveis pela instrução técnico-jurídica, observada a natureza do objeto e a compatibilidade do procedimento e de sua formalização com a legislação pertinente.

Os autores explicam que essas experiências e espaços de governança interinstitucionais funcionam como uma instância de diálogo e pactuação prévia que articula todos os agentes responsáveis pela prática de atos relacionados à respectiva política pública, sejam eles de planejamento, execução, fiscalização ou julgamento, de maneira a garantir que a tomada de decisões seja eficaz, seus resultados cheguem rapidamente aos destinatários, evitando a judicialização e proporcionando mais segurança jurídica. Isso é possível por meio do debate interinstitucional qualificado e transparente, voltado ao reconhecimento e à construção de uma agenda/pauta comum, o que propicia consensos, harmonização de entendimentos e ganho em resolutividade. Expressa, portanto, o desafio de "construir uma cultura de coordenação e colaboração interinstitucional" para a busca de eficiência e eficácia das políticas públicas.[63]

Outrossim, para Eugenio Lahera (2004, p. 12), políticas públicas são formas de simplificação da realidade social e de seus problemas. Elas podem ter efeitos negativos, pois a realidade é dinâmica. Por isso, entre outros atributos, devem ter consistência interna e agregada, clareza dos seus objetivos e funcionalidade dos respectivos instrumentos. O autor defende que não existem políticas públicas ótimas, mas soluções possíveis, uma vez que não há garantia de escolha da melhor decisão. Elas refletem os sistemas políticos nos quais são desenvolvidas e, por esse motivo, o Legislativo é um foro útil à busca de consensos, devendo

---

[63] Fabrício Motta e Alessandra Gotti (2021, p. 2) citam a experiência desenvolvida no Estado de Rondônia, em que foi criado, em virtude da pandemia de Covid-19, o Gabinete de Articulação para Enfrentamento da Pandemia na Educação (Gaepe/RO), para a pactuação das medidas emergenciais a serem adotadas no contexto da emergência sanitária, com o objetivo de contribuir para a manutenção do processo de ensino-aprendizagem durante o isolamento social e garantir o retorno seguro às aulas presenciais no momento certo. Segundo os autores, na prática, essa iniciativa reúne Tribunais de Contas, Poder Judiciário, Ministério Público Estadual e de Contas, Defensoria Pública, Secretaria de Estado da Educação, Conselho Estadual da Educação, Undime (organização que representa os dirigentes municipais de educação) e UNCME (organização que representa os conselhos municipais de educação), gestores da saúde e organizações da sociedade civil. A reunião desses atores visa criar uma agenda comum que facilita a construção de consensos e a harmonização de entendimentos, para ampliar os ganhos em resolutividade. Os autores explicam que o foco é não apenas a compreensão do que precisa e está sendo feito por cada instituição que possui atribuições ligadas à educação, mas, sobretudo, ganhar eficiência e segurança jurídica por meio do debate institucional qualificado e transparente, voltado ao reconhecimento das pautas comuns ligadas à educação pública. Os autores informam que, posteriormente, esse Gabinete de Articulação foi replicado, com algumas modificações, nos Estados de Goiás e Mato Grosso do Sul, conforme idealizado pelo Instituto Articule e efetivado em acordo de cooperação com o Instituto Rui Barbosa (IRB) e a Associação dos Membros dos Tribunais de Contas do Brasil (Atricon).

CAPÍTULO 3
RELEVÂNCIA DA AVALIAÇÃO DE IMPACTO LEGISLATIVO COMO GARANTIA DA QUALIDADE...

haver mecanismos de informação e consulta entre administração e Legislativo.

Essas questões certamente trazem desafios para o processo de avaliação legislativa das políticas públicas. João Tiago Silveira (2020, p. 179-180) explica que a avaliação legislativa pode ser extraordinariamente simples, quando analisa apenas um aspecto específico de uma política pública, como o impacto sobre os custos de contexto, ou, noutras situações, muito complexa e exaustiva, ao avaliar um conjunto mais amplo e variado de impactos em vários domínios de políticas públicas, por exemplo, impactos sociais, ambientais, redução de custos de contexto e outros aspectos.

João Tiago Silveira (2020, p. 182-183) destaca as vantagens dos denominados *fitness checks* realizados no âmbito dos processos de avaliação legislativa da União Europeia.[64] Trata-se de uma metodologia por meio da qual se realizam exercícios de avaliação legislativa globais, ou seja, agregando todo um conjunto normativo e seus resultados. Segundo o autor, é "uma avaliação mais ampla e integrada, com o propósito de verificar se um conjunto variado de intervenções numa determinada área de política pública teve como efeito a concretização dos objetivos propostos e em que medida o conseguiu". Evita-se, como salienta o autor, as insuficiências de uma avaliação parcial baseada num único diploma e que pode não ser apta a proporcionar uma efetiva análise dos resultados conjugados de todo um conjunto normativo com propósitos comuns ou semelhantes.

O autor (2020, p. 183) comenta que essa metodologia foi utilizada pela União Europeia na avaliação da qualidade do seu regime jurídico, relativo à prestação pública de informações por parte das empresas, por envolver a avaliação de vários atos normativos da União Europeia que integram esse regime geral, de maneira a conferir a sua aptidão para atingir os objetivos para os quais foi elaborado e como poderia ser modernizado e atingir novas metas.[65]

Ainda segundo ele (2020, p. 194), um dos temas a encarar-se no futuro, em matéria de avaliação legislativa, será a definição de novas

---

[64] Almeida da Silveira (p. 182) comenta que esses *fitness checks* foram adotados no quadro da Agenda da União Europeia para a *Smart Regulation*, constante das Comunicações da Comissão ao Parlamento Europeu, ao Conselho, ao Comitê Econômico e Social Europeu e ao Comitê das Regiões, com os registros Com (2010) 543 e Com (2012) 746. Disponíveis em https://eur-lex.europa.eu/. Acesso em: 01 jul. 2024.

[65] Disponível em: https://ec.europa.eu/info/consultations/finance-2018-companies-public-reporting_pt. Acesso em: 01 jul. 2024.

metodologias aptas a permitir uma ponderação conjunta, global e integrada de diversos fatores e aspectos de políticas públicas (econômico, social, ambiental, redução de obstáculos administrativos, igualdade de gênero e outros) e que elas "tentem superar ponderações excessivamente vocacionadas para a análise de custos e dimensões meramente económicas das políticas".

Finalmente, importa trazer à lume a lição de Jorge Pereira da Silva (2015, p. 11-13), segundo a qual o alargamento do conhecimento técnico e científico e o resultado da sua aplicação concreta desafiam a construção de respostas articuladas "do político – politicamente democrática – e do jurista – juridicamente prospectiva –, desde que ambos empenhados no respeito pelos valores mais perenes e, sem excepção, receptivos a todos os saberes disponíveis", e atentos às exigências de justiça social e intergeracional.

CAPÍTULO 4

DO PAPEL ESTRATÉGICO DAS LEIS ORÇAMENTÁRIAS NA RELAÇÃO DIALÓGICA E COLABORATIVA ENTRE GOVERNO E LEGISLATIVO

É útil refletir, neste ponto, sobre as possibilidades de comparticipação do Legislativo e Executivo na instituição de políticas públicas, tendo-se em consideração as suas correspondentes características estruturais, processuais e de legitimação. Como salienta Piçarra (1989, p. 252):

> (...) a imediata legitimidade democrática do parlamento complementa-se com a «dianteira» de informação e de «margem de manobra» sobre a administração pública por parte do governo, e a adequada prossecução da função política no Estado de Direito democrático tanto requer um órgão cuja estrutura, legitimação e procedimento permitam o confronto entre as decisões políticas tomadas no seu exercício e as alternativas mais representativas a estas, como o parlamento, como requer um órgão cuja estrutura, legitimação e procedimento possibilitem decisões e actuações rápidas, para poderem ser eficazes, como o governo.

Pode-se inferir, assim, que é fundamental, para a garantia da qualidade das ações governamentais, construir e desenvolver uma relação dialógica e colaborativa entre o Governo e o Legislativo, mesmo sabendo-se que isso não é uma tarefa fácil. Um dos principais fatores que contribuem para que uma política pública seja eficaz, eficiente e efetiva é a interlocução, a colaboração e a integração entre o Governo, o Legislativo e a sociedade durante todas as etapas que compõem o seu ciclo. Nesse cenário, as leis orçamentárias podem assumir um papel estratégico e significativo.

4.1 Marco regulatório constitucional e legal

A gênese da legalidade orçamental decorre, segundo Tiago Duarte (2007, p. 296-297), da intervenção parlamentar nos assuntos do Estado, mais precisamente nos domínios tributários, por onde evoluiu e manteve a forma legal para a aprovação do orçamento, que, "numa primeira fase, mais não era do que a compilação periódica dos tributos em vigor e a justificação apresentada pela Coroa para solicitar a sua renovação".

Tiago Duarte (2007, p. 297) ensina que, com o passar do tempo, o domínio tributário tornou-se autônomo da lei do orçamento, por meio da divisão do princípio da legalidade financeira em duas vertentes: a legalidade tributária (permanente) e a legalidade orçamental (periódica). Contudo, o autor explica que a forma já estava, então, colada à matéria, "e terá sido assim que o Orçamento se fez definitivamente lei, beneficiando de uma forma que, porventura, não lhe seria atribuída se a História fosse outra".

No Brasil, o orçamento é regulado por três leis, nos termos do art. 165, §§1º e 2º, da Constituição Federal, que são: *(i)* a Lei do Plano Plurianual (PPA); *(ii)* a Lei de Diretrizes Orçamentárias (LDO); e *(iii)* a Lei Orçamentária Anual (LOA). Essas três leis são de iniciativa reservada do chefe do Executivo e apreciadas pelo Parlamento na forma prevista constitucional e regimentalmente.

O projeto de lei do Plano Plurianual é enviado pelo chefe do Executivo ao Legislativo até o dia 31 de agosto do primeiro ano de seu mandato, sendo devolvido para a sanção até o encerramento da sessão legislativa, conforme prazo estipulado no inciso I, do §2º, do art. 35 do ADCT da Constituição Federal.

O PPA, que vigora por quatro anos, do segundo ano do mandato Executivo até o final do primeiro ano do mandato subsequente – visando, assim, promover a continuidade do planejamento estatal –, estabelece, de forma regionalizada, as diretrizes, os objetivos e as metas da Administração Pública para as despesas de capital e outras delas decorrentes e para as relativas aos programas de duração continuada.[66]

---

[66] Comparativamente, Jorge Silva Sampaio (2014, p. 131-133) lembra que, no contexto de Portugal, o Programa de Governo é o exemplo paradigmático de um ato não normativo que contém a enunciação de políticas públicas que serão seguidas pelo partido que formou o Governo. Consiste, portanto, na prévia declaração que o chefe de Governo expõe perante o Parlamento, expressando aquilo que pensa fazer, isto é, o projeto político que tem a intenção de levar a cabo no caso de obter a confiança parlamentar. O autor explica que esse programa concretiza-se numa série de objetivos e fins que marcam a

CAPÍTULO 4 | 105

Esse planejamento regionalizado é organizado na forma de programas constantes no PPA,[67] os quais buscam conjugar ações para atender às demandas da população, observado que só serão incluídas no plano plurianual as ações orçamentárias cuja execução seja superior a um exercício financeiro.

Faz-se mister destacar que o PPA é o instrumento legal de planejamento de maior alcance temporal no estabelecimento das prioridades e direcionamento das ações do Governo, tendo como princípios básicos, especialmente, a identificação clara dos objetivos e das prioridades do Governo, a integração do planejamento e do orçamento, a promoção da gestão empreendedora, a garantia da transparência, o estímulo às parcerias, a gestão orientada para resultados e a organização das ações de Governo em programas.[68]

De seu turno, o projeto de Lei de Diretrizes Orçamentárias (LDO) é enviado anualmente pelo chefe do Executivo ao Legislativo, até o dia 30 de abril, e devolvido para sanção até o dia 30 de junho, sem o que o parlamento está impedido de iniciar o seu recesso de julho (CF, art. 57, §2º).

A LDO compreende as metas e prioridades da administração pública estadual, incluindo as despesas de capital para o exercício financeiro subsequente, orienta a elaboração da lei orçamentária anual (LOA), dispõe sobre as alterações na legislação tributária e estabelece a política de aplicação das agências financeiras oficiais de fomento (CF, art. 165, §2º).

Dentre as várias matérias que devem ser tratadas na LDO, nos termos da Constituição Federal e Lei de Responsabilidade Fiscal, ressaltam-se os seus anexos: *(i)* Anexo de Metas Fiscais: demonstrará

---

atividade geral que o Governo pretende implementar, assim como os principais meios a utilizar, suas prioridades e soluções almejadas.

[67] Cf. expressamente previsto em seu artigo 5º, o Plano Plurianual da União para o período de 2020 a 2023 (Lei nº 13.971, de 27 de dezembro de 2019) é integrado por Programas Finalísticos e Programas de Gestão. Os Programas Finalísticos resultam em bens e serviços ofertados diretamente à sociedade e geram resultados passíveis de aferição por indicadores, enquanto os Programas de Gestão abrangem ações de governo relacionadas com a formulação e execução de políticas públicas e aprimoramento da gestão administrativa, por exemplo, programa de capacitação e profissionalização do servidor. Há, ainda, Programas de Apoio Administrativo que contemplam encargos especiais e as despesas de natureza tipicamente administrativa, as quais, embora contribuam para a consecução dos objetivos dos outros programas, neles não foram passíveis de apropriação, como despesa de pessoal, serviços de água, telefone, pagamentos de precatórios.

[68] Cf. Manual Técnico de Orçamento – MTO –, 2011, da União, p. 71. Informação disponível digitalmente em: https://www1.siop.planejamento.gov.br/mto/lib/exe/fetch.php/mtos_anos_anteriores_pdf:mto_2011.pdf. Acesso em: 01 jul. 2024.

como será a condução da política fiscal para os próximos exercícios e avaliará o desempenho fiscal dos exercícios anteriores; *(ii)* Anexo de Riscos Fiscais: avaliará os passivos contingentes e outros riscos capazes de afetar as contas públicas, informando as providências a serem tomadas.

Ricardo Lobo Torres (2000, p. 59) entende que a LDO trouxe mais distorções e desajustes que vantagens ao sistema orçamentário brasileiro, por ter sido transplantada de países de sistema parlamentarista, o que dificulta sua adaptação ao presidencialismo brasileiro. Segundo o autor, ela serviu apenas para consolidar o injustificável alargamento da competência do Legislativo, transferindo-lhe atribuições que, nos regimes constitucionais anteriores, eram exclusivas do presidente da República, que fixava por despacho as diretrizes básicas para a elaboração da proposta orçamentária. A LDO no sistema brasileiro não teria a função reguladora da atividade administrativa que possui nos modelos europeus parlamentaristas.

Contudo, como observa Afonso Aguiar (2005, p. 48), essa inovação prevista na Constituição de 1988 tem se consolidado como um momento importante em que o Legislativo participa, de forma atuante, juntamente com o Poder Executivo, na construção do Plano de Trabalho do Governo a ser posto em concreto, através da execução da lei orçamentária anual.

De fato, a apreciação da LDO oportuniza, a cada exercício financeiro, uma ocasião favorável ao exercício da atribuição parlamentar normatizadora da gestão financeira pública, nomeadamente para a discussão e definição de mecanismos de controle na geração de despesas públicas, o que reflete diretamente na própria questão relacionada à criação e implementação de políticas públicas.

Finalmente, o projeto de Lei Orçamentária Anual (LOA) é enviado anualmente pelo chefe do Executivo ao parlamento até o dia 30 de setembro e devolvido para sanção até o encerramento da sessão legislativa (CF, ADCT, art. 35, §2º, III). É com base nas autorizações da LOA que as despesas do exercício são executadas.

O §5º do art. 165, da Constituição Federal, prevê que a Lei Orçamentária Anual compreenderá: *(i)* o orçamento fiscal referente aos Poderes da União, seus fundos, órgãos e entidades da administração direta e indireta, inclusive fundações instituídas e mantidas pelo Poder Público; *(ii)* o orçamento de investimento das empresas em que a União, direta ou indiretamente, detenha a maioria do capital social com direito a voto; *(iii)* o orçamento da seguridade social, abrangendo

DO PAPEL ESTRATÉGICO DAS LEIS ORÇAMENTÁRIAS NA RELAÇÃO DIALÓGICA E COLABORATIVA...

todas as entidades e órgãos a ela vinculados, da administração direta ou indireta, bem como os fundos e fundações instituídos e mantidos pelo Poder Público.

Em face do exposto, nota-se que, pela sistemática constitucional vigente, a estrutura orçamentária está concebida de maneira a propiciar a integração entre PPA e LOA, sendo o programa o elo entre os instrumentos de planejamento e de alocação de recursos públicos. Demais disso, constata-se que, a par de constituírem os três instrumentos básicos do planejamento orçamentário, o Plano Plurianual, a Lei de Diretrizes Orçamentária e a Lei Orçamentária Anual devem ser compatíveis entre si.

De modo genérico, pode-se esquematizar a compatibilização das três leis orçamentárias da seguinte forma: PPA representa o planejamento para 4 (quatro) anos; LDO viabiliza a execução de parcela do PPA referente a 1 (um) ano, como um elo entre o PPA (plano de governo) e a LOA (instrumento que possibilita a execução dos programas governamentais); e a LOA objetiva a execução do PPA referente a 1 (um) ano, com base nas diretrizes traçadas pela LDO.

É preciso assinalar que a Lei nº 4.320, de 17 de março de 1964, estatui normas gerais de direito financeiro para elaboração e controle dos orçamentos e balanços da União, dos Estados, dos Municípios e do Distrito Federal, e, da mesma forma, a Lei de Responsabilidade Fiscal (Lei Complementar nº 101, de 2000) possui capítulo próprio, Capítulo II, em que disciplina determinadas questões relacionadas ao planejamento e execução orçamentária, um Capítulo (IX) dedicado à transparência, controle e fiscalização da gestão fiscal, e um Capítulo (IV) com um conjunto de regras pertinentes à geração de despesas.

Compreende-se que há um papel fundamental das leis orçamentárias na formulação e na implementação das políticas públicas. O PPA engloba todos os programas de duração continuada e representa o documento legal que reúne o conjunto das políticas públicas que estão programadas para atender a população, dentro de um período de 4 (quatro) anos. A LDO destaca uma parcela dessa programação que será priorizada e executada em cada exercício financeiro, funcionando como um liame entre a programação definida pelo PPA e a previsão orçamentária anual, em termos de receitas e despesas, fixada pela LOA. Portanto, essas são decisões que precisam envolver Governo, Legislativo e a sociedade. A elaboração, a aprovação e a execução das leis orçamentárias expressam, sobretudo, a decisão de quais políticas públicas serão instituídas e priorizadas.

Por isso mesmo, Torres (2000, p. 110) comenta haver uma relação direta e interdependente entre as políticas públicas e o orçamento. Para esse autor, trata-se de um relacionamento dialético, em que "o orçamento prevê e autoriza as despesas para a implementação das políticas públicas, mas estas ficam limitadas pelas possibilidades financeiras e por valores e princípios como o do equilíbrio orçamentário".

Evidentemente, esse é um processo complexo, em que é preciso compatibilizar o planejamento das políticas públicas, a previsão das receitas e das despesas e, finalmente, a execução dos gastos necessários à implementação das políticas públicas, momento em que, efetivamente, o resultado de todas essas ações alcançará os seus destinatários.

4.2 Princípio democrático e o papel estratégico das leis orçamentárias na relação dialógica e colaborativa entre Governo e Legislativo

Tiago Duarte (2007, p. 530) afirma que a lei do orçamento é o exemplo paradigmático da ligação íntima, mas também da tensão permanente do relacionamento constitucional entre o Parlamento e o Governo, pois esse é um terreno em que tais órgãos disputam os seus poderes através de uma linha de fronteira nem sempre reta e visível, a qual "se vai sucessivamente reconstruindo, no limite do constitucionalmente possível e do politicamente viável".

As leis orçamentárias espelham, destarte, o plano de ação do governo, fruto de uma decisão política. Deflui-se que elas devem conter o plano de ação governamental em prol dos interesses da sociedade, como um instrumento representativo da vontade popular, fato esse que justifica a intensa atuação legislativa em matéria orçamentária.

Contudo, a par desse aspecto político do orçamento, é inquestionável sua perspectiva econômica. Ao correlacionar arrecadação estimada e gastos pretendidos, exige o exercício de racionalidade financeira. Não basta eleger as prioridades de ação governamental. Deve-se ajustá-las à situação econômica do Estado em determinado momento, buscando alternativas de otimização dos recursos disponíveis.

Paludo (2018, p. 12) expõe que, na atualidade, as leis orçamentárias deixaram de ser meros documentos de caráter contábil e administrativo, passando a espelhar toda a vida econômica da nação, não sendo mais apenas um quadro frio de despesas e receitas públicas, mas o principal mecanismo de intervenção estatal. Segundo o autor, houve uma evolução da técnica orçamentária, que se propõe à elaboração de um orçamento do tipo programa, ligado diretamente ao planejamento e que expressa os compromissos do governo e indica os objetivos estatais, havendo, portanto, um elo entre planejamento, orçamento e gestão.

Ressalte-se, ademais, a repercussão do orçamento na economia privada, ao veicular determinada política financeira, de maneira a orientar e direcionar, de forma global, a economia no Estado. Pode-se estimular a produção, o investimento e a economia como um todo, sempre atento às restrições necessárias para garantir o equilíbrio fiscal e a higidez financeira. Vislumbra-se, na lei orçamentária, essa função de equilibrar a economia, afastando a inflação e a estagnação econômica e buscando a estabilidade e o crescimento.

É fundamental, para tudo isso, a adoção de medidas que garantam o equilíbrio fiscal, sem o qual toda a comunidade, e em especial os mais necessitados de prestações estatais, fica prejudicada. Nesse contexto, a interação entre o Legislativo e o Governo é necessária em relação aos ajustes fiscais que porventura se mostrem imprescindíveis para adequar o orçamento às contingências surgidas. Aliás, esse diálogo institucional na tomada das decisões orçamentárias deve levar em consideração o compromisso intergeracional que inevitavelmente acompanha tais escolhas, de modo a evitar que se transfira às gerações futuras um peso financeiro excessivo.

A participação dos parlamentares no processo de elaboração das leis orçamentárias e no acompanhamento de sua execução é, provavelmente, uma das mais importantes atribuições reservadas ao Legislativo e uma das principais características dos atuais sistemas democráticos. Há, assim, uma partilha do dever-poder de estimar a receita e planejar os gastos do Estado entre o Governo e o Legislativo. As leis orçamentárias assumem, nesse contexto, um papel estratégico para o desenvolvimento de uma relação dialógica e colaborativa entre Governo e Legislativo.

O planejamento realizado por esses Poderes, enquanto definidor de políticas públicas e alocador de recursos para a sua consecução, precisa se atentar para a busca das soluções mais eficientes diante das conjunturas econômicas e sociais, sob uma perspectiva de sustentabilidade social, econômica, gerencial e ambiental, sem deixar de se preocupar com uma distribuição regionalizada dos investimentos públicos que minimize as disparidades regionais e de renda.

Como dissertam Pereira Júnior e Marçal (2015, p. 48), há uma dialeticidade no sistema orçamentário decorrente da Constituição brasileira de 1988, que pressupõe a coparticipação equilibrada do Legislativo e

Executivo, em conformidade com as correlações estabelecidas constitucionalmente entre plano plurianual, lei de diretrizes orçamentárias e orçamento anual, "constitutivas de mecanismos de planejamento, aplicação e controle sobre os recursos públicos, de sorte a que Executivo e Legislativo interajam na efetivação das políticas públicas".

Esses autores (2015, p. 47) reforçam que a democracia exige, além da atribuição do poder decisório às maiorias, "a instauração de um contexto de diálogo, de respeito pela posição do outro e de garantia dos direitos fundamentais, sem exclusão". Tal posicionamento apoia-se, especialmente, no universo doutrinário anglo-saxão, no qual indicam haver grande número de estudos salientando as vantagens dos modelos teóricos que valorizam diálogos entre órgãos e instituições, como se pode deduzir das pesquisas de Laurence G. Sager,[69] Christine Bateup,[70] Mark Tushnet,[71] Mark C. Miller e Jeb Barnes,[72] e, na doutrina canadense, dos estudos de Peter W. Hogg e Allison A. Bushell.[73]

Outrossim, Pereira Júnior e Marçal (2015, p. 44-50) frisam que, na pós-modernidade, a gestão financeira do Estado Democrático de Direito deve conciliar eficiência econômica e exercício da democracia, de maneira que essa gestão seja pautada por critérios mais gerenciais e transparentes, "seguindo-se uma proposta de governança pública na qual a sociedade possa acompanhar criticamente as despesas governamentais, com o fim de assegurar que a entrega do serviço ou do bem público desejado estará ocorrendo segundo parâmetros aferíveis, eficientes e eficazes".

Refletindo sobre a experiência orçamentária europeia, Catarino (2011, p. 789-798) destaca que os Estados europeus têm alterado substancialmente os respectivos processos orçamentais, tendo em vista melhorar a disciplina orçamental e a eficiência e a eficácia da despesa pública. Nesse sentido, para o autor, a União Europeia tem defendido

---

[69] SAGER, Laurence G. *Justice in Plainclothes*: a theory of american constitucional practice. New Haven: Yale University Press, 2004.

[70] BATEUP, Christine. The Dialogical Promise: assessing normative potential of theories of constitutional dialogue. *Brooklyn Law Review*, v. 71, 2006.

[71] TUSHNET, Mark. *Weak Courts, strong rights*: judicial review and social welfare right in comparative constitucional law. Princeton: University Press, 2008.

[72] MILLER, Mark C.; BARNES, Jeb (Ed.). *Making police, making law*: an interbranch perspective. Washington D.C: Georgetown University Press, 2004.

[73] HOGG, Peter W.; BUSHELL, Allison A. The charter dialogue between Courts and legislatures (Or Perhaps The Charter Of Rights Isn't Such A Bad Thing After All). *Osgood Hall Law Journal*, v. 35, n. 1, p. 105, 1997.

uma abordagem global em matéria de política orçamental, tendo em vista o aumento da qualidade das finanças públicas e a promoção do crescimento econômico em longo prazo, reconhecendo que esse processo requer uma ação política concertada, que favoreça o crescimento e promova a competitividade com recurso a medidas que permitam aumentar a eficiência dos regimes de despesas e de receitas. Catarino (2011, p. 798) adverte, todavia, que é preciso melhorar o papel dos parlamentares nacionais no processo orçamental, cujo período para discussão deveria ser alargado, o que reforçaria a transparência, permitiria uma melhor análise da proposta do Governo e aumentaria, por via reflexa, a participação dos cidadãos.

Portanto, a efetividade das políticas públicas depende diretamente do grau de articulação, diálogo e colaboração entre Governo, Legislativo e sociedade, especialmente na perspectiva da elaboração e da execução de um orçamento eficaz e bem planejado, elementos fundamentais para garantir a qualidade e a efetividade das ações governamentais.

O resultado desse ambiente de debate e de entendimento remete à visão de que, para a concretização do interesse público, os Poderes Legislativo e Executivo, embora independentes, devem atuar em constante colaboração e diálogo, de modo que o produto de suas ações possa se reverter em prol de toda a sociedade.

4.3 Compatibilidade e adequação orçamentária e financeira das políticas públicas instituídas por iniciativa parlamentar

A criação e a efetivação das políticas públicas estão diretamente relacionadas com o processo orçamentário. As escolhas políticas concernentes à formulação e à implementação das políticas públicas devem ser compatíveis e adequadas nos aspectos orçamentário e financeiro, pois a geração de despesas obrigatórias de caráter continuado depende da verificação de sua conformidade com as leis orçamentárias e da existência de recursos disponíveis.

Jorge Silva Sampaio (2014, p. 272-278) frisa que a formulação de políticas públicas depende, sobretudo, dos recursos financeiros do Estado. Esse fato influencia decisivamente o desenho da política que se pretende instituir, que poderá assumir diferentes vestes econômicas, técnicas e políticas. O autor salienta que, na realidade, a maioria dos

Estados encontra-se numa situação de escassez[74] – que pode variar entre severa, moderada e suave –, na qual não existem recursos para tudo prover, sendo necessário, por isso, fazer escolhas na alocação desses recursos.

Nesse quadro, Jorge Pereira da Silva (2015, p. 578-582) enfatiza que todos os direitos têm custos financeiros e que, embora nenhum Estado possa garantir segurança absoluta aos seus cidadãos em termos de proteção e promoção de direitos fundamentais, a reserva do financeiramente possível, decorrente da limitação dos recursos humanos e materiais indispensáveis à efetivação de tais direitos, exprime a "obrigação do legislador democrático prescrever soluções normativas que verdadeiramente adiram à realidade". Ele ressalta que essa questão correlaciona-se com o nível de desenvolvimento econômico de cada país e, bem assim, com os modelos e as opções políticas e ideológicas relativas à afetação dos recursos públicos.

Segundo comenta Bucci (2002, p. 264), a criação de políticas públicas é um processo que culmina com a escolha racional e coletiva de prioridades, avaliando os vários interesses concorrentes para a definição dos interesses públicos reconhecidos pelo direito. Liberati (2013, p. 91-92) observa que essa definição de prioridades inclui, de forma expressiva, o aspecto orçamentário e financeiro, pois sem um aporte qualificado de recursos financeiros é impossível se executarem serviços públicos. Para o autor, essa é uma questão delicada, visto que a instituição de políticas públicas por meio da legislação praticamente obriga o Estado a arrecadar recursos para o atendimento da demanda, e que a eleição dessas prioridades tem, ademais, correlação direta com o modelo econômico e de crescimento pretendido pelo Estado e pela população, como gravado no catálogo constitucional.

---

[74] Jorge Silva Sampaio (2014, p. 275-276) explica que a escassez severa significa que os recursos são escassos não apenas para cumprir os desejos individuais como para suprir as necessidades mínimas de todas as pessoas. Por seu turno, o conceito de escassez moderada expressa que, embora os bens sejam escassos para aquilo que as pessoas desejam, eles são abundantes para aquelas que podem ser consideradas as necessidades mínimas dessas pessoas. Finalmente, na escassez suave, a abundância existente permitiria cumprir não apenas as necessidades básicas de todos os cidadãos, como parte dos desejos individuais. O autor diz que, na atualidade, considerando-se todos os países do mundo, é possível encontrar situações mais próximas da escassez severa e outras da escassez suave, verificando-se, numa parte considerável dos países, pelo menos nos países desenvolvidos, uma situação de escassez moderada. Alerta, contudo, que essa avaliação depende do contexto e sempre haverá, obviamente, espaço para desacordo.

CAPÍTULO 4
DO PAPEL ESTRATÉGICO DAS LEIS ORÇAMENTÁRIAS NA RELAÇÃO DIALÓGICA E COLABORATIVA... | 113

Nesse contexto, a apreciação e a aprovação das leis orçamentárias, ao estimar as receitas e fixar as despesas referentes às políticas públicas contempladas no programa de governo, expressam um juízo de valor do Governo – enquanto autor de tais propostas –, e do Parlamento – encarregado de apreciar essas matérias –, acerca do que é mais ou menos desejável socialmente e quais serão as prioridades face aos recursos disponíveis.

De igual maneira, as políticas públicas instituídas por iniciativa parlamentar, antes de serem aprovadas, devem se submeter a um processo em que seja aferida a sua compatibilidade com as leis orçamentárias e com o regime da responsabilidade fiscal.

Eber Zoehler Santa Helena (2009, p. 51) discorre que as políticas públicas adotadas pelo Estado brasileiro, enquanto materializadoras de gastos públicos, sofreram e têm sentido impacto com a introdução do fator orçamentário-financeiro como pressuposto para sua formulação e implementação. Segundo o autor, no passado, o controle se cingia à última etapa, a saber, a implementação da política pública – como se dizia, "na boca do caixa" –, por meio de restrições no desempenho ou pagamento dos compromissos já assumidos pelo Estado, fato que gerava passivos a descoberto, muitas vezes só reconhecidos em longo prazo.

Santa Helena (2009, p. 51) salienta que, nesse contexto de descontrole, o processo orçamentário era visto como simples homologador de decisões já adotadas. O regime da responsabilidade fiscal, implantado no Brasil a partir do início deste século, veio para transformar essa cultura político-administrativa, ainda que muita resistência ainda se faça presente no âmbito da administração e do próprio Legislativo, "acostumados a antes agirem para atingirem um fim e depois buscarem os meios para satisfazerem seu custo".[75]

---

[75] Santa Helena (2009, p. 51) descreve que o regime da responsabilidade fiscal tem seu modelo oriundo das discussões que se deram a partir de 1980, com a eclosão da crise da dívida externa e a escassez de crédito externo para o Brasil. Essa crise resultou em um acordo com o Fundo Monetário Internacional – FMI – e, a partir de 1983, foram implementadas medidas visando manter o endividamento público controlado, mediante monitoramento do déficit público e, de um modo geral, da política fiscal do governo. Doravante, o Governo passa a divulgar informações detalhadas do endividamento do setor público e, a partir de 1995, os conceitos de metas fiscais e resultado primário passa a incorporar à legislação brasileira e à própria cultura político-administrativa do país. Esse processo tem seu ápice com a edição da Lei de Responsabilidade Fiscal em 2000, instituindo normas de finanças públicas voltadas para a responsabilidade na gestão fiscal, como "um verdadeiro código de conduta para o gestor".

Em conclusão, Santa Helena (2009, p. 54) enfatiza haver uma necessidade de interpenetração entre as leis orçamentárias e a legislação configuradora das políticas públicas, pois o processo orçamentário mostra-se incapaz de, por si, impedir o surgimento de obrigações e riscos fiscais, controle só atingível por meio de mecanismos paralelos e permanentes que propiciem o equilíbrio amplo das finanças públicas de longo prazo, e não o mero equilíbrio orçamentário formal. Outrossim, sob a perspectiva da justiça, o autor acrescenta que há de existir um compromisso intergerações, "no sentido de que cada uma carregue a sua respectiva parte do ônus de realizar e preservar uma sociedade justa, vista sob o prisma dos menos favorecidos de cada geração", aquilo que John Rawls identifica como taxa justa de poupança e que deve ser levada em consideração pelas Casas Legislativas aquando da formulação de políticas públicas, em especial nas voltadas para benefícios previdenciários e assistenciais e nos gastos com pessoal.[76]

Nesse sentido, é essencial um prévio exame de compatibilidade e de adequação orçamentário-financeira das proposições legislativas de iniciativa parlamentar instituidoras de políticas públicas para conferir, no âmbito do processo legislativo, a estimativa de seus custos e a compatibilidade destes com as previsões orçamentárias vigentes.

Essa espécie de controle da compatibilidade e do equilíbrio orçamentário-financeiro não é uma tarefa fácil. Allen Schick (2003, p. 29-30) observa que a predominância de despesas obrigatórias nos gastos públicos (*entitlements*), o ativismo e a influência de grupos de interesses geram desafios ao processo político de alocação de recursos públicos e de manutenção da disciplina fiscal. Alerta, também, que a existência de despesas com natureza obrigatória torna imprescindíveis esforços no cumprimento das regras fiscais e, ainda, vontade política suficientemente forte para fazê-las vingar, sob pena de se tornarem inócuas e supérfluas.

---

[76] Para Santa Helena (2009, p. 56-57), uma aplicação prática do princípio da poupança justa, considerando a equidade entre gerações, é a regra contida no art. 167, II, da Constituição brasileira, conhecida como "regra de ouro", que limita os empréstimos públicos ao montante das despesas de capital (investimentos e inversões financeiras), as quais também são realizadas com vista ao futuro. O autor observa que há quem critique esse modelo de equilíbrio orçamentário, sob o argumento de que é inaceitável restringir a atuação do Estado exclusivamente para a obtenção de um orçamento equilibrado, nos moldes liberais, inclusive em detrimento de investimentos na área social. Contudo, lembra que a experiência brasileira comprova que o descontrole orçamentário-financeiro é comprometedor da própria justiça social.

Vê-se, portanto, que existe uma evidente correlação entre o processo de formulação de políticas públicas e o processo político de alocação dos recursos públicos. A apropriação de tais recursos ocorre por meio do processo legislativo ordinário e do processo orçamentário. Por isso, torna-se fundamental o controle prévio da criação de despesas obrigatórias decorrentes da instituição de políticas públicas, com vistas a aferir a compatibilidade e a adequação orçamentário-financeira de tais gastos, de modo a resguardar o equilíbrio permanente das contas públicas.

Esse exame prévio de compatibilidade e de adequação orçamentária e financeira das proposições legislativas que acarretem despesas obrigatórias de caráter continuado é realizado, em regra, no âmbito de uma comissão permanente do Legislativo. Na Câmara dos Deputados do Congresso Nacional brasileiro, por exemplo, esse controle é feito pela Comissão de Finanças e Tributação – CFT –, a qual possui essa atribuição por força da Resolução nº 17, de 1989. Destaca-se que, ao analisar o critério da compatibilidade e da adequação orçamentária e financeira, o parecer dessa Comissão é terminativo (art. 54, I, do Regimento Interno da Câmara dos Deputados), o que significa dizer que, se a Comissão decidir pela incompatibilidade ou inadequação, o destino da matéria será a Mesa da Câmara e, posteriormente, o arquivo, salvo se houver o provimento, pelo Plenário, de recurso de 1/10 dos membros da Câmara em face do referido parecer de arquivamento (art. 144 do Regimento Interno da Câmara dos Deputados).

Conceitualmente, pode-se afirmar que a análise de compatibilidade e de adequação orçamentária consiste num procedimento ao qual se devem submeter algumas proposições legislativas, durante a tramitação do correspondente processo, visando ao controle da geração de gastos tributários, renúncias fiscais ou despesas obrigatórias de caráter continuado, conforme determinam o art. 113 do ADCT da Constituição brasileira e os artigos 14 a 17 da Lei de Responsabilidade Fiscal.

Confere-se, previamente, o impacto orçamentário-financeiro decorrente da medida legislativa, sua repercussão em termos fiscais e a existência de meios orçamentários e financeiros suficientes para concretizá-la. Não se trata de uma análise relacionada ao mérito da proposta legislativa, mas sim com os pressupostos de sua admissibilidade sob o prisma orçamentário e financeiro.

Segundo Santa Helena (2009, p. 135-142), essa análise tem por finalidade preservar a programação de trabalho da União aprovada pelo

Congresso Nacional e os compromissos relativos ao equilíbrio fiscal, desdobrando em duas cumulativas vertentes em que:

(i) o exame de compatibilidade decorre da necessidade de observância do princípio de equilíbrio orçamentário e verifica a conformidade da proposição legislativa com o Plano Plurianual (PPA), a Lei de Diretrizes Orçamentárias (LDO) e com o orçamento anual, assim como com as normas pertinentes a eles e a receita e despesa públicas, em especial com a Lei de Responsabilidade Fiscal, que conceitua tal compatibilidade em seu art. 16, §1º, II; e

(ii) a adequação refere-se à existência dos recursos orçamentários exigidos pela proposição, verificado por seu impacto orçamentário-financeiro oriundo dos compromissos e obrigações gerados pelas disposições legais e sua forma de compensação.[77]

Em termos genéricos, a análise da compatibilidade e da adequação orçamentária e financeira verifica a conformidade do impacto da medida com as leis orçamentárias, os recursos disponíveis e as obrigações financeiras legalmente assumidas, tendo como referência as metas fiscais e seus correspondentes mecanismos de manutenção do equilíbrio das contas públicas.

De modo mais pormenorizado, a análise da compatibilidade de determinada política pública com o plano plurianual, cuja vigência é de 4 (quatro) anos, busca aferir se essa proposição não contraria expressamente programações previstas no PPA. Como explica Santa Helena (2009, p. 137-139), exige-se que as ações propostas na política pública instituída estejam em sintonia e abrangidas em um dos programas previstos no PPA. Verifica-se, também, se a proposição apresenta-se neutra ou não quanto ao resultado primário contido nas metas fiscais fixadas pela LDO. Quanto ao critério da adequação orçamentária e financeira, o autor explica que o exame considera o denominado "espaço orçamentário", de caráter quantitativo e qualitativo ao mesmo tempo, pois a dotação deve ser suficiente e estar vinculada à despesa

---

[77] LRF, "Art. 16, §1º – Para os fins desta Lei Complementar, considera-se:
I – adequada com a lei orçamentária anual, a despesa objeto de dotação específica e suficiente, ou que esteja abrangida por crédito genérico, de forma que somadas todas as despesas da mesma espécie, realizadas e a realizar, previstas no programa de trabalho, não sejam ultrapassados os limites estabelecidos para o exercício;
II – compatível com o plano plurianual e a lei de diretrizes orçamentárias, a despesa que se conforme com as diretrizes, objetivos, prioridades e metas previstos nesses instrumentos e não infrinja qualquer de suas disposições".

pretendida pela proposição, ou seja, não basta ser suficiente, antes se devendo conformar à destinação dada às obrigações originadas na proposição sob exame.

Importa identificar, nesse processo de análise, se a despesa oriunda da política pública instituída tem a natureza de despesa obrigatória de caráter continuado, que é aquela, na definição do art. 17 da Lei de Responsabilidade Fiscal, derivada de lei, medida provisória ou ato administrativo normativo que fixem para o ente a obrigação legal de sua execução por um período superior a dois exercícios. As despesas obrigatórias têm o seu montante potencialmente determinado por disposições legais ou constitucionais, enquanto as despesas discricionárias são fixadas em conformidade com a disponibilidade de recursos financeiros.

Esse tipo de despesa obrigatória demanda a instrução do processo legislativo com a estimativa do impacto orçamentário-financeiro no exercício em que entrar em vigor e nos dois seguintes. Exige-se, ainda, a demonstração de que essa despesa não afetará as metas fiscais (resultado primário) e deverá ter seus efeitos financeiros compensados, seja pela redução de despesa permanente, seja pelo aumento de receita permanente, mediante, nesse caso, elevação de alíquotas, ampliação da base de cálculo, criação ou majoração de tributos, observado que tais medidas de compensação deverão integrar o ato que criou ou aumentou despesa obrigatória. O controle fixado pela Lei de Responsabilidade Fiscal não é genérico, mas sim pontual e tópico no próprio ato normativo gerador da correspondente despesa.

Avalia-se, dessa forma, preventivamente, a neutralidade fiscal da proposição legislativa em face do resultado primário previsto nas metas fiscais estabelecidas pela LDO. Se a iniciativa legislativa não for neutra e gerar desequilíbrio nas contas públicas, deve-se apurar a estimativa do impacto orçamentário-financeiro e fixar, no próprio texto normativo a ser editado, a forma de compensação.

No entanto, tem-se verificado certa dificuldade do Legislativo em cumprir essa regra de compensação, em especial por questões políticas, uma vez que majorar a carga tributária ou reduzir algum benefício são medidas que sofrem sérias resistências e não tem apreço dos eleitores, mesmo que a justificativa seja o respeito ao princípio abstrato do equilíbrio das finanças públicas. De igual forma, o Governo também tem dificuldade de cumprir essa regra, sendo comum indicar, de forma genérica, para fins de compensação, a existência de uma margem de expansão de despesas obrigatórias, e bem assim, alternativamente, o contingenciamento e o remanejamento orçamentários ou a evolução da receita decorrente do crescimento esperado da economia.

Diante dessa realidade, parte da doutrina tem defendido, com fundamento no art. 4º da Lei de Responsabilidade Fiscal,[78] a previsão e constituição, no orçamento, de uma margem de expansão das despesas obrigatórias para ser utilizada como uma reserva orçamentária para proposições legislativas que tenham impacto e que se apropriariam dela.

Nesse sentido, Oliveira (2005, p. 45-64) propõe que a margem de expansão constituiria uma reserva no orçamento – tal como a reserva de contingência –, em programação específica, que seria deduzida à medida que fosse sendo necessária a alocação de recursos para ações novas ou já existentes, em decorrência de legislações aprovadas no decorrer do ano. O autor explica que poderia ser alocada parte dessa reserva diretamente às Casas do Poder Legislativo, aos Tribunais do Poder Judiciário, ao Ministério Público, e aos Tribunais de Contas, que têm autonomia para elaborar e executar seus orçamentos, "em consonância com os parâmetros fixados na LDO, para aumentos de despesas obrigatórias derivados da edição de atos administrativos normativos desses órgãos, com efeitos apenas no seu próprio âmbito".

Do mesmo modo, Nilson Assis (2007, p. 31-53), ao discorrer sobre o uso dessa margem de expansão como reserva de recursos, conclui que se objetiva dar transparência à previsão de aumento de despesas obrigatórias de caráter continuado e permitir a comprovação do atendimento da primeira das condições de validade dos atos que venham a gerar despesas dessa natureza, a saber, não afetar as metas fiscais. Para o autor, o termo "margem de expansão" é bastante adequado "para caracterizar uma espécie de provisão, que se deve considerar

---

[78] "Art. 4º A lei de diretrizes orçamentárias atenderá o disposto no §2º do art. 165 da Constituição e:

I – disporá também sobre:

a) equilíbrio entre receitas e despesas;

(…)

§1º Integrará o projeto de lei de diretrizes orçamentárias Anexo de Metas Fiscais, em que serão estabelecidas metas anuais, em valores correntes e constantes, relativas a receitas, despesas, resultados nominal e primário e montante da dívida pública, para o exercício a que se referirem e para os dois seguintes.

§2º O Anexo conterá, ainda:

(…)

V – demonstrativo da estimativa e compensação da renúncia de receita e da margem de expansão das despesas obrigatórias de caráter continuado".

ao se estabelecer metas de despesas e resultados, para fazer face às expectativas de aumento de despesa".

Nessa perspectiva, importa destacar que, na votação do projeto da lei de diretrizes orçamentárias para o exercício de 2009, houve tentativa do Congresso Nacional de constituir uma reserva no orçamento para atender a expansão das despesas obrigatórias de caráter continuado, considerada como despesa primária para efeito da apuração do resultado fiscal. Essa reserva seria considerada como compensação, durante o exercício financeiro de 2009, pelo órgão técnico legislativo responsável pelo exame de adequação orçamentária e financeira dos projetos de lei em tramitação no Congresso Nacional, conforme critérios previamente fixados por esse órgão, que comunicaria ao Poder Executivo as proposições que vierem a ser consideradas adequadas orçamentária e financeiramente, para fins de abertura do crédito adicional correspondente.[79]

Essa tentativa foi frustrada, todavia, por veto do Executivo aos §§3º e 4º do art. 13 da LDO/2009,[80] sob o fundamento de que a Lei de Responsabilidade Fiscal:

> (...) estabelece, no art. 17, as condições necessárias para que se promova a criação e/ou expansão das despesas obrigatórias de caráter continuado. Em função do disposto nesse dispositivo legal, o Poder Executivo encaminha anualmente, no Projeto de Lei de Diretrizes Orçamentárias, um anexo contendo o demonstrativo da margem de expansão das despesas obrigatórias. Dessa forma, não há sentido em

---

[79] Santa Helena (2009, p. 273-274) afirma que esse modelo de adoção de reserva de recursos para compensação das proposições que criem despesas obrigatórias continuadas e gastos tributários permitiria dar racionalidade ao exame da compatibilidade e adequação orçamentária e financeira realizado pela Comissão de Finanças e Tributação, permitindo a manutenção, de forma coerente, da dicotomia hoje existente entre processo legislativo e orçamentário.

[80] Lei nº 11.768, de 14 de agosto de 2008, art. 13:
"§3º O Projeto de Lei Orçamentária de 2009 e respectiva Lei consignarão recursos, no montante mínimo de 0,1% (um décimo por cento) da receita corrente líquida, destinados à constituição de reserva para atender a expansão das despesas obrigatórias de caráter continuado, considerada como despesa primária para efeito da apuração do resultado fiscal.
§4º A reserva constituída nos termos do §3º deste artigo será considerada como compensação, durante o exercício financeiro de 2009, pelo órgão técnico legislativo responsável pelo exame de adequação orçamentária e financeira dos projetos de lei em tramitação no Congresso Nacional, conforme critérios previamente fixados por esse órgão, que comunicará ao Poder Executivo as proposições que vierem a ser consideradas adequadas orçamentária e financeiramente, para fins de abertura do crédito adicional correspondente".

se criar, previamente, reserva de dotações orçamentárias primárias específicas para a expansão e/ou criação de despesas obrigatórias de caráter continuado, diferente dos mecanismos estabelecidos na LRF. Ademais, pela redação dada ao §4º do art. 13, essa reserva só poderia ser utilizada pelo Poder Legislativo, caracterizando uma diferenciação no tratamento entre os Poderes, no que tange à observação do disposto no art. 17 da LRF.[81]

Esse modelo de compensação, no entanto, foi adotado e entrou em vigor no Estado de Goiás, unidade da federação brasileira, com a edição da Lei complementar nº 112, de 18 de setembro de 2014, que estipula, no seu art. 3º, que o projeto de lei orçamentária e respectiva Lei consignarão recursos, no montante mínimo de 0,5% (cinco décimos por cento) da receita corrente líquida, destinados à constituição de reserva para atender a expansão das despesas de caráter continuado e a renúncia de receitas, em rubrica própria sob a denominação "Reserva de Recursos para compensação de Proposições Legislativas de Iniciativa Parlamentar".[82-83]

É válido considerar que, ao constituir uma reserva de recursos específica para compensação dos gastos obrigatórios decorrentes da aprovação de proposições legislativas de iniciativa parlamentar, esse modelo implantado no Estado de Goiás permite a identificação precisa de dotação para atender essa finalidade, evita a descaracterização orçamentária da programação de trabalho definida pelo Governo e propicia o melhor acompanhamento da apropriação dos recursos

---

[81] Cf. Mensagem nº 614, de 14 de agosto de 2008. Disponível em: www.planalto.gov.br/ccivil_03/_ato2007-2010/2008/Msg/VEP-614-08.htm. Acesso em: 02 jul. 2024.

[82] O §1º do art. 3º da Lei complementarnº 112, de 2014, dispõe que essa reserva será considerada como compensação, durante o respectivo exercício financeiro, pelo órgão técnico legislativo responsável pelo exame de adequação e compatibilidade orçamentária e financeira das proposições legislativas de iniciativa parlamentar que versem sobre matérias tributária ou orçamentária e que gerem despesas de caráter continuado, conforme critérios previstos pela Assembleia Legislativa, que comunicará ao Poder Executivo as proposições que vierem a ser consideradas adequadas e compatíveis orçamentária e financeiramente, para fins de abertura do crédito adicional correspondente. Esse ato normativo encontra-se disponível em: https: //legisla.casacivil.go.gov.br/pesquisa_legislacao/101099/lei-complementar-112. Acesso em: 02 jul. 2024.

[83] Registre-se que, na lei orçamentária do exercício de 2020, foi consignado um valor de R$107.568.000,00 (cento e sete milhões, e quinhentos e sessenta e oito mil reais) para essa dotação referente à reserva de recurso para compensação de proposições legislativas de iniciativa parlamentar. Cf. Estado de Goiás, Lei nº 20.754, de 28 de janeiro de 2020. Dotação disponível na p. 98 em: https://legisla.casacivil.go.gov.br/api/v1/arquivos/8762. Acesso em: 02 jul. 2024.

públicos. Embora se refira somente ao Legislativo, nada impede que essa reserva seja ampliada e estendida para os demais Poderes e órgãos autônomos de extração constitucional, como Ministério Público, Tribunais de Contas e Defensoria Pública.

CAPÍTULO 5

RELEVO DO ELEMENTO TEXTUAL NA INSTITUIÇÃO DE POLÍTICAS PÚBLICAS: QUALIDADE DO TEXTO E SEGURANÇA JURÍDICA

5.1 Legística: panorama histórico

A temática referente à instituição de políticas públicas por iniciativa parlamentar pode ainda ser analisada no contexto da Legística, pois é útil a compreensão dos critérios científicos e técnicos que o legislador deve observar para produzir uma legislação com qualidade.

Sabe-se que o Direito possui uma inafastável dimensão textual. Ele se dá a conhecer por meio de textos escritos e a interpretação baliza as possíveis leituras desses textos jurídicos. Por isso, exsurge o interesse de, ao se discorrer sobre o desenho e a formulação de políticas públicas, investigar a relevância exercida pelo elemento textual nesse contexto.[84]

Atienza (1989, p. 389) ensina que a racionalidade linguística precede as demais racionalidades aplicáveis ao processo de produção da norma jurídica, o que evidencia a utilidade de se explorar, neste

---

[84] Grau (2008, p. 26-28) comenta que a expressão *políticas públicas* designa, de forma ampla, todo o conjunto de atuações do Estado no campo social, cobrindo todas as formas de intervenção do poder público na vida social, observado que "de tal forma isso se institucionaliza que o próprio direito, neste quadro, passa a manifestar-se como uma política pública – o direito é também, ele próprio, uma política pública". Segundo esse autor, o impacto dessas técnicas de atuação estatal reflete efeitos sobre a teoria geral do direito, o fenômeno da prospectividade do direito reclamando a reanálise da estrutura da norma jurídica, e a "afirmação de que o direito funciona como instrumento de implementação de políticas públicas tem o condão de evidenciar a necessidade de o tomarmos como objeto de análise funcional".

ponto, a temática referente à qualidade do texto na instituição de políticas públicas.

Sobre esse assunto, Mader (2009, p. 43) afirma que reflexões em torno da função das regras legais na sociedade e da elaboração e redação de tais regras não são exclusivas de nosso tempo. O autor, ao traçar um panorama histórico, faz referência ao Iluminismo como um período que prestou grande atenção a tais reflexões, citando Montesquieu,[85] na França, Filangieri,[86] na Itália, e Bentham,[87] na Inglaterra, e, mais tarde, no século XIX, indica que essa discussão se desenvolveu na Alemanha, especialmente com Savigny.

No final do século XIX e início do século XX, quando importantes codificações da lei civil e criminal foram produzidas, a discussão sobre as questões relativas à redação legislativa tornou-se mais acentuada, podendo-se mencionar, na Suíça, Hüber, autor do Código Civil suíço, e, na França, François Gény, que influenciou a elaboração desses códigos.

Mader (2009, p. 44-46) ainda relata que, na primeira metade do século XX, o tema da legislação despertou pouco interesse, o que só

---

[85] Importa recordar, neste ponto, que Montesquieu (2000, p. 601-616), em sua obra *O Espírito das Leis*, dedica uma parte expressiva e específica para discorrer sobre a maneira de elaborar as leis (Livro Vigésimo Nono). Em capítulo próprio dessa parte (Capítulo XVI), disserta sobre as coisas que devem ser observadas na composição das leis, dentre elas que o estilo deve ser conciso, como as leis das Doze Tábuas, e também simples, pois entende-se sempre melhor a expressão direta do que a meditada; a lei não deve conter expressões vagas; nas leis se deve raciocinar da realidade para a realidade, e não da realidade para a figura ou da figura para a realidade; não se deve modificar uma lei sem uma razão suficiente; as lei inúteis enfraquecem as leis necessárias; e tomar cuidado para que as leis sejam concebidas de maneira a não contrariar a natureza das coisas.

[86] Segundo Blanco de Morais (2007, p. 38-40), foi Filangieri, em pleno Iluminismo, por meio da obra *Scienza della Legislazione*, o precursor da criação de uma Ciência da Legislação e de mecanismos de vigilância técnica permanente nessa área. Gaetano Filangieri era um realista do jus-racionalismo monárquico do período iluminista, cuja obra influenciou, inclusive, Benjamin Franklin na elaboração da Constituição norte-americana. Esse jurista e filósofo italiano propunha a criação de censores de natureza consultiva para se ocupar da qualidade dos atos legislativos e evitar a existência de um número excessivo de leis, a caducidade e a obscuridade da legislação.

[87] Jeremy Bentham (1748), filósofo e jurista do período iluminista, desenvolveu a ideia do princípio da utilidade na formulação das leis, como forma de assegurar o bem-estar para o maior número de pessoas. Bentham defendia o uso de um vocabulário moralmente neutro no discurso jurídico e político, sendo considerado um dos fundadores do positivismo jurídico. Em sua obra, Bentham enfatiza os problemas relacionados à elaboração e à comunicação do Direito, com críticas à sua incognoscibilidade e imperfeições, como ambiguidade, obscuridade e prolixidade. Ele condena o uso excessivo e desnecessário de termos técnicos na legislação e defende o conhecimento das leis pelos seus destinatários como condição para a produção dos efeitos desejados. Blanco de Morais (2007, p. 39) afirma que Bentham enunciou algumas propostas de estilo, procedimento e técnica legislativa, embora sem pretensões científicas.

veio a se modificar na década de 1960, quando houve o renascimento da Legística e uma mudança de ênfase para uma abordagem material e metodológica mais abrangente da legislação, "baseada nos conhecimentos, nos conceitos e na metodologia de várias disciplinas científicas, de forma que a Legística deixou de ser domínio exclusivo de juristas e advogados".

Relativamente ao renascimento experimentado pela Legística na década de 1960 e a mudança de ênfase, Mader (1991) menciona que foi nos Estados Unidos,[88] nesse período, que surgiu formalmente o processo de avaliação legislativa, em particular no âmbito da análise das políticas públicas, observando que essa abordagem logo alcançou vários países europeus. Nesse contexto, Mader (2009, p. 44-45) diz que Peter Noll, um advogado criminalista suíço, teve um papel fundamental nesse processo, embora muitos outros autores também tenham contribuído substancialmente para essas mudanças. Noll falava em "legisprudência", título de seu livro publicado em 1973.

Mader (2009, p. 44-45) comenta que o mérito específico de Peter Noll foi ultrapassar os limites de uma abordagem focada exclusivamente na Legística formal ou na redação legislativa, mudando, dessa forma, a ênfase para os conteúdos normativos e também para a metodologia de preparação das decisões legislativas, o que se designa usualmente por Legística material ou substantiva. Essa mudança de ênfase, no entendimento de Mader, foi um divisor de águas.

Carlos Blanco de Morais (2020, p. 20) ensina que, a partir dos anos 80 do século passado, o estudo das normas experimentou na Europa um salto qualitativo, a começar do momento em que não juristas passaram a compreendê-las como um instrumento de ação e transformação política e econômica, de maneira que houve um aprofundamento dos estudos das leis no domínio das técnicas e métodos que devem reger a sua conceção, redação, avaliação, sistematização e praticabilidade. Desse modo, segundo o autor, nasceu a Legística, como parte da Ciência da Legislação,[89] "preocupada com o estudo das consequências produzidas

---

[88] Manoel Gonçalves Ferreira Filho (2020, p. 237) afirma que um dos primeiros manuais didáticos sobre a Legística é o publicado por Julius Cohen, *Materials and Problems on Legislation*, cuja edição inaugural é de 1949. Cohen era professor de direito na *Rutgers – State University*. O autor aponta ainda que na Grã-Bretanha, já em 1835, o *First Report of the Statute law commissioners* já denunciava a "frouxidão" (*laxity*) e a "ambiguidade" (*ambiguity*) dos textos legais escritos.

[89] Para Blanco de Morais (2007, p. 58), a Ciência da Legislação consiste em "domínio científico do conhecimento, auxiliar da Ciência jurídica, cujo objeto radica no estudo praxiologicamente orientado dos componentes estática e dinâmica do fenômeno normativo

pelos atos legislativos e com a conceção de métodos e técnicas suscetíveis de potenciar a sua qualidade, simplificação e eficiência".

5.2 Conceituação, domínios e relevo da Legística formal

A Legística[90] é, em sentido amplo, nas palavras de Blanco de Morais (2007, p. 209), "(...) um ramo da Ciência da Legislação que estuda os métodos e as técnicas que se destinam a assegurar a qualidade formal e substancial dos actos legislativos". O autor ensina que, em razão do seu objeto, esse gênero decompõe-se em três domínios: a Legística material, a Legística formal e a Legística organizativa.

Almeida (2009, p. 89) expõe que a Legística material propõe uma metodologia de preparação da lei, de seu conteúdo, de maneira a fornecer ao legislador elementos para uma tomada de decisão objetiva. Almeida (2009, p. 89) ainda esclarece que, nesse domínio, o procedimento legislativo é decomposto em várias fases e a metodologia legislativa ocupa-se especialmente das fases de identificação do problema, definição dos objetivos do legislador, apresentação de alternativas para a solução e avaliação dos efeitos da legislação.

Dessa forma, apresentam-se medidas e instrumentos que concorrem para a preparação mais racional das diferentes fases da elaboração da lei. De fato, é sempre importante se proceder a uma avaliação prévia e sucessiva para aferir se a lei está apta a atingir os seus fins.

A respeito do domínio da Legística organizativa, Blanco de Morais (2007, p. 212 e 225) explica que a utilização dela na feitura das leis pressupõe a criação de uma estrutura organizativa específica que apoie, administrativa e tecnicamente, o legislador a normar com qualidade, o que implica a criação de órgãos administrativos permanentemente envolvidos nas etapas de concepção dos atos normativos, de redação, de controle prévio da sua validade e regularidade formal, de análise prévia do seu impacto normativo e de tarefas de simplificação normativa. Pressupõe, dessa maneira, a criação de órgãos auxiliares, no Governo e no Parlamento, com a atribuição de ajudar a produzir leis com qualidade.

---

público, tendo por fim a sua compreensão e a identificação de soluções que promovam e garantam a validade e a qualidade dos atos normativos", desdobrando-se ela em três ramos: (i) a Teoria da Lei; (ii) a Teoria da decisão pública; e (iii) a Legística.

[90] Morais (2007, p. 209) registra que o termo *Legística* (*legistik*) começou a ser utilizado na década de 60, na Áustria, pela doutrina e também pela própria legislação, embora não seja desconhecido no universo da língua francesa. Nos anos 90, o termo chegou à Itália, e, em Portugal, o uso da expressão ocorreu, oficialmente, pela primeira vez, depois do ano 2000.

CAPÍTULO 5
RELEVO DO ELEMENTO TEXTUAL NA INSTITUIÇÃO DE POLÍTICAS PÚBLICAS... | 127

De outra parte, a Legística formal, conteúdo que mais diretamen-te nos interessa neste ponto, tem como objeto de estudo a sistematização, a composição e a redação das leis, elementos que, para Almeida (2009, p. 90), são absolutamente essenciais, ainda que não suficientes, para uma política legislativa de qualidade.

A Legística formal tem como uma de suas preocupações, portan-to, o estudo dos princípios e das técnicas que visam garantir a qualidade textual dos atos normativos, o que envolve a clareza, a inteligibilidade e a precisão de sua redação.[91] Compreende os aspectos linguísticos e comunicacionais do preceito textual da norma.

Sabe-se que, quando um texto normativo é elaborado, o objetivo primordial é a concretização do efeito desejado pela incidência do co-mando normativo. Nessa senda, a utilização das técnicas de Legística formal visa assegurar que esse propósito seja alcançado, de maneira que o preceito textual possa refletir com fidelidade e qualidade a decisão normativa.

Soares (2007, p. 7) destaca que a Legística tem evoluído para atender à necessidade de uma legislação mais eficaz e compatibilizar

---

[91] Sobre os critérios a serem observados para se conferir clareza, precisão e ordem lógica ao elemento textual da norma, a Lei Complementar nº 95, de 1998, do Brasil, dispõe da seguinte forma: "Art. 11. As disposições normativas serão redigidas com clareza, precisão e ordem lógica, observadas, para esse propósito, as seguintes normas: I – para a obtenção de clareza: a) usar as palavras e as expressões em seu sentido comum, salvo quando a norma versar sobre assunto técnico, hipótese em que se empregará a nomenclatura própria da área em que se esteja legislando; b) usar frases curtas e concisas; c) construir as orações na ordem direta, evitando preciosismo, neologismo e adjetivações dispensáveis; d) buscar a uniformidade do tempo verbal em todo o texto das normas legais, dando preferência ao tempo presente ou ao futuro simples do presente; e) usar os recursos de pontuação de forma judiciosa, evitando os abusos de caráter estilístico; II – para a obtenção de precisão: a) articular a linguagem, técnica ou comum, de modo a ensejar perfeita compreensão do objetivo da lei e a permitir que seu texto evidencie com clareza o conteúdo e o alcance que o legislador pretende dar à norma; b) expressar a ideia, quando repetida no texto, por meio das mesmas palavras, evitando o emprego de sinonímia com propósito meramente estilístico; c) evitar o emprego de expressão ou palavra que confira duplo sentido ao texto; d) escolher termos que tenham o mesmo sentido e significado na maior parte do território nacional, evitando o uso de expressões locais ou regionais; e) usar apenas siglas consagradas pelo uso, observado o princípio de que a primeira referência no texto seja acompanhada de explicitação de seu significado; f) grafar por extenso quaisquer referências a números e percentuais, exceto data, número de lei e nos casos em que houver prejuízo para a compreensão do texto; g) indicar, expressamente o dispositivo objeto de remissão, em vez de usar as expressões 'anterior', 'seguinte' ou equivalentes; III – para a obtenção de ordem lógica: a) reunir sob as categorias de agregação - subseção, seção, capítulo, título e livro - apenas as disposições relacionadas com o objeto da lei; b) restringir o conteúdo de cada artigo da lei a um único assunto ou princípio; c) expressar por meio dos parágrafos os aspectos complementares à norma enunciada no caput do artigo e as exceções à regra por este estabelecida; d) promover as discriminações e enumerações por meio dos incisos, alíneas e itens".

o Direito codificado com os reclames da sociedade, lembrando que o "dever-ser não é considerado apartado do ser (realidade) e nem o pode ser, visto que a legislação carrega em si modelos e propostas cujo fim é a sua concretização" e a Legística propugna, inclusive metodologicamente, "um comprometimento radical com a eficácia do ato normativo" (Soares, 2007, p. 18).

Por isso mesmo, como alerta Morand *apud* Salinas (2013, p. 231), a proeminência do positivismo na seara jurídica, que ensejou um trabalho focado na metodologia de interpretação e aplicação das normas, não pode ocasionar o descuido com o aperfeiçoamento de métodos para a criação das suas normas.

Em crítica também ao enfoque dado pela teoria apenas à interpretação, Jeremy Waldron (2003, p. 1) comenta que, em comparação com o tema dos tribunais, existe um silêncio quando se fala em legislação ou legislatura, não havendo nada sobre esse assunto na jurisprudência filosófica moderna que seja comparável à discussão da decisão judicial. O autor argumenta que ninguém parece ter observado a necessidade de uma teoria ou de um tipo ideal que faça pela legislação o que Ronald Dworkin pretende fazer pelo raciocínio adjudicatório.

A Legística é, efetivamente, um paradigma importante devido às suas várias repercussões. A diligência com a qualidade formal da redação dos atos normativos resulta em mais segurança jurídica. Em sentido oposto, a baixa qualidade da legislação traz consequências danosas e graves, como adverte Soares (2007, p. 29), ao mencionar a diminuição do produto interno bruto, o ativismo judicial intenso, a falta de confiança na eficácia das leis, a fuga de investimento do país, a descrença nas instituições e o sentimento de injustiça.

A Legística revela-se importante, assim, ao Estado, aos cidadãos e às empresas. Carlos Blanco de Morais (2020, p. 20) detalha as seguintes utilidades da Legística no que tange:

a) ao funcionamento do Estado: (i) reduz custos de leis mal calibradas na relação encargos/benefícios; (ii) garante leis aptas para atingir objetivos, antevendo riscos potenciais; (iii) propicia menores riscos de inconstitucionalidade; (iv) propicia leis mais claras, menos litigiosas e que oneram menos o sistema de justiça;

b) aos cidadãos: (i) propicia melhor acessibilidade ao direito, nomeadamente através de motores de busca eletrônicos gratuitos e estruturas de consolidação; (ii) menor risco de leis que violem ou sacrifiquem desnecessariamente os seus direitos fundamentais; (iii) reforça-se, no plano procedimental, a democracia participativa, mediante audições prévias; e

c) às empresas: (i) reduz os custos administrativos e financeiros; (ii) promove a desburocratização; (iii) assegura mais certeza jurídica e menor taxa de litigância; (iv) propicia mais participação das empresas e associações empresariais na feitura das leis.

A higidez do texto normativo no seu aspecto legístico-formal confere à sua interpretação os marcos precisos quanto ao sentido e ao alcance pretendido por sua subjacente normatividade. Em termos de políticas públicas, a qualidade formal do texto normativo é um pressuposto indispensável para assegurar a determinabilidade dos direitos sociais, por meio de políticas públicas editadas com a devida qualidade nesse aspecto.

É fundamentalmente por isso que uma das principais regras de Legística formal prevista na legislação brasileira estabelece que se deve articular a linguagem, técnica ou comum, de modo a ensejar perfeita compreensão do objetivo do ato normativo e a permitir que seu texto evidencie, com clareza, o conteúdo e o alcance que o legislador pretende dar à norma.[92]

Para tanto, é salutar usar palavras e expressões em seu sentido comum, ou seja, uma linguagem acessível à sociedade em geral, e não somente a grupo reservado de pessoas (*linguagem enigmática ou criptográfica*), salvo quando a norma versar sobre assunto técnico, hipótese em que se deve empregar a nomenclatura própria da área em que se esteja legislando.

Revela-se tecnicamente correto ainda, sob o ângulo da Legística formal, evitar o emprego de expressões ou palavras que confiram duplo sentido ao texto e a contaminação da legislação com conceitos ideológicos e termos ou expressões ambíguas, como *atores sociais* e *cidadania ativa,* que comprometem a neutralidade da linguagem e a precisão do texto por não terem um significado próprio.

Os métodos e as técnicas da Legística formal procuram assegurar, portanto, que a legislação seja bem redigida, possua clareza e torne-se acessível no processo comunicativo com os seus destinatários. O ato de legislar envolve, sobretudo, a construção de um instrumento ou

---

[92] Cf. Lei Complementar nº 95, de 1998, alínea "a", do inciso II, do artigo 11.

veículo de comunicação legislativa e, nesse sentido, é imprescindível examinar, à luz dos métodos e das técnicas da Legística formal, se essa comunicação, em termos de redação, sistematização e acessibilidade, encontra-se apta para atingir os seus objetivos normativos. A Legística formal visa garantir que a legislação seja linguisticamente racional e sólida.

Nesse sentido, quanto maior a qualidade semântica do enunciado de um texto normativo, menor será o grau de discricionariedade interpretativo, favorecendo-se, dessa forma, a efetividade das políticas públicas e do princípio da segurança jurídica. No que respeita ao fim da Legística formal, Carlos Blanco de Morais (2020, p. 21) diz que este visa obter um elevado nível de compreensão e de identificação das normas, tal como é reclamado pelo princípio da segurança jurídica, pelo princípio constitucional do acesso ao direito e pelo desiderato da qualidade normativa, de modo a "assegurar que a mensagem legislativa se paute por níveis aceitáveis de certeza e clareza, de forma a poderem ser entendidos, na sua essência, pelos respectivos destinatários".

Realmente, os requisitos para a qualidade da redação legislativa envolvem, sobretudo, a clareza e a precisão, porquanto deve haver uma claridade semântica da redação, uma linguagem simples e concisa e uma concepção inteligível, de maneira a se assegurar a concretização da segurança jurídica. A qualidade da redação encerra também, nomeadamente, a coerência, a ausência de antinomias, a ordem lógica e a uniformidade estilística.

Consequentemente, em função da persecução da qualidade do texto e da efetividade das políticas públicas e da segurança jurídica, existem, obviamente, erros de redação legislativa que devem ser evitados, tais como: usar frases longas e prolixas; adjetivações; emprego de sinonímia com propósito meramente estilístico; emprego de expressões vagas ou palavras que confiram duplo sentido ao texto; não indicar expressamente o dispositivo objeto de remissão ou utilizá-las de forma sucessiva e em cascata, interligando diferentes atos normativos; revogações tácitas; e ausência de disposições transitórias quando necessárias.

Finalmente, a respeito da experiência brasileira, pode-se mencionar, por sua relevância, duas problemáticas relacionadas à elaboração do texto normativo no âmbito do Parlamento. Uma primeira refere-se, particularmente, à forma rápida como, por vezes, determinadas proposições e políticas públicas são aprovadas ou mesmo alteradas por meio de emendas parlamentares. Devido a diversos fatores, por exemplo, a pressão da opinião pública, o trâmite de determinadas matérias é abreviado ou são produzidas alterações com brevidade e sem a necessária análise da sua técnica redacional, o que pode ocasionar uma má qualidade da legislação e problemas futuros de interpretação e de aplicação de tais normas.

Em outra vertente na esfera parlamentar, há algo também complexo e de difícil percepção – pois envolve os bastidores das discussões e acordos parlamentares –, que se relaciona com a elaboração e a utilização inadequada de conceitos jurídicos indeterminados como estratagema para formação de maiorias parlamentares circunstanciais, isto é, para obtenção de consensos em determinadas matérias. Essa prática parlamentar, por vezes adotando-se expressões vagas e imprecisas quando há dificuldades de consensos, cria incertezas e outras dificuldades. Embora de difícil percepção, essa problemática pode ser objeto de investigação, como se pretende fazer em tópico próprio nesta obra.

5.3 Qualidade da legislação e desenvolvimento: contributos da União Europeia e da OCDE

Pode-se validamente afirmar que a lei é a base confiável e sustentável para o desenvolvimento do Estado e da própria democracia. No entanto, para que esse desenvolvimento ocorra, é preciso que as leis possuam qualidade.

Há, portanto, uma relação direta entre desenvolvimento e qualidade da lei e, bem assim, entre a boa gestão governamental e a qualidade da legislação e, enfim, entre o bem-estar dos cidadãos, das empresas e dos demais destinatários envolvidos e a qualidade da legislação.

Karpen (2009, p. 14) afirma que, com frequência, desenvolvimento é compreendido como crescimento econômico; contudo, essa é uma definição simplista, pois é preciso adotar uma visão mais abrangente, na medida em que o desenvolvimento traz consequências econômicas, sociais, culturais e políticas.

Esse autor (2009, p. 16) indica cinco fatores que capacitam e possibilitam o desenvolvimento: emprego; crescimento econômico; justiça social e mudanças estruturais; participação; e independência política e econômica. A meta de desenvolvimento é atingir um Estado estável, capaz de satisfazer as necessidades básicas da população. As conclusões de Karpen (2009, p. 23) são no sentido de que há uma relação de dependência entre a Legística e o desenvolvimento e que a quantidade e a qualidade da legislação têm vinculação com o nível de educação da população e com a experiência do Poder Legislativo.

Importa ressaltar, no entanto, que não existem, obviamente, leis perfeitas, pois elas são elaboradas pelos seres humanos e estes possuem as suas limitações. É possível, contudo, com o auxílio da Legística, produzir leis com qualidade. Embora essa noção seja complexa, pode-se defini-las como aquelas que possuem clareza, coerência, precisão, ordem lógica, objetividade, uniformidade estilística e, especialmente, que reúnam três atributos essenciais, a saber: eficácia, eficiência e efetividade.

Eficácia consiste na capacidade de a lei atingir os objetivos para os quais foi editada. A eficiência, por sua vez, tem a ver com a relação custo/benefício, isto é, a lei não pode submeter os seus destinatários a encargos inúteis e, do ponto de vista financeiro, deve buscar sempre fazer mais coisas com menos recursos. Finalmente, efetividade diz respeito ao nível de cumprimento e aplicação alcançado pela lei, bem como à capacidade de a lei ser aceita e respeitada pelos seus destinatários, os quais passam a considerá-la como um componente importante do seu patrimônio cívico e, dessa forma, motivam-se a exigir o seu cumprimento. No Brasil, quando a lei alcança a efetividade, fala-se informalmente: essa lei pegou!

Soares (2009, p. 59) entende que um dos fatores que leva uma norma a ser internalizada é o diálogo com a sociedade durante o processo legislativo. A autora comenta que, no Brasil, há iniciativas que promovem esse diálogo, sendo algumas até mesmo únicas no mundo, como o orçamento participativo. Cita-se também algumas iniciativas que propiciam consultas eletrônicas e audiências públicas no curso da tramitação do projeto como ensejadoras da abertura do diálogo com a sociedade. A audição é uma realidade importante para a operatividade das normas.

Verifica-se, por tudo isso, que elaborar uma lei não é algo simples ou fácil. O jurista alemão Hermann Jahrreiss (1953, p. 5) comenta que "legislar é fazer experiências com o destino humano". De fato, trata-se de uma atividade complexa, mas que pode ser ensinada e aprendida por meio da utilização dos princípios e das regras de Legística.

Para elaborar uma lei, exige-se, fundamentalmente, um bom planejamento, o conhecimento profundo da realidade sobre a qual se pretende intervir e a tomada de uma decisão qualificada, no sentido de conseguir resolver, da melhor forma, o respectivo problema.

Gilmar Ferreira Mendes (2020, p. 114) enfatiza que a generalidade, a abstração e o efeito vinculante que caracterizam a lei revelam não só a grandeza, mas também a problemática que marca a atividade legislativa. Para o autor, o afazer legislativo exige peculiar cautela daqueles envolvidos nesse difícil processo, sendo necessário colher variada gama de informações sobre a matéria, realizar minuciosa investigação no âmbito legislativo, doutrinário e jurisprudencial, e analisar a repercussão econômica, social e política do ato legislativo. A realização dessa complexa pesquisa demanda a utilização de conhecimentos interdisciplinares para "fornecer elementos seguros para a escolha dos meios mais adequados para atingir os fins almejados". Mendes (2020, p. 114) destaca que "a ciência da legislação opera como um importante domínio do conhecimento, auxiliar da ciência jurídica, que proporciona meio para uma correta elaboração de atos normativos".

Destaca-se que, no âmbito do Conselho Europeu, foi criado um grupo de trabalho, denominado Grupo Mandelkern, que apresentou um relatório, em 2001, no qual se enunciam os sete princípios considerados fundamentais para a melhoria da qualidade legislativa na União Europeia e nos Estados-Membros, a saber: necessidade (consideração da real necessidade de uma norma); proporcionalidade (equilíbrio entre as vantagens de uma dada legislação e as limitações/obrigações impostas aos cidadãos); subsidiariedade (nível de adoção da legislação – deve-se legislar, se possível, no nível mais próximo do cidadão); transparência (procedimento de preparação da norma que permita o acompanhamento pelos cidadãos); responsabilidade (determinação dos efeitos da norma, monitoração de sua execução); acessibilidade e simplicidade (publicação de legislação compreensível, consistente e acessível aos cidadãos).

Posteriormente, a União Europeia protagonizou estudos consolidados nos documentos: programa *Better Regulation* (2001); *Better Law Making* (2002); *Better Regulation for Growth and Jobs in the European Union* (2005); *A Strategic Review of Better Regulation in the European Union* (2006); e *Smart Regulation in the European Union* (2010). Esse programa da União Europeia seguiu o modelo inglês e tem tido imensa eficácia. Existe, portanto, um modelo rigoroso de redação das normas da União Europeia e de avaliação do seu impacto.

Caupers, Guibentif e Almeida (2014, p. 25) indicam que a União Europeia e a OCDE – Organização para a Cooperação e Desenvolvimento Econômico –, têm vindo a dar grande importância à qualidade da lei nos seus programas de *governance* e a enfatizar a ligação existente entre as reformas legislativas e o crescimento econômico.

Os autores evidenciam os trabalhos desenvolvidos pela OCDE desde 1995, em que se procura demonstrar a influência que a qualidade da legislação tem no desenvolvimento econômico. Os princípios e orientações da Organização tem influído decisivamente na política legislativa dos países europeus.

Segundo esclarece Carlos Blanco de Morais (2020, p. 22), são os Estados econômica e socialmente mais desenvolvidos da OCDE aqueles que há muito se preocupam com os cânones de boa redação, sistematização e consolidação legislativa, pois "avaliaram os prejuízos e onerações evitáveis que leis mal redigidas, pulverizadas e de vigência incerta têm comportado para os direitos dos cidadãos, a celeridade e qualidade do funcionamento do sistema de Justiça, os recursos financeiros do Estado e a economia das empresas".

Nesse sentido, brevemente, pode-se fazer menção a *Recommendation of the Council of the OECD on Improving the Quality of Government Regulation – 1995*,[93] na qual a OCDE sugere a adoção de três medidas consideradas prioritárias: a planificação legislativa, o procedimento de consulta e a avaliação de impacto legislativo. A OCDE produziu ainda, nesse período, a primeira norma internacional sobre a qualidade da lei, a *Reference Checklist for Regulatory Decision-Making*, que apresentava dez princípios de boas práticas na elaboração legislativa, os quais ainda hoje são considerados pertinentes e referenciais nessa matéria.

Os contributos da OCDE se seguiram nos anos de 1997, com mais dois documentos, o *Regulatory Impact Analysis – Best Practices in OECD countries*,[94] e o *OECD Report to Ministers – Plan for Action on Regulatory Quality and Performance*;[95] 2002, por meio do *Regulatory Policy in OECD Countries: from Interventionism to Regulatory Governance*; 2005, mediante o *Guiding Principles for Regulatory Quality and Performance*;[96] 2008, através do *Building an Institutional Framework for Regulatory Impact Analysis (RIA), Guidance for policymakers*;[97] 2009, via *Regulatory Impact Analysis:*

---

[93] Cf. Recommendation of the Council on Improving the Quality of Government Regulation, de 9 de março de 1995, disponível em: http://acts.oecd.org/Instruments/ShowInstrumentView.aspx?InstrumentID=128&InstrumentPID=124&Lang=en&Book=False. Acesso em: 02 jul. 2024.

[94] Cf. OECD. *Regulatory Impact Analysis*. Best Practices in OECD Countries. OECD, 1997. Disponível em: http://www.oecd.org/gov/regulatorypolicy/35258828.pdf. Acesso em: 02 jul. 2024.

[95] Cf. OECD. *Report to Ministers*. OECD, 1997. Disponível em: http://www.oecd.org/gov/regulatorypolicy/2391768.pdf. Acesso em: 02 jul. 2024.

[96] Cf. OECD. *Guiding Principles for Regulatory Quality and Performance*. OECD, 2005. Disponível em: http://www.oecd.org/fr/reformereg/34976533.pdf. Acesso em: 02 jul. 2024.

[97] Cf. OECD. *Building an Institutional Framework for Regulatory Impact Analysis (RIA)*. Guidance for policymakers. OECD, 2008. Disponível em http:// www.oecd.org/regreform/regulatorypolicy/40984990.pdf. Acesso em: 02 jul. 2024.

A Tool for Policy Coherence[98] e *Indicators of Regulatory Management Systems – OECD – Regulatory Policy Committee Report;*[99] 2011, com *Strengthening the Institutional Setting for Regulatory Reform – The Experience from OECD Countries*[100]; 2012, pelo *Recommendation of the Council on Regulatory Policy and Governance;*[101] e, finalmente, em 2019, o *Better Regulation parctices across the European Union.*[102]

Os documentos da OCDE compreendem, substancialmente, recomendações visando à eficiência da legislação e a sua concepção como instrumental para o desenvolvimento econômico-social. Cabral (2018, p. 263) ensina, por meio de estudo específico sobre avaliação de impacto legislativo, que é no âmbito da OCDE que se têm produzido, especialmente a partir de 1997, os trabalhos mais importantes e regulares sobre esse assunto, como o *Regulatory Impact Assessment.*

A Suíça é um exemplo significativo da influência do desenvolvimento da Legística. Caupers, Guibentif e Almeida (2014, p. 54) comentam que a nova Constituição Suíça, que entrou em vigor em 2000, inclui um artigo dedicado em particular à avaliação do impacto das medidas tomadas pela Confederação (artigo 170). Os autores afirmam que essa previsão constitucional decorre da evolução que a Legística alcançou naquele país. O regimento do Parlamento suíço prevê, em atenção a esse dispositivo constitucional, que o Governo deve incluir, na justificativa das suas mensagens legislativas apresentadas ao Parlamento, um ponto sobre as consequências econômicas, sociais e ambientais da legislação.

Nota-se, portanto, que os métodos de Legística vêm constantemente se aperfeiçoando e evoluindo. Sobre esse processo, Blanco de Morais (2007, p. 260) ensina que ele é impulsionado pela circularidade

---

[98] Cf. OECD. *Regulatory Impact Analysis*: a tool for policy coherence. OECD, 2009. Disponível em: http://www.oecd-ilibrary.org/governance/regulatory-impact-analysis_9789264067110-en. Acesso em: 02 jul. 2024.

[99] Cf. OECD. *Indicators of Regulatory Management Systems – OECD* – Regulatory Policy Committee Report. OECD, 2009. Disponível em: http://www.oecd.org/gov/regulatory -policy/44294427.pdf. Acesso em: 02 jul. 2024.

[100] Cf. OECD. *Strengthening the Institutional Setting for Regulatory Reform*: oversight Bodies in OECD Countries. OECD, 2011. Disponível em: http://www.oecd-ilibrary.org/docserver/ download/ fulltext/5kgglrpvcpth.pdf?expires=1352652380&id=id&accname=guest&chec ksum=4D0DDECAB2BDD1A2B40197223D4CE884. Acesso em: 02 jul. 2024.

[101] Cf. OECD. *Recommendation of the Council on Regulatory Policy and Governance.* OECD, 2012. Disponível em: http://www.oecd.org/gov/regulatorypolicy/49990817.pdf. Acesso em: 02 jul. 2024.

[102] Cf. OCDE. *Better Regulation parctices across the European Union.* Paris: OECD Publishing, 2019. Disponível em: https://read.oecd-ilibrary.org/governance/better-regulation-practices-across-the-european-union_9789264311732-en#page4, p. 69-123. Acesso em: 02 jul. 2024.

comunicativa no universo da Legística e pelo "escrutínio permanente realizado à eficiência das diversas práticas e experiências que é realizado pela doutrina, pelas sociedades e associações de Legística e por organizações internacionais como a OCDE", permitindo reajustamentos com agilidade e prudência.

5.4 Contexto brasileiro e as carências do ensino na área de Legística

No Brasil, já se observa o início do desenvolvimento de normas sobre sistematização, redação e alteração de atos normativos, a atender o comando constitucional de edição de uma lei complementar com esse propósito (Constituição Federal, art. 59, parágrafo único). Essa medida foi concretizada por meio da edição da Lei Complementar nº 95, de 26 de fevereiro de 1998, a qual foi regulamentada primeiro pelo Decreto nº 2.954, de 1999, depois pelo Decreto nº 4.176, de 2002, e, atualmente, pelo Decreto nº 9.191, de 2017.

No que concerne aos elementos de elaboração normativa no Brasil, Jandyr Maya Faillace Neto (2020, p. 155-156) aponta que, até a edição da aludida Lei complementar nº 95, de 1998, existia apenas, no âmbito do Poder Executivo federal, o Decreto nº 468, de 1992, com as primeiras regras e procedimentos para a elaboração de atos normativos, e o Manual de Redação da Presidência da República, de 1991, que forneceu parâmetros mínimos para a redação e a elaboração normativa.

Manuel Gonçalves Ferreira Filho (2020, p. 241-245) afirma que o referido parágrafo único do art. 59 da Constituição do Brasil constitui a base normativa de toda a Legística brasileira. Segundo o autor, "há no Brasil uma Legística 'legal' que, se não é ainda completa como seria desejável cientificamente falando, já é desenvolvida", preocupando-se, inclusive, com a avaliação prospectiva do impacto das normas. Para esse constitucionalista, o Estado de direito depende de boas leis, portanto, de sua qualidade, da qual se incumbe a Legística de modo imprescindível.

É preciso considerar, contudo, que ainda há carências no Brasil em relação à oferta de programas de formação específica em redação legislativa para a melhoria dos padrões de qualidade formal da lei. Almeida (2009, p. 99) aponta, como um dos elementos para uma política legislativa de qualidade, o desenvolvimento de programas de formação interdisciplinar na área da Teoria da Legislação, por meio da elaboração de programas que cubram todo o ciclo legislativo, dirigidos a juristas,

CAPÍTULO 5
RELEVO DO ELEMENTO TEXTUAL NA INSTITUIÇÃO DE POLÍTICAS PÚBLICAS... | 137

mas também a economistas e especialistas em ciências sociais (em nível de formação acadêmica e profissional).

Em relação ao contexto brasileiro, é necessário chamar atenção para uma deficiência na formação dos estudantes universitários, nomeadamente nas Faculdades de Direito. Se a lei é a base de sustentação para o desenvolvimento do Estado e da democracia, como ainda hoje no Brasil a maioria das Faculdades de Direito não tem, na sua grade curricular, uma disciplina de Legística?

Certamente que alguns desses estudantes, ao ingressarem no mercado de trabalho, irão se deparar com situações em que terão de elaborar determinado ato normativo, porém, não estarão devidamente preparados para essa atividade. Essa deficiência no programa de ensino universitário é um fator que contribui para a produção de leis e políticas públicas ruins, falhas, sem qualidade e, por isso, propícias a gerar graves problemas, notadamente dificuldades de interpretação e aplicação.

Revela-se atual e oportuna, nesse ponto, a crítica de Canotilho (1987, p. 408-409) quando afirma que a dogmática e a metódica jurídicas têm se concentrado na "fase pós-natal do Direito", e excluído dos interesses científicos dos juristas a "fase pré-natal", ou seja, os momentos genéticos das normas. O autor complementa a sua crítica com a observação de que, "no plano da formação dos juristas, a ciência do direito compreendida como 'ciência de aplicação' conduziu aos resultados postos incisivamente em relevo por Pestalozza: 'As Universidades têm produzido até aqui aplicadores do direito (...), mas não 'fazedores' do direito (...)".

A título de exemplos positivos nessa área, cite-se que na Holanda os estudos no domínio da legislação (*Legislative Studies, Theory and Methods of Legislation*) integram o *curriculum* acadêmico de várias universidades holandesas, por meio de disciplinas e programas sobre Legística, bem como pelos programas de formação organizados pela *Academy for Legislation*, conforme informam Caupers, Guibentif e Almeida (2014, p. 39). Os autores ainda fazem menção que na Suíça existem várias unidades curriculares relacionadas com questões de legislação nas suas universidades, destacando-se a atuação do *Institut de hautes études en administration publique*, em Lausanne, pelo seu nível de especialização nessas matérias.

De maneira geral, não existe a mesma dedicação e labor intelectual para o processo de elaboração do direito. Além do ensino jurídico, isso se verifica também na doutrina e na jurisprudência e, quando não se confere a devida importância ao momento de elaboração e redação das normas, fragiliza-se a liberdade dos cidadãos e a efetividade dos direitos fundamentais e das políticas públicas. É nesse cenário que a ampliação da oferta de programas de ensino na área de Legística tem o seu significado.

5.5 Função delimitadora do texto: ponto de partida da interpretação e da concretização da norma

A interpretação jurídica é, segundo o ensinamento de Maximiliano (2011, p. 1), uma atividade que visa "determinar o sentido e o alcance das expressões do Direito". O processo de interpretação, contudo, não é um fenômeno simples, mas, diferentemente, representa algo, na definição de Inocêncio Mártires Coelho (2007, p. 63), "tão complexo, tão dialético e tão infinito quanto a compreensão das coisas do espírito, em geral, e das normas jurídicas, em particular".

Em análise percuciente sobre o tema do alcance da atividade interpretativa, Inocêncio Mártires Coelho (2007, p. 18-32) pondera que o trabalho do intérprete não é apenas desocultar significados que, até certo ponto, permanecem escondidos, mas também tentar mediar e superar a distância real existente entre a necessária generalidade do enunciado e a singularidade do caso a decidir, ao que esse autor chama de trabalho hermenêutico de *ajustamento entre normas e fatos*.

Nessa perspectiva, Inocência Mártires Coelho (2007, p. 32) afirma que nesse processo hermenêutico "integram-se historicamente os dois horizontes significativos, o do texto e o do seu aplicador, o qual, ao interpretar para poder aplicar, não abandona o seu próprio horizonte, antes o amplia para fundi-lo com o horizonte do texto". O autor ressalta, ainda, que o processo dialético da compreensão é uma atividade infinita, pois tende a se ampliar e enriquecer com o tempo, adquirindo novas possibilidades. Daí a utilização, por diversos autores, de figuras ou imagens geométricas – *círculo, espiral*, hélice cônica etc. – para descrever a abertura e a infinitude do processo interpretativo.[103]

Por esse ângulo, Hesse (2009, p. 113) observa que cabe aos princípios de interpretação a tarefa de orientar e dirigir o processo

---

[103] Inocêncio Mártires Coelho (2007, p. 19) discorre que as constantes mudanças de interpretação não decorrem de nenhum preciosismo hermenêutico, antes "resultam do caráter nomogenético dos fatos sociais, como fatores determinantes da criação e da regeneração dos modelos jurídicos – sejam eles legislativos ou costumeiros, negociais ou jurisdicionais – a compasso de sempre renovadas exigências axiológicas".

de relacionamento, coordenação e valoração dos pontos de vista ou consideração necessários à solução do problema.

Sobre o relevo do texto, Blanco de Morais (2008, p. 629) pondera que a interpretação textual objetiva "captar aquilo que é transmitido pela linguagem de uma regra constitucional". O autor leciona que o primeiro olhar do intérprete incide sobre o texto, de forma que a letra da norma opera como ponto de partida de uma interpretação que "se realiza mediante a extração de um significado gramatical que permite uma compreensão inicial sobre o sentido de uma disposição".

O texto é, como sintetiza o autor, o ponto de partida da interpretação e da concretização. Todavia, Blanco de Morais (2008, p. 630) lembra que não é esse significado inicial que comunica o conteúdo final da decisão normativa, pois outros elementos interpretativos podem complementar ou mesmo corrigir o sentido obtido por meio da interpretação gramatical, resultando numa solução distinta em relação àquela captada aprioristicamente.

Em sua abordagem, Blanco de Morais (2008, p. 630), com base na teoria de Konrad Hesse, chama a atenção para o fato de que, no plano linguístico, quanto mais definido for o critério de decisão do legislador, mais estreita será a possibilidade de o intérprete extrair significados normativos por uma via de raciocínio tópico-problemático.

Essa limitação torna-se ainda mais acentuada na intepretação de regras constitucionais, devido à característica de decidibilidade expressa na linguagem jurídica, que "não pode sofrer desvios quanto ao sentido objetivo da decisão, mediante o primado dos factos que rodeiam problemas isolados, como sucederia no direito privado". O autor conclui o raciocínio afirmando que há, nessa hipótese, um primado do texto sobre o problema.

Blanco de Morais (2008, p. 632) realça também que é essencialmente a incerteza semântica que constitui a "questão core" da interpretação, posto que, se ela não existisse na comunicação normativa, não seria necessário um programa interpretativo e os textos seriam "captados singelamente mediante uma interpretação inferente".

De acordo com uma importante conclusão presente na teoria desse autor (Morais, 2008, p. 633-634), o texto exerce uma relevante *função delimitadora*, no sentido de que "traça as fronteiras do campo onde a interpretação-concretização pode ser realizada, delimitação essa que tem como fontes os princípios democrático, do Estado de direito e da separação de poderes". Nessa perspectiva, não devem subsistir e são inválidas aquelas interpretações que colidam manifestamente com a letra de um preceito, mesmo que "se socorram de fórmulas pretensamente legitimadoras para o poderem contrariar, como a 'igualdade' ou a 'justiça material'".

Outrossim, é válido considerar também que, no sistema jurídico, há uma relação direta entre as regras e a segurança jurídica. Tomando-se os pressupostos legísticos como referência, pode-se apropriadamente chegar à conclusão de que, quanto maior a qualidade semântica do enunciado de um texto normativo, menor será o grau de discricionariedade interpretativo, favorecendo-se, dessa forma, a efetividade das políticas públicas e do princípio da segurança jurídica. Ressalte-se que a ideia de segurança está invariavelmente presente no âmago das regras jurídicas, como será melhor explicitado no próximo item.

5.6 Características das regras jurídicas e o ideário da segurança

As regras são consideradas pela maioria da doutrina, assim como os princípios, como uma espécie do gênero norma. As regras e os princípios são identificados como normas em função da característica comum que lhes é intrínseca de dizerem o que deve ser, e também por poderem ser formuladas, com força imperativa e coativa, por meio das expressões deônticas básicas do *dever*, da *permiss*ão e da *proibição*.

Referindo-se especificamente à diferença formulada por Hart entre normas sociais e simples hábitos, Perry (2000, p. 153-157) explica que as normas impõem obrigações "quando a exigência geral de conformidade é insistente e a pressão social exercida sobre os que se desviam ou ameaçam desviar-se é grande", significando ao Direito que "certos tipos de conduta humana já não são opcionais, mas, em algum sentido, obrigatórios", motivo pelo qual, sob um ponto de vista interno, as normas funcionam como "guias para a condução da vida social".

Sobre a referida diferenciação doutrinária das normas entre regras e princípios, Humberto Ávila (2005, p. 17) disserta que ela não é uma mera exigência analítica de dissociar apenas para separar. A necessidade de distinção surge, em vez disso, porque é imprescindível construir designações diferentes para fenômenos diversos. Não se trata de uma mera distinção terminológica, mas de uma exigência de clareza conceitual, pois, quando existem várias espécies de exames no plano concreto, é aconselhável que elas sejam qualificadas de modo distinto. Segundo o autor, "a dogmática constitucional deve buscar a clareza também porque ela proporciona maiores meios de controle da atividade estatal".

De igual maneira, Inocêncio Mártires Coelho (2007, p. 65) também explica que essa distinção é relevante e tem "como base a estrutura normativo-material dos preceitos que integram a parte dogmática das constituições, com enormes reflexos na sua interpretação e aplicação". O autor, com base em Marcel Stati, identifica como característica principal dos princípios a falta de precisão e, de outro lado, a generalização e abstração lógica.

A respeito dessa temática, há vários critérios que têm sido empregados para distinguir essas duas categorias normativas. Alexy (2008, p. 90) considera as regras como *comandos de definição*, pois são normas que são sempre ou satisfeitas ou não satisfeitas, observando-se que, "se uma regra vale, então, deve ser fazer exatamente aquilo que ela exige; nem mais, nem menos", ou seja, não há, como nos princípios, a possibilidade de ser satisfeitas em graus variados. O autor argumenta que as regras contêm determinações no âmbito daquilo que é fática e juridicamente possível.

Relativamente aos critérios de interpretação e de aplicação, Barcellos (2008b, p. 54) diz que as regras demandam apenas a subsunção destas aos casos concretos e que se aplicam de acordo com o modelo do *tudo ou nada*, não se admitindo gradações, sendo, pois, consideradas válidas e aplicam-se ou não se aplicam por inválidas.

Segundo a autora (2008a, p. 169 e 180-181), isso se dá em decorrência da própria natureza das regras como *comandos de definição*, na medida em que descrevem comportamentos a serem cumpridos e pré-determinam os efeitos desejados, sem se preocuparem com os fins que as condutas descritas procuram realizar.

Essa também é a distinção crucial apontada por Alexander e Kress (2000, p. 424-425), ao referir-se à doutrina de Dworkin, para quem as regras são aplicáveis à maneira do "tudo ou nada", na medida em que, se os fatos que estipula são dados, então a regra ou é válida, hipótese em que a resposta que oferece deve ser aceita, ou não é válida, caso em que não contribui em nada para a decisão. O princípio, de modo diferente, é meramente, nas palavras de Dworkin, "uma razão que argumenta numa direção mas não torna necessária uma decisão específica", podendo competir com princípios que argumentam na direção oposta, pois "têm uma dimensão que as regras não têm – a dimensão de peso ou importância".[104]

---

[104] Para tais autores (Alexander; Kress, 2000, p. 429-491), ninguém explicou a distinção entre regras jurídicas e princípios jurídicos com tanto cuidado e atenção como Dworkin. Segundo eles, a descrição de Dworkin, naturalmente, é abstrata e teórica, mas sua força

As regras, portanto, no que tange à aplicação aos casos concretos, valem ou não valem, incidem ou não incidem, afastando-se ou anulando-se às outras, sempre que as respectivas consequências jurídicas forem antinômicas ou reciprocamente excludentes (Coelho, 2007, p. 67).[105]

· Do ponto de vista da dogmática jurídica, tendo-se em conta a estrutura dessa categoria normativa, pode-se afirmar que as regras não são concebidas para serem ponderadas, pois isso significaria a sua não aplicação e a negativa de sua vigência.

Registre-se que, apesar da doutrina maioritária estar de acordo com essa ideia de que não existe ponderação de regras, há uma tese crescente que afirma que todas as normas são ponderáveis, incluindo as regras.

Nessa linha de pensamento, Pedro Moniz Lopes (2018, p. 275-286) defende que as regras também são objeto de ponderação, pois todas as normas têm uma aptidão passiva para ceder em determinadas circunstâncias fáticas e jurídicas propícias para isso, na medida em que "nenhuma norma determina, ela própria e em última análise, a totalidade das suas condições de aplicação definitiva". Segundo o autor, esta é, de certa forma, a raiz da derrotabilidade normativa, a qual resulta da própria estrutura normativa geral das regras e dos princípios,

---

como descrição resulta do êxito com que capta as metodologias-padrão dos estudiosos do Direito, advogados e juízes do *common law*. Contudo, os autores defendem uma tese contra os princípios jurídicos, segundo a qual a metodologia jurídica requer apenas dois tipos de normas: *princípios morais* corretos e *regras jurídicas* postuladas. Não requer *princípios jurídicos*. Para eles (2000, p. 491): "Os próprios princípios morais ditam a postulação das regras jurídicas – de modo que, por razões conseqüencialistas indiretas triviais, os próprios princípios morais serão mais bem concretizados ao longo do tempo -, embora a relação entre princípios morais e regras jurídicas (mesmo ideais) venha ser um tanto paradoxal (por causa da lacuna potencial, em qualquer caso particular, entre o que as regras ideais irão ditar e o que os princípios irão ditar)". Trata-se, em realidade, de uma formulação baseada na crítica de Alexander e Bayles a *Taking Rights Seriously*, segundo a qual os princípios morais têm a virtude da correção moral; as regras jurídicas têm as virtudes de serem criações dos que têm autoridade para criarem o direito e oferecerem orientação clara. Os princípios jurídicos, porém, não teriam nenhuma dessas virtudes e representariam, portanto, "o pior de todos os mundos".

[105] Inocêncio Mártires Coelho (2007, p. 69-70) observa que, diferentemente das regras de direito, os princípios jurídicos "não se apresentam como imperativos categóricos nem ordenações de vigência diretamente emanadas do legislador, antes apenas enunciam motivos para que o aplicador se decida neste ou naquele sentido". O autor diz que o legislador sabe de antemão que é somente em face de situações concretas que essas espécies normativas logram atualizar-se e operar como verdadeiros *mandatos de otimização*. Os princípios seriam, assim, apenas pontos de partida ou pensamentos diretores, que sinalizam para a norma a ser descoberta ou formulada por quem irá decidir os casos concretos.

embora gozem de diferentes graus de resistência à derrota dos efeitos estatuídos – e as regras têm uma menor disposição para tanto –, à luz das correspondentes normas de prevalência ou de critérios de ponderação. Ademais, afirma que o posicionamento majoritário prejudica a função estabilizadora do direito que as regras exercem, afetando o âmago da segurança jurídica (Lopez, 2018, p. 281).

Outrossim, digna de nota são as diferenças propostas por Canotilho (1993, p. 1034-1035), segundo as quais: *(i)* as regras têm menor grau de abstração do que os princípios; *(ii)* as regras são suscetíveis de aplicação direta, enquanto os princípios exigem mediações concretizadoras; *(iii)* as regras não possuem a mesma fundamentalidade hierárquica dos princípios no ordenamento jurídico; *(iv)* os princípios são fundamentos de regras, desempenhando, por isso, uma função normogenética fundamentante.

Cambi (2009, p. 95) adverte que, por descreverem comportamentos a serem cumpridos, "não há como harmonizar a aplicação de duas regras contraditórias, senão excluindo uma delas para que a outra prevaleça", e isto se dá mediante a aplicação dos critérios de resolução de antinomia jurídica, nomeadamente: lei superior derroga a inferior; lei especial derroga a geral; e lei posterior derroga a anterior.

Ao analisar os critérios de distinção entre as regras e os princípios, Humberto Ávila (2005, p. 22-26) ressalta que as normas não são textos nem o conjunto deles, mas os "sentidos construídos a partir da interpretação sistemática de textos normativos", e que a qualificação de determinadas normas como princípios ou como regras "depende da colaboração constitutiva do intérprete".

Interessante, para as conclusões desta obra, são as considerações de Gustavo Zagrebelsky comentadas por Coelho (2007, p. 756), segundo as quais somente às regras se aplicam os variados e virtuosos métodos de interpretação jurídica que têm por objeto a linguagem do legislador, pois, em relação aos princípios, "há pouco que interpretar, pelo menos desse modo".

Essas são, basicamente, as principais diferenças entre as regras e os princípios apontados na doutrina. Interessa a esta obra, sobretudo, trazer à luz algo que distingue essas duas categorias de normas no aspecto material, precisamente no tocante aos valores que elas procuram proteger e assegurar de forma particular.

É válido afirmar, apoiando-se em Larenz (1985), que a ordem jurídica funda-se em dois valores principais, a segurança e a justiça, e que a harmonia do sistema jurídico reside justamente no equilíbrio eficiente entre tais valores. Nesse contexto, princípios e regras exercem funções diferentes e interdependentes na manutenção da estabilidade do sistema jurídico.

Nessa linha de raciocínio, Barcellos (2008c, p. 79-83) leciona ser "possível identificar uma relação, no âmbito do sistema romano-germânico ocidental, entre a segurança, a estabilidade e a previsibilidade e as regras jurídicas", na medida em que veiculam efeitos jurídicos determinados, contribuindo, assim, para a maior previsibilidade do sistema jurídico.

Segundo essa autora, a concretização do ideário da justiça dependeria, em geral, de normas mais flexíveis, nos moldes dos princípios, posto que permitem uma melhor adaptação às infinitas possibilidades do caso concreto e são "capazes de conferir ao intérprete liberdade de adaptar o sentido geral do efeito pretendido, muitas vezes impreciso e indeterminado, às peculiaridades da hipótese examinada". Os princípios, portanto, estão ligados diretamente à ideia de justiça, como instrumentos mais capazes de produzi-la no caso concreto.

Em suma, Barcellos (2008c) defende ser possível dizer que a estrutura das regras facilita a realização do valor segurança, ao passo que os princípios oferecem melhores condições para que a justiça possa ser alcançada.

Barcellos (2008c, p. 79) pondera, no entanto, que esse modelo é naturalmente simplificador, já que há princípios que propugnam exatamente, dentre outros, o valor segurança, como o princípio da legalidade –, e "da mesma forma que inúmeras regras são, na verdade, a cristalização de soluções requeridas por exigências de justiça". A autora observa que tudo isso, porém, não afasta a utilidade do modelo para esclarecer uma parcela da realidade.

Com base nessas premissas, as conclusões de Barcellos são no sentido de que, quanto mais normas-regras houver no sistema vigente, mais seguro, previsível e estável ele será, mas dificilmente será capaz de adaptar-se a situações novas. Ao passo que, quanto mais normas--princípios houver no sistema, maior será o seu grau de flexibilidade e sua capacidade de resolver situações imprevistas, mas com prejuízos, todavia, no tocante à segurança, à previsibilidade, à uniformidade das soluções e à isonomia.

Para Barcellos (2008c), o sistema jurídico ideal se consubstanciaria, dentro desses parâmetros, numa distribuição equilibrada de regras e princípios, nos quais as regras desempenham a função de resguardar a segurança jurídica e os princípios, devido a sua flexibilidade, são responsáveis pelo papel de assegurar a realização da justiça no caso concreto.

Essa diferenciação funcional entre as regras e os princípios traz consequências do mesmo modo no tocante à atividade interpretativa. A primeira delas refere-se à previsão dogmática de que as regras não foram feitas para serem ponderadas, o que tem a sua razão de ser na própria estrutura do Estado de direito. A segunda e que mais importa para as conclusões desta obra concerne à relação entre a interpretação das regras jurídicas e a segurança jurídica, no exato sentido de que a qualidade semântica do enunciado de uma regra jurídica, revelada por meio de um texto normativo claro, preciso e desprovido de incertezas semânticas, dotado, portanto, de elevado grau de qualidade técnico-legislativa, é um fator que diminui a margem de discricionariedade interpretativa, favorecendo-se, dessa forma, a efetividade das políticas públicas e do princípio da segurança jurídica.

Nesse compasso, a qualidade do texto normativo contribui para a efetividade das políticas públicas e das concernentes garantias de estabilidade e de confiança, porquanto haverá, nessa hipótese, maior probabilidade de o preceito textual espelhar com fidelidade e inteireza o pensamento da norma.

Sob a perspectiva da instituição de políticas públicas e da efetivação dos direitos sociais, a questão da diferenciação entre regras e princípios é ainda particularmente relevante no que concerne à verificação da existência de omissão, por parte do legislador, em concretizar os preceitos constitucionais relativos a direitos sociais, o que pode ensejar uma inconstitucionalidade por omissão.

A respeito desse assunto, Andrade (2009, p. 368-370) ensina que se reconhece haver "omissão legislativa sempre que o legislador não cumpre, ou cumpre insuficientemente, o dever constitucional de concretizar imposições constitucionais concretas". O autor alerta, contudo, que só há inconstitucionalidade por omissão do legislador na medida exata em que o dever de legislar seja materialmente determinado ou determinável. Andrade (2009, p. 370) argumenta que a possibilidade de verificação da inconstitucionalidade depende, portanto, do grau de densidade da norma impositiva e, consequentemente, do grau de vinculação do legislador em face da Constituição.

Dessa forma, em caso de incumprimento de tarefas previstas em regras constitucionais impositivas, o comportamento ilegítimo do legislador será facilmente detectável, face ao caráter determinado de tais normas. O mesmo não ocorre quando a omissão deriva do descumprimento de um princípio, em função da maior abstração dessa espécie de norma, como, no exemplo, citado por Canotilho (p. 385, *apud* Andrade, 2009, p. 370), no caso de omissão parcial por ofensa ao princípio da igualdade derivada de situação de discriminação arbitrária, hipótese em que o reconhecimento da inconstitucionalidade somente se dará quando houver uma violação manifesta e grave do princípio da igualdade.

5.7 Da interpretação das regras constitucionais sob a perspectiva da efetividade do princípio da segurança jurídica: a força do texto para a estabilidade constitucional e a contenção do subjetivismo

É de Francesco Ferrara (1963) a lição de que "o juiz é o intermediário entre a norma e a vida", por transformar a regulamentação típica imposta pelo legislador na regulamentação individual das relações dos particulares. A sua função está em traduzir, na sentença, o comando abstrato da lei no comando concreto entre as partes, o que lhe confere a destacada condição de "*viva vox iuris*".

Humberto Ávila (2005, p. 25) ressalta que o Poder Judiciário, ao interpretar, constrói significados, mas enfrenta limites cuja desconsideração cria um descompasso entre a previsão constitucional e o direito constitucional concretizado.

Portanto, a pretexto de concretizar o texto constitucional, não se deve menosprezar seus sentidos mínimos. Há um ideal de racionalidade, de objetividade e de segurança jurídica a ser seguido pelo intérprete-aplicador visando reduzir o subjetivismo e o voluntarismo das decisões, conforme pondera Inocêncio Mártires Coelho (2007, p. 35).

Essa não é uma discussão de menor importância. Sobre os exageros relacionados ao ativismo judicial, Inocêncio Mártires Coelho (2007, p. 20-21) identifica um fenômeno preocupante no âmbito da jurisdição constitucional, consistente na *criatividade* interpretativa das cortes constitucionais ao realizar novas leituras dos enunciados normativos, chegando até mesmo a criar modelos jurídicos inteiramente novos, modelos autônomos, como os denomina Miguel Reale, procedendo o juiz como se fora legislador. Coelho (2007, p. 21) percebe essa atitude interpretativa como uma forma de se produzir novos enunciados, embora mantendo inalterada a sua roupagem verbal, "funcionando, então, esses operadores jurídicos como instâncias *heterônomas* de criação *abreviada* do direito". Nessa lógica, olha-se a Constituição não para interpretar, mas para criar o direito novo.

Não se configura, em tais hipóteses, uma simples mutação constitucional admitida pela maioria da doutrina enquanto alterações do âmbito ou da esfera da norma que ainda podem ser abrangidas pelo programa normativo, mas algo diverso, no qual se busca legitimar mudanças constitucionais manifestamente incompatíveis pelo programa da norma constitucional, a traduzir-se na existência de uma *realidade constitucional inconstitucional* (Canotilho, 2003, p. 1102).

Trata-se de uma postura judicial que não se legítima ou se justifica, mesmo que sob o argumento insubsistente de que não se pode aguardar as decisões legislativas.[106] Do ponto de vista crítico, pode-se afirmar que tal protagonismo judicial expressa, na verdade, um caminhar para o subjetivismo, o personalismo – personalização do sentido da norma –, o *solucionismo* desprovido de critérios racionais e objetivos, uma prestação jurisdicional com forte e clara conotação contrária ao Estado de direito democrático, à separação dos poderes e à segurança jurídica, o que certamente compromete a integridade e a estabilidade constitucional.

Inocêncio Mártires Coelho (2007, p. 33) enfatiza que o intérprete-aplicador tem o dever de prestar contas do seu trabalho interpretativo, o qual, para ser legítimo, "há de ser racional, objetivo e controlável, pois nada se coaduna menos com a ideia de Estado de Direito do que a figura de um oráculo despótico ou iluminado pairando acima da lei e dos critérios usuais de intepretação". Por isso, ao citar o pensamento de Gadamer, lembra que "só é possível uma hermenêutica jurídica onde a lei vincule, igualmente, todos os membros da comunidade jurídica, governantes e governados, legisladores e juízes", e essa é a razão pela qual, nos regimes de força, não existe hermenêutica.

A respeito das garantias para a estabilidade constitucional, José Afonso da Silva (2006, p. 133) pondera que o princípio da segurança

---

[106] Inocêncio Mártires Coelho (2007, p. 25-26) defende que, para que o direito possa operar efetivamente e dar a cada um o que é seu, os seus aplicadores devem funcionar como instâncias redutoras do descompasso entre os problemas sociais e as respectivas soluções legislativas (ajustamento entre normas e fatos), uma tarefa que apenas eles estão funcionalmente habilitados a desempenhar. O autor cita passagem de José Puig Brutau – com a qual não concordamos –, que coloca em descrédito o legislador ao afirmar que ele "só se decide a atuar quando o objetivo que se propõe já está traçado por uma série de necessidades acumuladas. O legislador nos dá a sensação de um míope equipado com uma arma poderosa".

jurídica fornece um conjunto de condições para tornar possível às pessoas o "conhecimento antecipado e reflexivo das consequências diretas de seus atos e de seus fatos à luz da liberdade reconhecida". Para esse constitucionalista, é a segurança jurídica que confere aos indivíduos a relativa certeza "de que as relações realizadas sob o império de uma norma devem perdurar ainda quando tal norma seja substituída".

Blanco de Morais (2000, p. 621) também discorre sobre o imperativo de garantia da certeza da ordem jurídica, destacando as suas dimensões de estabilidade, coerência e igualdade, as quais permitem "aos cidadãos organizarem a sua vida individual e social no respeito pela previsibilidade e calculabilidade normativa de expectativas de comportamento e das consequências derivadas das respetivas ações".

Reis Novais (2019, p. 267-268) tem desenvolvido um tratamento do princípio da proteção da confiança conexo à segurança jurídica. Para ele, a exigência de determinabilidade, clareza e suficiente densidade das normas legais e, particularmente, das normas restritivas é, em primeiro lugar, um fato natural e imediato da garantia da segurança jurídica. O autor explica que "o cidadão só pode conformar autonomamente os próprios planos de vida se souber com o que pode contar, qual a margem de liberdade de ação que lhe está garantida, o que pode legitimamente esperar sobre eventuais intervenções do Estado na sua esfera de autonomia pessoal".

Por sua parte, Maria Sylvia Zanella Di Pietro (2019, p. 161) indica que o princípio da segurança jurídica apresenta um aspecto objetivo e outro subjetivo. Pelo primeiro, assegura-se a estabilidade das relações jurídicas e, por meio do segundo aspecto, garante-se proteção à confiança ou confiança legítima. A autora (2019, p. 161) lembra que, em sua vertente subjetiva, o princípio teve origem no Direito alemão e foi, posteriormente, importado para a União Europeia. Origina-se numa elaboração do Tribunal Administrativo alemão em acórdão de 1957; em 1976, foi inserido na Lei do Processo Administrativo, sendo elevado à categoria de princípio de valor constitucional por interpretação do Tribunal Federal Constitucional. Sob o fundamento da proteção à confiança, foram mantidos atos ilegais e inconstitucionais, fazendo prevalecer a segurança jurídica em detrimento do princípio da legalidade. Logo, passou-se para o direito comunitário europeu em decisões da Corte de Justiça das Constituições Europeias, como "regra superior de direito" e "princípio fundamental do direito comunitário".

Di Pietro (2019, p. 161) diz que "o princípio da proteção da confiança leva em conta a boa-fé do cidadão que acredita e espera que os atos praticados pelo Poder Público sejam lícitos e, nessa qualidade, serão mantidos e respeitados pela própria Administração e por terceiros".

Com essa preocupação, Canotilho (2003, p. 256) enfatiza que o ser humano "necessita de segurança jurídica para conduzir, planificar e conformar autônoma e responsavelmente a sua vida" e, por isso, os princípios da segurança jurídica e proteção à confiança são elementos constitutivos do Estado de direito.

Para Inocêncio Mártires Coelho (2007, p. 111), a ideia de se estabelecerem parâmetros objetivos para controlar e racionalizar a interpretação deriva imediatamente do princípio da segurança jurídica, que "estaria de todo comprometida se os aplicadores do direito, em razão da abertura e da riqueza semântica dos enunciados normativos, pudessem atribuir-lhes qualquer significado, à revelia dos cânones hermenêuticos e do comum sentimento de justiça".

É possível falar-se, portanto, sobre segurança jurídica em relação à interpretação das regras constitucionais, de modo a assegurar que, quanto mais determinada for a regra, menor será o grau de discricionariedade interpretativo. Na medida em que o legislador fixa as fronteiras do campo interpretativo por meio de um enunciado normativo com qualidade e certeza semântica, confere-se aos destinatários da norma garantias de estabilidade e de confiança.

Nessa perspectiva, evita-se o subjetivismo e o personalismo, ao afastar interpretações que venham de encontro à letra do preceito, e cria-se nos cidadãos a convicção de que as suas decisões e os seus comportamentos, em conformidade com o sentido textual de tais regras, serão reputados lícitos e dignos de respeito. Tais premissas e conclusões estão alinhadas ao pensamento de Konrad Hesse.

Hesse (1983, p. 22-23) ensina que o efeito estabilizador e racionalizador da Constituição aumenta quando a Constituição é uma Constituição escrita, pois a clareza e a certeza jurídica geradas pelo texto constitucional conferem à sua concretização firmes pontos de referência. Observa, no entanto, que essa intenção falha quando a Constituição escrita não é mais considerada estritamente vinculativa pelo intérprete, que passa a acreditar que pode se impor a ela, sob o argumento de que as soluções obtidas dessa maneira podem ser, em alguns casos, mais adequadas do que as de uma interpretação mais literal.

A doutrina de Hesse enfatiza a força estabilizadora da Constituição escrita e de sua interpretação textual. Ela se contrapõe justamente àqueles que acreditam que podem deixar a Constituição de lado, invocando qualquer interesse aparentemente mais alto, mas cuja superioridade certamente será posta em causa. Nesse cenário de descumprimento, o autor prevê que a ideia básica da Constituição escrita vai sendo substituída por uma situação de insegurança produzida por uma constante luta de forças e opiniões que, em seus argumentos, não têm uma base de referência comum (Hesse, 1983, p. 23).

Hesse (1983, p. 23) ressalva, porém, que a vinculação à Constituição escrita não exclui um direito constitucional não escrito, pois a fixação em documento escrito não impede que o sistema vigente tenha lacunas, as quais podem ser complementadas pelo direito constitucional não escrito, que necessariamente deve estar submetido à Constituição escrita, objetivando o seu desenvolvimento e aprimoramento, mas sem se impor a ela.

Acerca dos limites da interpretação constitucional, Hesse (1983, p. 51-53), apoiando-se em Gadamer,[107] afirma que a interpretação está ligada a algo estabelecido e que seus limites se situam, portanto, ali onde não existe algo definido de forma vinculante pela Constituição. Ademais, salienta que pode haver disposições vinculantes contidas no direito constitucional não escrito, desde que elas não estejam em contradição com a Constituição escrita, eis que ela representa um limite intransponível da interpretação constitucional, de modo a garantir a sua força racionalizadora, estabilizadora e limitadora do poder. O autor (1983, p. 52-53) até mesmo admite a hipótese de uma mutação constitucional por meio da interpretação (*Verfassungswandel*), contudo, sem que isso implique numa ruptura constitucional (*Verfassungsdurchbrechung*), o que poderia se dar através de desvio do texto num caso concreto ou pela reforma da Constituição por meio da interpretação.

---

[107] É cediço que as teorias filosóficas que se dedicam à problemática da hermenêutica são responsáveis por relevantes contribuições para o Direito, mormente para a construção e o aperfeiçoamento de uma hermenêutica jurídica, especialmente a de índole constitucional. Gadamer (1997, p. 549) chama a atenção para a necessidade de se ter consciência de que a compreensão humana sempre é influenciada por diversos fatores, como o horizonte histórico, a cultura, os preconceitos e a linguagem, o que é algo revelador da própria finitude da experiência humana. Nessa perspectiva, Gadamer postula que a essência da hermenêutica está no diálogo, seguido de perguntas e respostas, no qual o intérprete interage abertamente com aquilo que se interpreta, buscando desvelar o seu significado por meio de questionamentos frutíferos, para que, ao longo desse processo de comunicação, se estabeleçam conceitos novos mais adequados e uma verdadeira fusão de horizontes. A teoria gadameriana pretende conferir um caráter de universalidade à hermenêutica, utilizando-se, para isso, de proposições filosóficas como a historicidade do compreender; a consciência histórica efeitual; o caráter especulativo da linguagem; e a dialética da pergunta e resposta, fundamentos estes que, juntamente com outros, foram considerados suficientes por Gadamer para constituir uma *hermenêutica filosófica* (Stein, 2002, p. 49).

Hesse (1983, p. 52-53) confere uma primazia ao texto na interpretação constitucional, como um verdadeiro limite para atuação do intérprete, de modo que as possibilidades de compreensão do texto delimitam o campo do pensamento tópico na resolução dos problemas. Enfim, Konrad Hesse reafirma a importância do texto como algo firme e vinculante (Coelho, 2007, p. 112).

Sob tais fundamentos doutrinários, pode-se concluir que, em termos de interpretação das regras constitucionais, o texto normativo tem importância fundamental para a estabilidade constitucional e a efetividade do princípio da segurança jurídica. Ao se fixarem as fronteiras do campo interpretativo mediante um enunciado normativo com qualidade e certeza semântica, confere-se, aos destinatários da norma, garantias de estabilidade e de confiança.

A qualidade semântica do enunciado de uma regra constitucional, revelada por meio de um texto normativo claro, preciso e desprovido de incertezas semânticas, dotado, portanto, de elevado grau de qualidade técnico-legislativa, é um fator que diminui a margem de discricionariedade interpretativa, favorecendo-se, dessa forma, a estabilidade constitucional e a efetividade do princípio da segurança jurídica.

Nessa perspectiva, evitar-se-á, de forma mais acentuada, o subjetivismo e o personalismo, ao afastar interpretações que venham de encontro à letra do preceito e cria-se, nos cidadãos, a convicção de que as suas decisões e os seus comportamentos, em conformidade com o texto normativo, serão reputados lícitos e dignos de respeito.

Caggiano (2020, p. 299) destaca que os esforços da Ciência da Legislação são exatamente voltados ao estudo sistematizado de fórmulas e mecanismos voltados a atender ao princípio da segurança jurídica, a priorizar a ideia da qualidade do direito, a confiança legítima e a sua previsibilidade.

Por sua vez, Soares (2009, p. 58) lembra que, às vezes, é a própria Administração Pública a responsável por tornar a legislação contraditória e ambígua, e, se não há clareza, ter-se-á problemas no plano da efetividade da legislação e, consequentemente, desconfiança nas instituições.

Infere-se, por conseguinte, que a qualidade formal do enunciado dos atos normativos, revelada por meio de um texto claro, preciso e desprovido de incertezas semânticas, e o respeito aos limites do campo interpretativo delineados no enunciado pelo legislador são fatores que contribuem para o desenvolvimento, a efetivação das políticas públicas e a construção de um ambiente de estabilidade e de segurança jurídica.

CAPÍTULO 6

CONCEITOS JURÍDICOS INDETERMINADOS COMO ESTRATAGEMA POLÍTICO

6.1 Conceituação e problemáticas relacionadas à interpretação e à aplicação dos conceitos jurídicos indeterminados

Há outro fator que merece ser abordado em função de sua correlação com a temática presente nesta obra. Refere-se, particularmente, à forma como se dão os debates parlamentares no processo de elaboração de leis e de políticas públicas, muitas vezes marcados por dificuldades imensas para a formação de consensos e pela utilização de conceitos jurídicos indeterminados de forma inadequada para a resolução de tais impasses. Dentre outros problemas,[108] essa prática tem potencial para comprometer a qualidade formal dos atos normativos, inclusive daqueles que criem políticas públicas, ocasionar complicações à atividade interpretativa e aplicação das normas e ensejar, em determinadas situações, a violação dos princípios do Estado de direito democrático, da segurança jurídica e da determinabilidade.

Embora complexa e de difícil percepção – pois envolve os bastidores das discussões e acordos parlamentares –, essa problemática pode ser objeto de investigação, como se pretende fazer nesta parte da

---

[108] Com base nos ensinamentos de Sousa (1994, p. 20 e 235), pode-se mencionar, como outros sérios problemas dos conceitos jurídicos indeterminados, notadamente em direito administrativo, a atribuição de poderes discricionários excessivos à Administração Pública e a diminuição da proteção jurídica dos administrados, especialmente no que concerne aos seus direitos fundamentais.

presente obra. Trata-se, portanto, da utilização de forma inadequada de conceitos jurídicos indeterminados como estratagema para a formação de maiorias parlamentares circunstanciais, isto é, para a obtenção de consensos em determinadas matérias. Essa prática parlamentar, por vezes adotando-se expressões vagas e imprecisas[109] quando há dificuldades de consensos, cria incertezas jurídicas e outras dificuldades.

Luís Roberto Barroso (2005, p. 244) explica que os conceitos jurídicos indeterminados contêm termos ou expressões de textura abertas, dotados de plasticidade, que "fornecem um início de significação a ser complementado pelo intérprete, levando em conta as circunstâncias do caso concreto". Nesse sentido, como a solução não se encontra integralmente no enunciado normativo, ao lidar com locuções como ordem pública, normas gerais, interesse social e boa-fé, dentre outras, "o intérprete precisa fazer a valoração de fatores objetivos e subjetivos presentes na realidade fática, de modo a definir o sentido e o alcance da norma". O autor registra que os conceitos jurídicos indeterminados de longa data integram a técnica legislativa e não são privativos do direito constitucional, podendo ser encontrados no direito civil, no direito administrativo e em outros domínios.

Doutrinariamente, Karl Engish (1988, p. 208) define tais conceitos como aqueles "(...) cujo conteúdo e extensão são em larga medida incertos". A expressão *conceitos indeterminados* alcança, portanto, apenas os conceitos dotados de elevado grau de indeterminação. Isso porque existe, entre os *conceitos indeterminados* e os *conceitos determinados*, para fins de sua caracterização adequada, apenas uma diferença de grau de indeterminação (Sousa, 1994, p. 24).

Sendo assim, para qualificar uma expressão normativa como um conceito indeterminado, é necessário submetê-la a todos os passos de um processo interpretativo para aferir se o resultado hermenêutico assim obtido comprova ser ela uma proposição normativa excessivamente indeterminada.

Reis Novais (2019, p. 271) ensina que a indeterminabilidade surge por diferentes razões. Ela pode decorrer da utilização de conceitos em

---

[109] Pedro Moniz Lopes (2017, p. 472) ensina que, sob critérios semânticos, a vaguidade e a imprecisão, juntamente com a polissemia, são tipos de ambiguidades linguísticas das palavras incluídas na frase normativa. Uma palavra é vaga quando os limites de sua denotação, ou seja, seu espectro semântico, são quantitativa ou qualitativamente incertos, como, por exemplo, "próximo", "bonito". Uma palavra é de textura aberta quando mostra potencial para imprecisão. A vaguidade é um predicado das palavras, enquanto a generalidade é um predicado das frases (descritivas ou normativas).

CAPÍTULO 6
CONCEITOS JURÍDICOS INDETERMINADOS COMO ESTRATAGEMA POLÍTICO | 155

si mesmos indeterminados; da vaguidade da linguagem; da polissemia (vários sentidos legítimos para o mesmo termo); da ambiguidade lexical (dificuldade em conhecer qual dos sentidos possíveis está a ser utilizado); do nível excessivo de generalidade ou de abstração; e, mesmo quando a linguagem do respectivo enunciado é precisa e inequívoca, a indeterminabilidade pode ainda resultar do próprio contexto de aplicação da norma.

Sobre essa temática, existe, ainda, um questionamento fundamental e, de certa forma, complexo que deve ser enfrentado, referentemente à diferença que há entre os princípios, as cláusulas gerais e os conceitos jurídicos indeterminados. Embora sejam categorias com diretrizes vagas e dotadas de significativo grau de abstração, existem diferenças que os distinguem.

Segundo Mazzei (2006, p. 54), com o fim de facilitar a compreensão da diferença entre os conceitos jurídicos indeterminados e as cláusulas gerais, é interessante "notar que, se efetuada classificação partindo da *norma vaga*, esta deve ser vista como *gênero,* sendo a cláusula geral e o conceito jurídico indeterminado *espécies* daquela". O autor (2006, p. 54-57) esclarece, todavia, que a diferença entre tais categorias reside, essencialmente, na dimensão da indeterminação em relação à estrutura da norma. No que diz respeito às cláusulas gerais, a indeterminação decorrente do uso de expressões vagas e imprecisas atinge tanto o conteúdo do seu enunciado normativo quanto às consequências jurídicas advindas da concretização do fato e sua subsunção à norma. A indeterminação alcança, portanto, o pressuposto (conteúdo normativo) e a consequência jurídica (solução normativa). Diferentemente, no que concerne aos conceitos jurídicos indeterminados, a indeterminação está apenas no conteúdo da norma, e não nas consequências jurídicas de seu descumprimento, posto que estas já estão previamente definidas e determinadas no sistema jurídico vigente.[110]

---

[110] Mazzei (2006, p. 54) discorre que, havendo "identidade quanto à vagueza legislativa intencional, determinando que o Judiciário faça a devida integração sobre a moldura fixada, a cláusula geral demandará do julgador mais esforço intelectivo. Isso porque, em tal espécie legislativa, o magistrado, além de preencher o vácuo que corresponde a uma abstração (*indeterminação proposital*) no conteúdo na norma, é compelido também a fixar a consequência jurídica correlata e respectiva ao preenchimento anterior. No conceito jurídico indeterminado, o labor é mais reduzido, pois, como simples enunciação abstrata, o julgador, após efetuar o preenchimento valorativo, já estará apto a julgar de acordo com a consequência previamente estipulada em texto legal." Portanto, no caso das cláusulas gerais, a solução a ser dada para o caso concreto que se ajusta ao antecedente da norma não é rigidamente conferida pelo sistema, devendo ser moldada pelo magistrado, conforme as exigências do caso concreto. Assim, "nas duas situações, o magistrado terá que

Por sua vez, sobre a diferenciação entre os princípios e as *normas vagas* (cláusulas gerais e conceitos jurídicos indeterminados), Teodoro (2019, p. 262) ensina que os princípios não são uma espécie de texto normativo como as *normas vagas*, mas uma espécie normativa, uma norma que estabelece um fim a ser atingido. Segundo a autora, são institutos que operam em níveis diferentes do fenômeno normativo, observado que "um princípio pode ser extraído de uma cláusula geral, e é o que costuma acontecer", e o texto de uma cláusula geral pode servir de suporte para o surgimento de uma regra.

Por isso mesmo, Mazzei (2006, p. 55-56) explica que tais pontos de diferença e de convergência permitem que igual expressão vaga possa funcionar de ambas as formas ou até mesmo como um princípio, dependendo das hipóteses de delimitação fixadas e da função que o conceito vago irá ter dentro do sistema jurídico, citando a lição de Nelson Nery Junior e Rosa Maria de Andrade Nery a esse respeito:

> Portanto, a mesma expressão abstrata, dependendo da funcionalidade de que ela se reveste dentro do sistema jurídico, pode ser tomada com princípio geral do direito (*v.g.*, princípio da boa-fé, não positivado), conceito legal indeterminado (*v.g.*, boa-fé para aquisição de propriedade pela usucapião extraordinária – CC 1.238 e1.260) ou cláusula geral (boa-fé objetiva nos contratos – CC 422). No exemplo dado, o que discrimina a expressão boa-fé, como princípio geral, conceito indeterminado ou cláusula geral, é a função que ela possui no contexto do sistema positivo ou não, da qual decorre a aplicabilidade que se lhe dará o julgador (interpretação, solução já prevista na lei ou construção de solução específica pelo próprio juiz).

Finalmente, digno de nota é o pensamento de Grau (2008, p. 195-205), segundo o qual não existem *conceitos indeterminados*, posto que todo conceito é uma soma de ideias que, para ser conceito, tem de ser, no mínimo, determinada. Para o autor, "se o conceito não for, em si, uma soma determinada de ideias, não chega a ser conceito". A posição de Grau (2008, p. 197) é no sentido de que "a reiteradamente referida indeterminação dos conceitos não é deles, mas sim dos termos que os expressam. Ainda que o termo de um conceito seja indeterminado, o

---

primeiro preencher um espaço valorativo para, posteriormente, aplicar a consequência jurídica que decorre da integração, sendo que, na cláusula geral o julgador concorrerá para a formulação da norma jurídica, por não estar ela previamente desenhada, situação desnecessária quando estiver defronte ao conceito jurídico indeterminado, já que a consequência jurídica estará fixada no dispositivo" (Mazzei, 2006, p. 55).

CAPÍTULO 6
CONCEITOS JURÍDICOS INDETERMINADOS COMO ESTRATAGEMA POLÍTICO
157

conceito é signo de uma significação determinada". Nesse sentido, defende que os conceitos cujos termos são ambíguos ou imprecisos necessitam ser complementados por quem os aplique com dados extraídos da realidade, inclusive "na consideração das concepções políticas predominantes, concepções essas que variam conforme a atuação das forças sociais" (Grau, p. 200-201).[111]

Isso posto, feitas essas diferenciações e sabendo-se que integram de longa data a técnica legislativa, importa considerar que o uso dos conceitos jurídicos indeterminados pode suscitar significativos problemas e dificuldades em relação à sua interpretação e aplicação.

Nesse sentido, Sousa (1994, p. 15-18) adverte que, em relação à vinculação da Administração à norma jurídica e ao controle jurisdicional, uma das principais dificuldades surgidas é a que se relaciona com a interpretação e aplicação dos conceitos legais indeterminados.[112] O autor explica que essas dificuldades são de duas espécies.

Por um lado, definir a correta compreensão do próprio conceito e, num segundo momento, decidir sobre a sua correta aplicação ao caso concreto. Assim, a primeira fase envolve a "(...) precisa apreensão

---

[111] Relativamente a essa questão terminológica, não se adere, nesta obra, ao posicionamento de Eros Roberto Grau. No entanto, importa consignar que Grau (2008, p. 198-201) opta, em sua reflexão, por distinguir entre os conceitos jurídicos, *(i)* os meramente formais, *(ii)* as *regulae juris* e *(iii)* os tipológicos *(fattispecie)*, que cumpririam diferentes funções na linguagem jurídica, apoiando o seu pensamento em Ascarelli (1952). Para o autor, os conceitos jurídicos que se apontam como "indeterminados" são, na verdade, os tipológicos *(fattispecie)*, consistindo, universalmente, em "expressões da história e indicam os ideais dos indivíduos e grupos, povos e países; ligam-se a esquemas e elaborações de caráter lógico independentemente das quais é eventualmente impossível a disciplina e que poderão ser diferentes, mesmo obedecendo, cada uma, a uma coerência própria, bem como a preocupações e hábitos econômicos e a fés religiosas; à história do Estado e à estrutura econômica; a orientações filosóficas e a concepções do mundo (Ascarelli 1952/XIV). Referem-se a fatos típicos da realidade (Comparato 1983/269). Aí encontramos conceitos cujos termos são, v.g., 'boa-fé', 'bom pai de família', 'coisa', 'bem', 'causa', 'dolo', 'culpa', 'erro'. Atribuir significado a esses termos equivale à identificação das espécies de fato alcançadas por um texto normativo (Meroni 1989/283)". Grau (2008, p. 201-202) acrescenta que, na evolução do seu pensamento, acredita ter encontrado outra explicação para o fenômeno dos "conceitos jurídicos indeterminados". Dessa feita, apoiando-se em Sartre, Grau faz uma diferenciação entre "conceitos" e "noções", observando que, onde a doutrina brasileira erroneamente pensa haver conceito indeterminado, há, na verdade, a *noção jurídica*, a qual pode ser definida "como ideia que se desenvolve a si mesma por contradições e superações sucessivas e que é, pois, homogênea ao desenvolvimento das coisas", o que Grau identifica, sumariamente, como ideia temporal e histórica, homogênea ao desenvolvimento das coisas, logo, passível de interpretação.

[112] Sousa (1994, p. 17) cita alguns conceitos de interpretação difícil e aplicação ainda mais complexa, tais como *idoneidade; aptidão; ordem e segurança públicas; valor histórico; valor monumental; afetação da paisagem; necessidades do trânsito; moral pública.*

do seu sentido e da sua amplitude, da sua precisa compreensão como categoria conceptual" (Sousa, 1994, p. 18). A segunda tarefa refere-se à aplicação do conceito ao caso concreto e os inúmeros problemas que tal operação suscita, material e juridicamente.[113]

É que os conceitos indeterminados, conforme explana Cardoso (1994, p. 48), "(...) consubstanciam uma ausência de valoração legislativa e por esse motivo obrigam o intérprete-aplicador a proceder a valorações adicionais". O legislador voluntariamente se desincumbe de sua tarefa de fixar uma densidade às normas que aprova. Essa abertura normativa acaba fatalmente conferindo ao Judiciário – e por vezes ao Executivo –, um poder extraordinário e uma posição de protagonista nessa matéria, na medida em que lhe competirá o papel principal de fixar o conteúdo e o alcance de tais conceitos, estabelecendo os limites e os critérios para a sua concretização.

De fato, leis com expressões vagas e conceitos indeterminados ou obscuros resultam numa delegação tácita para o Judiciário, que terá, pela via interpretativa, que definir seu sentido e alcance, resolvendo, dessa forma, problemas complexos, o que pode resultar em insegurança jurídica e, inclusive, encargos e sobrecarga para o sistema de justiça.

Reis Novais (2019, p. 268) observa que a exigência de determinabilidade tem uma dimensão competencial ligada à separação de poderes, incluindo a reserva de lei e o princípio democrático. De acordo com o ensinamento desse autor, uma limitação ou possibilidade de limitação dos direitos fundamentais não suficientemente determinada no plano legislativo transfere, inevitável ou tendencialmente, do legislador para outras instâncias, a fixação concreta do essencial do sentido, grau e alcance das intervenções restritivas da autonomia, liberdade e bem-estar individuais. O autor acrescenta que isso reflete-se ainda na própria sindicabilidade judicial da decisão e na incerteza quanto à intensidade do respectivo controle, já que, na ausência de pressupostos legais bem definidos, "a previsibilidade quanto à natureza do respectivo controlo judicial dilui-se proporcionalmente à consequente plasticidade dos parâmetros de controlo a que o juiz pode recorrer".

---

[113] Bix (2000, p. 215) comenta que, na Inglaterra, até recentemente, não se podia consultar o registro dos debates legislativos para determinar o significado de uma lei. O autor relata que, em vez disso, o foco concentrava-se (e ainda concentra-se) no sentido "literal" ou "simples" da lei, como Lord Reid explicou: "Estamos buscando o significado das palavras que o Parlamento usou. Não estamos buscando o que o Parlamento quis dizer, mas o verdadeiro significado do que disse".

CAPÍTULO 6
CONCEITOS JURÍDICOS INDETERMINADOS COMO ESTRATAGEMA POLÍTICO | 159

Como sintetizam com precisão Rubens Naman Rizek Junior e Ricardo Pedro Guazzelli Rosario (2020, p. 312), no mundo das ambiguidades, das imprecisões e das incertezas, "os fortes ficam mais fortes e os fracos mais vulneráveis, prostrados, esperando que os conflitos acabem sendo resolvidos fora dos fóruns legislativos, que foram eleitos e que apenas teoricamente seriam os legítimos para escrever o direito", e tudo isso, segundo os autores, golpeia fortemente a democracia.

Esse quadro gera, da mesma forma, desequilíbrio em relação ao Executivo, eis que a opção do legislador pelo uso de conceitos jurídicos indeterminados na esfera do direito administrativo implica a necessidade de o Executivo, ao interpretar e aplicar tais cláusulas, buscar na ordem jurídica o sentido e o limite próprios para as suas ações, cada vez menos submetidas a prescrições legais específicas.

Há, dessa forma, o crescimento do espaço de atuação do Executivo em função da ausência de parâmetros legais específicos aos quais a ação administrativa esteja vinculada. Essa situação de insegurança e de indeterminação gerada pelo Legislativo tem contribuído, ainda, para o aumento de ações judiciais visando ao controle de atos administrativos e levado a uma necessária rediscussão da questão relacionada ao exame judicial do *mérito administrativo*.

Sobre essa questão, o Tribunal Constitucional de Portugal possui jurisprudência no sentido de que a exigência de um especial cuidado em matéria de determinabilidade da lei ou de densificação normativa resulta do princípio da legalidade administrativa (artigo 266.º, nº 2, da Constituição de Portugal), na sua vertente da precedência da lei. Como se afirmou no Acórdão nº 296/2013 (II, 46):

> (...) a norma legal habilitante da atuação administrativa tem de apresentar um mínimo de densidade, i.e., tem de conter uma disciplina suficientemente precisa (densa, determinada), de forma a, no mínimo, poder representar um critério legal orientador da atuação para a administração, permitindo o respetivo controlo por juízos de legalidade e a defesa dos direitos e interesses dos cidadãos. A falta de um critério legal efetivo, garantindo a imparcialidade e evitando a arbitrariedade, priva a função administrativa de parâmetro de atuação.

Na esfera das normas jurídicas administrativas, Sérvulo Correia (2008, p. 32-57) faz a distinção entre aqueles conceitos difíceis passíveis de uma concretização plenamente hermenêutica (conceitos classificatórios), e os conceitos jurídicos indeterminados em sentido próprio. Na primeira categoria se enquadram os conceitos – impropriamente considerados *indeterminados* –, estatuídos em normas jurídicas administrativas, "cujo sentido limiar não é claro, mas cuja dificuldade de entendimento deve ser resolvida através de um raciocínio hermenêutico passível de refutação objectiva (raciocínio teorético-discursivo)", suscetível, por isso, a um amplo controle jurisdicional, no qual o juiz tem a última palavra sobre o sentido e a forma correta de aplicação legal do conceito. Em contrapartida, submetidos a outra solução e regime jurídico, encontram-se os conceitos propriamente indeterminados, que são aqueles em que o legislador comete à Administração uma concretização baseada num juízo de prognose ou de valoração metajurídica, juízo este inserido no domínio da política administrativa e insusceptível, assim, de infirmação objetiva pelo juiz, contanto que o ato administrativo tenha atendido, previamente, os limites postos pelo sistema constitucional e legal (controle jurisdicional reduzido).[114]

Marcelo Rebelo de Sousa e André Salgado de Matos (2004, p. 183-186) ensinam que as normas jurídicas têm uma tradução textual

---

[114] Sérvulo Correia (2008, p. 32-57) explica que se tratam de duas realidades funcional e metodologicamente distintas e que não devem ser misturadas, portanto, sob a única locução de *conceito jurídico indeterminado*. Em síntese, têm-se, no primeiro caso, os conceitos de difícil aplicação em geral (conceitos classificatórios), os quais são passíveis de uma concretização plenamente hermenêutica. Já na hipótese dos conceitos jurídicos indeterminados, o "preenchimento da incompletude não pode ser confiado a um discurso hermenêutico", porque a abertura da norma que confere margem de livre decisão administrativa não remete para uma operação intelectual explicativa e demonstrativa, mas para um ato de volição caracterizado por uma decisão isolada de prognose ou de valoração extrajurídica. Ao invocar a questão da consistência metodológica e do rigor dogmático, o autor (2008, p. 48-49) adverte que, no quadro do Direito Administrativo, a problemática dos conceitos jurídicos indeterminados não deve ser equacionada do mesmo modo como o é nos demais ramos da ordem jurídica, pois, nessa seara, ela assume um cariz específico por força da intervenção do princípio da separação de poderes e da impossibilidade, assim, de o juiz usurpar as competências da Administração. Dessa forma, entende que, quando se tratar de um conceito normativo de direito administrativo indeterminado em sentido próprio – e não de um mero conceito classificatório ou conceito de imprecisão hermeneuticamente resolúvel –, não vale o exemplo ou o modelo sistemático dos outros ramos de Direito porque, desta feita, "a indeterminação traduz uma objectiva abertura da norma, contendo uma habilitação para o exercício de juízo de avaliação, prognose e ponderação próprios do exercício da função administrativa". Neste caso, "não cabe ao juiz sindicar o respeito de parâmetros legislativos que não existem" ou mesmo assumir a tarefa administrativa de configurar cada caso. Sérvulo Correia (2008, p. 51) afirma, porém, que a conclusão a respeito da natureza e do sentido do correspondente conceito sempre dependerá de uma interpretação da norma para apurar se, efetivamente, envolve "uma situação objectiva, sempre determinável do mesmo modo", ou, pelo contrário, o "desígnio de remeter para o aplicador administrativo um juízo de avaliação e, ou, prognose fundado em *standards* metajurídicos". Desse modo, examina-se, diante desse quadro condicionado pela linguagem, se um determinado conceito é, respectivamente, classificatório ou indeterminado.

e, por isso, estão sujeitas às contingências da linguagem, observado que uma delas é a indeterminação vocabular, "todas as palavras comportam alguma incerteza semântica". Segundo tais autores, não é possível sustentar que a utilização de quaisquer conceitos indeterminados nas previsões das normas legais tem sempre como consequência a criação de uma margem de livre apreciação administrativa. Todavia, para eles, "é evidente que, em determinadas situações, os conceitos indeterminados levam a que não se possa considerar existir apenas uma solução correcta para a decisão de um caso concreto, ou pelo menos a que haja dúvidas acerca de qual é a tal solução".

Reis Novais (2019, p. 269) pondera que isso não significa que à Administração deva ser negado qualquer discricionaridade ou margem de livre decisão no domínio dos direitos fundamentais, mas que "a restrição deve ser, tanto na previsão normativa quanto nas consequências jurídicas, estrita, clara e precisamente enunciada", de maneira que o cidadão "possa conhecer o sentido e alcance da lei e, consequentemente, prever com elevada probabilidade que tipo de intervenções restritivas pode a Administração levar a cabo e até onde ela pode ir".[115]

Feitas essas considerações, examina-se, a seguir, a controvérsia relacionada à utilização inadequada dos conceitos jurídicos indeterminados como estratégia política para a formação de maiorias parlamentares em determinadas votações.

6.2 Debates parlamentares e as dificuldades na formação de consensos

Sabe-se que os debates parlamentares no processo de elaboração das leis e dos demais atos normativos, dentre os quais se incluem aqueles que criam políticas públicas, são muitas vezes marcados por dificuldades imensas para a formação de consensos. Essa é uma realidade que exige do Parlamento a capacidade de articular saberes diversos, ouvir múltiplas vozes e construir soluções comprometidas com a sociedade que representa.

---

[115] Em sua abordagem, Reis Novais (2019, p. 269) procede ao tratamento conjunto e autonomizado dos comandos normativos do princípio da determinabilidade, sobretudo pelo fato "de que a sua análise repartida pelo estudo dos diferentes princípios com que mantém afinidade ou onde se integra reduz e afecta objectivamente a percepção da importância das exigências de determinabilidade das normas de direitos fundamentais em Estado de Direito."

Pires (2009, p. 133) assevera que, devido à natural fragmentação de interesses da sociedade, as pautas legislativas, de modo geral, já por si geram tensões no processo discursivo, pois a intervenção legislativa, apesar do seu caráter de generalidade, representa uma leitura parcializada das alternativas de solução e a lei, como expressão política do poder do Estado e da ordem jurídica, a todos obriga, com suas dotações positivas ou prescrições negativas.

Lembra que legislar e definir condutas significa, a um só tempo, censurar ou acatar padrões sociais; estabelecer comandos impositivos de conformação de políticas públicas representa acolher ponderações variáveis e até legitimamente ideologizadas e afastamento de outras; fixar critérios legais alocativos de recursos, especialmente em face de limites contingentes e demandas concorrentes em disputa pelas disponibilidades orçamentárias, com a definição das que se devem contemplar e das que se devem preterir. Por tudo isso, a opção regulativa, ao definir prioridades estatais, "é um exercício dinâmico e tensional, cuja conformação democrática pressupõe a discussão, o debate, ou, em melhor estágio, o diálogo" (Pires, 2009, p. 134).

Não obstante os governos possuam e se esforcem para manter uma base de apoio parlamentar como forma de garantir a aprovação de seus projetos político-administrativos, é cediço que o processo de fragmentação inerente aos interesses de uma sociedade marcadamente plural e multifacetada é propício ao surgimento de conflitos e de dificuldades para a formação de consensos em torno de determinadas matérias complexas submetidas ao Parlamento.

Sobre esse dilema, Abranches (1988, p. 6-8) menciona que, no plano macropolítico, há um claro *pluralismo de valores*, por meio do qual "diferentes grupos associam expectativas e valorações diversas às instituições, produzindo avaliações acentuadamente distintas acerca da eficácia e da legitimidade dos instrumentos de representação e participação típicos das democracias liberais". Segundo o autor, não há uma adesão generalizada a determinado perfil institucional, mas matrizes extremamente diferenciadas de demandas e expectativas em relação às ações do setor público. Ao mesmo tempo, Abranches (1988, p. 7) afirma que "o Estado cresceu e burocratizou-se e a organização política seguiu estreita e incapaz de processar institucionalmente toda essa diversidade, de agregar e expressar com eficácia e regularidade a pluralidade de interesses e valores".

Nesse mesmo sentido, ao analisar o sistema político brasileiro, Blanco de Morais (2018, p. 406-419) identifica-o, apoiando-se na

CAPÍTULO 6
CONCEITOS JURÍDICOS INDETERMINADOS COMO ESTRATAGEMA POLÍTICO | 163

definição de Abranches (1988),[116] como um *Presidencialismo de Coalizão*, fruto de uma composição parlamentar multipartidária, o que implicaria "a formação de executivos apoiados em grandes coligações com dois eixos, o partidário e o estadual", suscetíveis a conflitos e riscos de rotura, mitigando a autoridade presidencial, sob uma cláusula compromissória sujeita a "equilíbrios variáveis entre o Presidente e o Congresso e entre os parceiros da coligação que no Congresso sustentam o executivo".

Consoante exposto por Blanco de Morais (2018, p. 407), as experiências presidenciais brasileiras, após o novo sistema político criado em 1988, têm sido marcadas por um presidencialismo consociativo e débil, em que o Presidente, sobretudo por meio de compensações, vantagens e nomeações, tenta ditar os rumos da agenda política, respaldando-se numa maioria parlamentar fluida e movediça, cuja dimensão patológica revela-se pelos sucessivos escândalos, especialmente do "Mensalão" e da "Lava Jato", os quais evidenciam que o alto preço da estabilidade e do fortalecimento do Presidente tem como contrapartida o financiamento ilegal dos partidos e a "distribuição de favores financeiros entre dirigentes políticos e entre partidos da coligação, feitos à custa de desvio de avultadíssimos recursos de empresas públicas e da viciação de concursos entre estas e entidades privadas".

Blanco de Morais (2018, p. 416-418) acrescenta que o Congresso brasileiro é determinante na dinâmica desse *presidencialismo de coalisão*, conjugado com um sistema partidário fluído e desestruturado com quase três dezenas de partidos com representantes na Câmara dos Deputados, um "fenômeno inusual em qualquer democracia", cuja desestruturação e fragmentação parlamentar favorece, nomeadamente, a existência de "coligações fluidas cozinhadas pela Presidência em troca de favores num quadro de feudalismo patrimonialista pós-moderno"; a infidelidade partidária; o enfraquecimento das forças de oposição mais afirmativas; um "consociativismo fosco que não permite distinguir governo e oposição"; a criação de "um mega-partido charneira, o PMDB", que profissionalizou-se como "parceiro de alianças de governo e obter as correspondentes vantagens a nível federal e estadual"; a dificuldade na

---

[116] Abranches (1988, p. 21) ressalta uma característica singular da experiência brasileira: o Brasil é o único país que, além de combinar a proporcionalidade, o multipartidarismo e o "presidencialismo imperial", organiza o Executivo com base em grandes coalizões. Argumenta que significa "um sistema caracterizado pela instabilidade, de alto risco e cuja sustentação baseia-se, quase exclusivamente, no desempenho corrente do governo e na sua disposição de respeitar estritamente os pontos ideológicos ou programáticos considerados inegociáveis, os quais nem sempre são explícita e coerentemente fixados na fase de formação da coalizão" (Abranches, 1988, p. 27).

disciplina de bancada, "fragilizada pelo poder de atração do Presidente, dos governadores dos estados, dos lobbies transversais e dos puxadores de voto", constituindo o Congresso brasileiro, por tudo isso, como um "fraco polo de poder e um débil contraponto ao Executivo".[117]

Realmente, a experiência brasileira tem demonstrado que essa fragmentação parlamentar impede o chefe do Executivo de articular majoritariamente as políticas públicas. O *presidencialismo de coalisão* funciona bem somente quando o Presidente da República é um bom articulador político, mas isso implica um preço alto para contentar os partidos políticos. Nesse cenário, tem ganhado força a ideia de adoção no Brasil do *semipresidencialismo*, sistema político vigente em países como França e Portugal.

Como adverte Abranches (1988, p. 27), em formações mais heterogêneas e de mais conflito, como o *presidencialismo de coalisão*, que inclui maior número de parceiros e admite maior diversidade ideológica, a probabilidade de instabilidade e a complexidade das negociações são muito maiores. É um contexto político que estimula a fragmentação e a polarização e que requerer, portanto, para resolução de conflitos e formação de *consensos parciais*, "mecanismos e procedimentos institucionais complementares ao arcabouço representativo da liberal-democracia".

E são justamente esses fatores políticos, ao expressarem um contexto de fragmentação parlamentar e de significativas dificuldades para a formação de consensos, que provocam sérias consequências na atividade legislativa e na própria questão relacionada à redação das normas. Às vezes, para se obter consensos, opta-se por dizer quase nada ou muito pouco e, outras vezes, a estratégia é transferir o problema ao

---

[117] Morais (2018, p. 414-419) sustenta, ainda, que esse quadro de crescente debilitação das instituições políticas eleitas provocou um novo protagonismo político do Supremo Tribunal Federal, que passou a intervir mediadoramente na própria política, como poder arbitral e moderador, numa "aura de apreço público", operando "como corretor e freio ao Congresso e como limite, não particularmente intenso, ao Presidente". O autor considera que, nesse contexto, o STF "logrou auto-investir-se de prerrogativas que lhe permitem exercer materialmente todos os poderes", a exceder largamente o simples controle de constitucionalidade, nem sempre de forma consentânea com o princípio da separação de poderes, observado que algumas decisões, de viés mais político e ativista, já começaram a ser criticadas na opinião pública. Morais (2018, p. 418) alerta que, "na medida em que o STF entre mais profundamente na política, exercendo funções moderadoras e arbitrais, verá esmaecer os seus atributos fundamentais de distância e imparcialidade, passando a agir com um órgão político comum, expondo-se ao desgaste de popularidade e de legitimidade inerente a esse estatuto bem como a projetos de reforma que redefinam os seus poderes".

CAPÍTULO 6
CONCEITOS JURÍDICOS INDETERMINADOS COMO ESTRATAGEMA POLÍTICO

Judiciário ou ao Executivo, os quais ficarão encarregados de interpretar e aplicar enunciados normativos articulados com expressões vagas, imprecisas e sem determinabilidade.

Segundo a análise de Antão de Moraes (1999, p. 780), o legislador, por vezes, teme as consequências de ser leal para com a nação e, acovardado ante esse apuro, "cobre-se com a fórmula vaga e imprecisa, deixando ao intérprete e ao Juiz a tarefa que era dele: dizer o que vigora e o que não vige". De acordo com o autor, ao não se afastar de sua timidez habitual, o legislador prefere comodamente pairar na região das generalidades e, quando teme deixar de fora algum possível problema, alarga tanto o círculo de sua previsão que cai no vício de que falava o padre Antonio Vieira: abarcar muito e apertar pouco. Para o autor, o resultado dessa grave situação é a jurisprudência às voltas com o problema de saber onde enquadrar devidamente a hipótese, na medida em que "quando não peca por demasia, é por curtez de visão que erra. Dizendo menos do que deveria, melhor seria nada ter dito. Ficava, assim, o intérprete livre de procurar a solução fora desse leito de Procusto".

É certo que existem casos excepcionais em que o emprego de conceitos jurídicos indeterminados é verdadeiramente útil e adequado do ponto de vista da Legística e da melhor qualidade da legislação. Há situações em que se requer um maior grau de indeterminação e de plasticidade no enunciado para possibilitar a gradativa construção de sua normatividade e certa longevidade dentro do sistema vigente. No entanto, essa deve ser uma escolha baseada em critérios técnicos e não motivada unicamente por fatores e estratagemas políticos.

Nesse sentido, Reis Novais (2019, p. 274) ressalta que o recurso aos conceitos mais indeterminados ou a padrões normativos mais vagos é, muitas vezes, uma necessidade, sobretudo em domínio de direitos fundamentais. O autor explica que a multiplicidade de fenômenos imprevistos e distintos a que as correspondentes normas vão ser aplicadas "exigem a utilização de fórmulas de alto nível de abstração sem o que não conseguiriam funcionar como normas de conduta viáveis, seja para a administração, seja para os particulares".

Acrescenta que a vaguidade intencionalmente adotada está ligada diretamente à garantia de duração e de continuidade do direito vigente e da sua possibilidade de adaptação a situações novas ou não previstas. Segundo o autor, esse recurso é especialmente exigível na seara constitucional e nas normas de direitos fundamentais, em razão da "vocação natural para perdurarem no tempo, com capacidade de flexibilidade e poder de adaptabilidade a realidades em permanente mutação" (Novais, 2019, p. 274).

Todavia, à exceção dessas hipóteses circunstancialmente desejáveis, a redação legislativa não deve ser utilizada para se criar apenas a sombra daquilo que deveria ser, em termos legísticos, uma escultura completa e determinada. O emprego inadequado, na redação legislativa, de expressões vagas e imprecisas – classificáveis, normativamente, na categoria de conceitos jurídicos indeterminados –, compromete a qualidade formal dos atos normativos e gera insegurança jurídica e graves problemas à atividade interpretativa, à aplicação das normas e à separação dos poderes.

Aliás, como se verá no estudo de caso, esse estratagema pode ter sido efetivamente utilizado pelo Parlamento brasileiro para viabilizar a aprovação da Lei de Abuso de Autoridade. É válido ter como referência, portanto, para melhor compreensão dessa problemática, o processo de aprovação desta norma no Congresso Nacional, a qual foi promulgada e publicada como Lei nº 13.869, de 5 de setembro de 2019.

Impende esclarecer, neste ponto, que, embora o assunto da Lei de Abuso de Autoridade não se conecte diretamente ao tema das políticas públicas que constitui o cerne desta obra, o estudo desse caso é importante porque visa analisar a hipótese, levantada na parte introdutória desta obra, sobre a utilização inadequada de conceitos jurídicos indeterminados como estratagema político para viabilizar acordos e formar maiorias parlamentares circunstanciais, em determinados contextos de impasses para a formação de consensos no Legislativo.

A investigação desse caso tem correlação com o objeto deste livro, pois essa prática de utilização inadequada dos conceitos jurídicos indeterminados como estratagema político é algo que pode atingir toda e qualquer proposição legislativa, independentemente da sua natureza e de seu conteúdo, inclusive aquelas instituidoras de políticas públicas.

Não se desconhece que essa prática parlamentar – por vezes, adotando-se expressões vagas e imprecisas quando há dificuldades de consensos – é um tanto complexa e de difícil percepção, na medida em que envolve os bastidores das discussões e acordos parlamentares. Apesar dessas dificuldades, é útil a investigação dessa problemática no contexto desta obra, visto que essa é uma prática que pode comprometer a qualidade formal dos atos normativos em geral, até mesmo daqueles que criem políticas públicas.

Sendo assim, ao tratar sobre o tema das políticas públicas, torna-se perceptível o interesse e a utilidade de se investigar determinados mecanismos políticos que influenciam o debate, a redação e a aprovação dos atos normativos na esfera do Legislativo, com potencial para comprometer a sua qualidade e, bem assim, acarretar graves prejuízos à atividade interpretativa e à aplicação das normas e ensejar a violação aos princípios do Estado de direito democrático e da segurança jurídica.

6.3 Estudo de caso: debate e aprovação da nova Lei de Abuso de Autoridade (Lei nº 13.869, de 2019). Da violação dos princípios do Estado de direito democrático, da tipicidade penal e da segurança jurídica

A proposição legislativa que deu origem à Lei nº 13.869, de 2019, tramitou durante dois anos no Congresso Nacional, iniciando-se no Senado Federal por meio de dois projetos de lei, um de autoria do senador Randolfe Rodrigues e outro de autoria do senador Renan Calheiros, que foram aglutinados, posteriormente, numa proposta substitutiva do senador Roberto Requião, que resultou na versão final do texto aprovado no Senado e confirmado pela Câmara dos Deputados sem mudanças.[118]

O Brasil já tinha uma lei contra abusos de autoridade, a Lei nº 4.898, de 9 de dezembro de 1965, que foi expressamente revogada pela nova legislação, a qual veio a definir um total de 45 (quarenta e cinco) condutas como abuso de autoridade.

A discussão dessa matéria foi marcada por intensos debates no Parlamento, com posicionamentos conflitantes e várias críticas, notadamente no sentido de que se tratava de uma reação à Operação Lava Jato, impulsionada por políticos que estavam sendo por ela investigados, e de que o texto da proposição era extremamente vago ao definir os tipos penais e gerava, assim, insegurança jurídica.

---

[118] O Projeto de Lei nº 85/2017, do senador Randolfe Rodrigues, e o Projeto de Lei nº 280/2016, do senador Renan Calheiros, foram unidos e tramitaram de forma conjunta, após a Comissão Diretora do Senado Federal aprovar o Requerimento nº 218, de 2017, de autoria da senadora Vanessa Grazziotin, que solicitou, nos termos do art. 258 do Regimento Interno do Senador Federal, a tramitação conjunta de tais proposições. Informações disponíveis em: https://www25.senado.leg.br/web/atividade/materias/-/materia/128545. O substitutivo do senador Roberto Requião está disponível em: https://legis.senado.leg.br/sdleg-getter/documento?dm=5235387&ts=1575987206889&disposition=inline. O autógrafo de lei aprovado pelo Senado Federal e encaminhado à apreciação da Câmara dos Deputados está disponível em: https://legis.senado.leg.br/sdleg-getter/documento?dm=5287032&ts=1575987206818&disposition=inline. Acesso em: 03 jul. 2024.

Sobre os debates parlamentares, a agência de notícias do Senado Federal produziu uma matéria a esse respeito, em que destaca o posicionamento a favor e contra de vários senadores e também a opinião de juristas. Em sua fala, o senador Oriovisto Guimarães afirma que o texto é vago e sujeito a interpretações, o que gera insegurança aos agentes públicos, especialmente integrantes do Judiciário, opinião esta compartilhada pelo senador Álvaro Dias.[119]

E foi exatamente sob esse fundamento de generalidade e de abertura do texto da propositura, propício a gerar insegurança jurídica, que o Presidente da República vetou 7 (sete) artigos, conforme exposto na Mensagem nº 406, de 5 de setembro de 2019.[120]

Percebe-se, pela análise da transcrição dos referidos dispositivos e das justificativas do veto, que, para todos os vetos destacados, a justificativa é praticamente a mesma: generalidade do texto, que gera insegurança jurídica e problemas de interpretação.

No entanto, ao apreciar um total de 33 (trinta e três) dispositivos vetados, o Congresso Nacional rejeitou o veto em relação a 18 (dezoito) deles, dentre os quais aqueles que incidiam sobre os arts. 9º e 20, ora transcritos, os quais foram promulgados e entraram em vigor.[121] Note-se que, relativamente aos arts. 14, 17, 26, 34 e 35, o veto foi mantido.

A posteriori, a Associação dos Magistrados Brasileiros – AMB –, ingressou com uma Ação Direta de Inconstitucionalidade perante o Supremo Tribunal Federal em face da Lei nº 13.869, de 2019. Relativamente aos artigos 9º e 20, a alegação de incompatibilidade com o sistema constitucional vigente funda-se, nomeadamente, no princípio da segurança jurídica (CF, art. 5º, *caput*) e na violação do princípio constitucional da tipicidade dos delitos (CF, art. 5º, XXXIX), eis que a redação de tais dispositivos teria criado tipo penal aberto insuscetível de ser integrado pelo julgador.[122]

O caso da Lei de Abuso de Autoridade demonstra que o Parlamento, em determinadas situações, tem se utilizado, inadequadamente,

---

[119] Disponível em: https://www12.senado.leg.br/noticias/infomaterias/2019/09/lei-contra-abuso-de-autoridade-chega-a-forma-final-em-meio-a-controversia. Acesso em: 03 jul. 2024.

[120] Documento disponível digitalmente em: http://www.planalto.gov.br/ccivil_03/_ato2019-2022/2019/Msg/VEP/VEP-406.htm. Acesso em: 03 jul. 2024.

[121] Cf. Veto nº 31/2019. Informações disponíveis em: https://www.congressonacional.leg.br/materias/vetos/-/veto/detalhe/12525. Acesso em: 03 jul. 2024.

[122] Cf. ADI nº 6.236, cuja petição inicial encontra-se disponível em: http://redir.stf.jus.br/estfvisualizadorpub/jsp/consultarprocessoeletronico/ConsultarProcessoEletronico.jsf?seqobjetoincidente=5784525. Acesso em: 03 jul. 2024.

dos conceitos jurídicos indeterminados para a composição de interesses e a formação de maiorias parlamentares, com graves prejuízos à segurança jurídica e à atividade interpretativa das normas.

No caso em estudo, esse pode ter sido um estratagema utilizado pelo Parlamento brasileiro para a formação de consenso e maioria parlamentar, com o impulso de parlamentares atingidos por processos judiciais, numa reação, inclusive, à Operação Lava Jato, conforme noticiado pela Agência Senado.[123]

Nota-se, por meio da análise da redação dos dispositivos aprovados, que foram utilizadas expressões vagas e imprecisas para definir tipificações penais, como destaca-se:

(i) *caput* do art. 9º: "*manifesta* desconformidade com as hipóteses legais";

(ii) inciso I do art. 9º: "prisão *manifestamente* ilegal";

(iii) incisos II e III do art. 9º: "quando *manifestamente* cabível";

(iv) art. 14: "com o intuito de expor a pessoa a *vexame ou execração pública*";

(v) art. 17: "quando *manifestamente* não houver resistência à prisão";

(vi) art. 20: "impedir, *sem justa causa*";

(vii) inciso II do §1º do art. 22: "*de forma ostensiva e desproporcional*";

(viii) parágrafo único do art. 29: "*fato juridicamente relevante*";

(ix) art. 34: "*erro relevante*";

(x) art. 35: "*sem justa causa*".

Ora, tem-se que a Constituição Federal, em função das garantias decorrentes dos princípios do Estado de direito democrático, da tipicidade penal e da segurança jurídica, impõe exigências mínimas de determinabilidade no tipo penal, de maneira a possibilitar aos destinatários saber quais são as condutas proibidas.

Isso se dá, portanto, para que os cidadãos não fiquem sujeitos ao arbítrio e aos excessos do poder punitivo do Estado, exigindo-se, dessa forma, que a lei especifique suficientemente os fatos que constituem o tipo penal, de forma precisa e determinada. Por isso, a norma deve descrever, com suficiente clareza, os elementos objetivos e subjetivos do núcleo essencial do tipo penal, sob pena de violação das mencionadas garantias constitucionais.

---

[123] Disponível em: https://www12.senado.leg.br/noticias/infomaterias/2019/09/lei-contra-abuso-de-autoridade-chega-a-forma-final-em-meio-a-controversia. Acesso em: 03 jul. 2024.

Como ensina Figueiredo Dias (2004, p. 174), é importante que a descrição da matéria proibida e de todos os outros elementos de que dependa concretamente uma punição "seja levada até a um ponto em que se tornem objetivamente determináveis os comportamentos proibidos e sancionados e, consequentemente, se torne objetivamente motivável e dirigível a conduta dos cidadãos". Segundo o autor (1974, p. 96), o princípio da legalidade criminal é uma garantia pessoal de não punição fora do âmbito de uma lei escrita, prévia, certa e estrita, a operar, dessa forma, como um princípio defensivo, que constitui, por um lado, "a mais sólida garantia das pessoas contra possíveis arbítrios do Estado" e apresenta-se, por outro, como uma condição de previsibilidade e de confiança jurídica, no sentido em que permite a cada cidadão dar-se conta das condutas humanas que relevam em cada momento no âmbito do direito criminal.

Por sua vez, Reis Novais (2019, p. 267) leciona que, no Estado de Direito, baseado na dignidade da pessoa humana e nos direitos fundamentais, as restrições à autonomia, liberdade e bem-estar individuais constitucionalmente protegidos devem possuir um conteúdo normativo suficientemente denso, de modo a permitir a identificação pelos destinatários e a precisa aplicação, observando-se que tais restrições têm de ocorrer estritamente em função dos fins que as justificam e serem, portanto, necessárias, reconhecíveis no seu conteúdo e previsíveis nos seus efeitos.

É preciso perquirir, por conseguinte, se as exigências dos deveres de condutas, como descritos nas expressões normativas articuladas nos arts. 9º, 14, 17, 20, 22, 29, 34 e 35 do referido autógrafo de lei parcialmente vetado, podem ser consideradas dotadas de suficiente determinabilidade, tendo-se em referência os seus destinatários, para efeitos da garantia constitucional dos princípios da legalidade e da segurança jurídica.

A metodologia para apurar essa suficiente determinabilidade pressupõe, sobretudo, a interpretação do texto de tais dispositivos para determinar se aquelas expressões utilizadas, conforme antes transcritas, são, objetiva e razoavelmente, inteligíveis para os seus destinatários, de modo a possibilitar que pautem a sua conduta em harmonia com os deveres de conduta que procedem de tais prescrições normativas.

Em vista disso, deve-se indagar: *(i)* há uma indeterminação extrema que impossibilite aos destinatários saber quais são as condutas vedadas? *(ii)* o texto normativo é claro e preciso em estabelecer, de forma pormenorizada, a conduta? *(iii)* o processo de interpretação permite obter uma norma jurídica completa e perfeita, que estabeleça os deveres de conduta de modo suficientemente determinado e inteligível aos seus destinatários? Essas são perguntas fundamentais porquanto o legislador deve prover de suficiente determinabilidade as previsões normativas definidoras de tipos penais, em razão das garantias decorrentes dos princípios do Estado de direito democrático, da tipicidade penal e da segurança jurídica.

No entanto, ao interpretar os arts. 9º, 14, 17, 20, 22, 29, 34 e 35 do referido autógrafo de lei parcialmente vetado, referentemente à nova Lei de Abuso de Autoridade (Lei nº 13.869, de 2019), constata-se não ser possível determinar, com clareza, rigor e objetividade, o sentido e o alcance dos conceitos indeterminados previstos em tais textos normativos, o que certamente é violador dos aludidos princípios constitucionais.

Repare-se que não há como emprestar um sentido útil, objetivo, autônomo e necessário às expressões *"manifesta desconformidade com as hipóteses legais"* (*caput* do art. 9º), *"impedir, sem justa causa"* (art. 20), *"de forma ostensiva e desproporcional"* (inciso II do §1º do art. 22), *"fato juridicamente relevante"* (parágrafo único do art. 29) e *"erro relevante"* (art. 34), impossibilitando seus destinatários – na espécie, autoridades públicas –, de agir em conformidade ao seu cumprimento. Em suma: não é possível saber exatamente e em concreto o que abrange esses conceitos e expressões. Exigir-se-ia, em tal situação, uma maior precisão das obrigações e proibições genericamente impostas, em função dos critérios de segurança jurídica, previsibilidade e autonomia.

Existe, portanto, um fundado risco de que possa ocorrer casuísmo e subjetividade na interpretação dos arts. 9º e 20 da nova Lei de Abuso de Autoridade (Lei nº 13.869, de 2019), dispositivos que entraram em vigor e são objeto de questionamento perante o STF. Não deveria ser aceitável, todavia, a criação de um ambiente de pura subjetividade e discricionariedade na interpretação e aplicação de tais dispositivos legais.

Do ponto de vista da concretização dos princípios do Estado de direito democrático, da tipicidade penal e da segurança jurídica, há exigências relativamente à técnica legislativa adotada na redação do texto dos conceitos jurídicos indeterminados. Deve-se observar, sobretudo, o critério da determinabilidade normativa objetiva das condutas constitutivas da infração tipificada. Verificar-se-á, dessa forma, se é possível, por meio da interpretação e da utilização de critérios lógicos, técnicos de experiência, concretizar o respectivo conceito e identificar, com segurança suficiente, a natureza e as características essenciais das condutas proibidas. Ressalte-se que isso não significa haver uma vedação absoluta do emprego dos conceitos jurídicos indeterminados na redação legislativa em domínios de tipificação penal, mas que o seu uso deve se dar de forma judiciosa e sempre em obediência ao requisito da determinabilidade normativa objetiva das condutas proibidas.

Em face do exposto, ao responder a alguns dos questionamentos formulados na parte introdutória desta obra, pode-se afirmar que a utilização inadequada de conceitos jurídicos indeterminados tem capacidade para comprometer a qualidade formal dos atos normativos e ensejar a violação dos princípios do Estado de direito democrático, da tipicidade penal e da segurança jurídica. O caso da nova Lei de Abuso de Autoridade (Lei nº 13.869, de 2019) demonstra que alguns dos seus dispositivos em vigor, e ainda outros cuja vigência foi obstada pela manutenção do respectivo veto, no seu sentido semântico, não cumprem a função de tornar inteligível, para os seus destinatários, os deveres de conduta que lhes são impostos, não atendendo, dessa forma, o critério de determinabilidade.

Não seria exagero dizer que está em jogo, nessa hipótese, a própria existência do Estado de direito democrático, posto que os princípios da segurança jurídica, da determinabilidade e da tipicidade penal são princípios estruturantes de validade fundamental na ordem jurídica. Nesse sentido, Reis Novais (2019, p. 276) aponta que "sem a previsibilidade garantida por normas suficientemente determinadas, gerais e abstratas, sobretudo nos domínios vitais da existência, não há verdadeira capacidade de exercício de autonomia pessoal e, logo, não há Estado de Direito".

Nesse caso, devido à utilização inadequada dos conceitos jurídicos indeterminados, as autoridades públicas, especialmente aquelas responsáveis pela persecução e pelo julgamento criminal, ficaram numa situação de vulnerabilidade e insegurança para o exercício de suas funções. Em realidade, tratou-se, provavelmente, de uma tentativa ou estratégia de afirmação de um posicionamento político objetivando, supostamente, reagir à persecução judicial conduzida por autoridades públicas, notadamente juízes, membros do Ministério Público e delegados.

Sobre isso, Gilmar Ferreira Mendes (2020, p. 113) destaca que a moderna doutrina constitucional ressalva que a utilização de fórmulas obscuras ou criptográficas, motivadas por razões políticas ou de outra ordem, contraria princípios básicos do próprio Estado de direito, como os princípios da segurança jurídica, clareza e de precisão da norma jurídica.

Infere-se que o ideal, em face dos critérios da Legística formal e das garantias decorrentes dos princípios do Estado de direito democrático, da determinabilidade, da segurança jurídica, da tipicidade penal e da separação de poderes, é que o legislador confira à redação das normas jurídicas uma densidade e determinabilidade objetiva e essencial, a tornar a sua interpretação e concretização segura e efetiva, e, bem assim, faça uso dos conceitos jurídicos indeterminados de forma excepcional e, apenas, nas situações tecnicamente úteis e necessárias. Essa deve ser uma escolha baseada em critérios técnicos e não motivada unicamente por fatores e estratagemas políticos.

6.4 Da pronúncia de inconstitucionalidade da norma que regula a antecipação da morte medicamente assistida em Portugal (Decreto nº 109/XIV, da Assembleia da República)

Importa explicar, preliminarmente, que se justifica, em termos de direito comparado, o interesse e a utilidade do estudo desse caso que tem como objeto uma norma de Portugal com repercussão direta no seu Serviço Nacional de Saúde – SNS –, estrutura por meio da qual é disponibilizado um conjunto de ações, serviços e políticas públicas para assegurar o direito social à saúde a todos os cidadãos portugueses.

Realmente, conforme previsto no artigo 12º, nº 2, do Decreto nº 109/XIV, da Assembleia da República, o ato de antecipação da morte pode ser praticado nos estabelecimentos de saúde do Serviço Nacional de Saúde e dos setores privado e social que estejam devidamente licenciados e autorizados para a prática de cuidados de saúde, disponham de internamento e de local adequado e com acesso reservado.

Outrossim, o Estado, por intermédio da Comissão de Verificação e Avaliação (CVA) e da Inspeção-Geral das Atividades em Saúde (IGAS), assumiu uma função de garante de que todas e cada uma das condições previstas no artigo 2.º, nº 1, do aludido Decreto serão respeitadas, desde a formulação do pedido inicial até à prática do ato de antecipação da morte. Isso, logicamente, sem prejuízo do Estado também poder desempenhar o papel de prestador de tal serviço no quadro do Serviço Nacional de Saúde.[124]

---

[124] Cf. acentuado pelo Relator no Tribunal Constitucional, Acórdão nº 123/2021, p. 21-23.

Com efeito, pretende-se responder à hipótese formulada na introdução desta obra, a indagar se, em contextos de impasses para a formação de consensos no Parlamento, sobretudo envolvendo proposições legislativas com temas complexos e difíceis, a exemplo do que ocorreu em Portugal com a questão da eutanásia, seria possível observar a utilização inadequada de conceitos jurídicos indeterminados, mediante a formulação de enunciados normativos articulados com expressões demasiadamente vagas, imprecisas e sem determinabilidade. Questiona-se, portanto, se esse quadro pode acarretar graves prejuízos à qualidade formal das políticas públicas e à atividade interpretativa das normas e, bem assim, ensejar a violação aos princípios do Estado de direito democrático, da tipicidade penal e da segurança jurídica.

Convém tornar claro que o ato normativo em estudo não diz respeito unicamente a um direito pessoal, direito à vida, pois são percebíveis o seu alcance e as suas consequências diretas sobre o sistema de saúde de Portugal, responsável pelas ações, serviços e políticas públicas nesse setor de direito social, o que certamente confirma a pertinência da sua análise no âmbito desta obra, a qual tem como um de seus eixos a temática referente à qualidade das políticas públicas. Neste tópico, examina-se, precisamente, o critério da qualidade textual e suas implicações.

Relativamente ao questionamento dessa norma, o Presidente da República de Portugal, com fundamento no artigo 278.º, nº 1, da Constituição, requereu ao Tribunal Constitucional a fiscalização preventiva da constitucionalidade de diversos dispositivos constantes do Decreto nº 109/XIV da Assembleia da República, que regula as condições especiais em que a antecipação da morte medicamente assistida não é punível e altera o Código Penal.[125]

A alegação é no sentido de que houve violação dos princípios da legalidade e tipicidade criminal, consagrados no artigo 29.º, nº 1 e do

---

[125] O Acórdão do Tribunal Constitucional nº 123/2021 (p. 19) consigna que, do conjunto de cinco projetos de lei que integraram o procedimento legislativo que culminou na aprovação do Decreto nº 109/XIV, a expressão *eutanásia* apenas é utilizada em dois deles – seja nela abrangendo a prática e a ajuda à antecipação da morte (Projeto de Lei nº 104/XIV/1.ª), seja distinguindo a eutanásia do suicídio medicamente assistido (Projeto de Lei nº 67/XIX/1.ª). O Relator considera que essa omissão do termo no Decreto aprovado terá tido em conta o receio de que os difíceis problemas colocados por essa realidade, até na sua incidência especificamente jurídico-penal, são muitas vezes obscurecidos pelo clima de paixão em que ocorrem as controvérsias, *maxime*, quando se depara com o tabu que continua a ligar-se ao uso do termo "eutanásia". O relator assinala, ainda, que o termo eutanásia é proveniente do grego e decorre da junção das palavras eu (bem) e thanatos (morte), expressando a ideia de uma "boa morte".

disposto no nº 5 do artigo 112.º, relativamente à amplitude da liberdade de limitação do direito à vida, interpretado de acordo com o princípio da dignidade da pessoa humana, conforme decorre da conjugação do artigo 18.º, nº 2, respectivamente, com os artigos 1.º e 24.º, nº 1, todos da Constituição da República Portuguesa.

Na exposição de motivos da proposição legislativa que resultou no decreto questionado argumenta-se que, nos termos da Lei Fundamental, cabe ao legislador permitir ou proibir a eutanásia, de acordo com o consenso social, em cada momento. Afirma-se ainda, nessa mesma justificativa, que "para que a intervenção, a pedido, de profissionais de saúde seja despenalizada sem risco de inconstitucionalidade por violação do princípio da dignidade da pessoa humana, a lei tem de ser rigorosa, ainda que recorrendo inevitavelmente a conceitos indeterminados, desde que determináveis".

Em suma, os dispositivos normativos impugnados consideram antecipação da morte medicamente assistida não punível à antecipação da morte da própria pessoa, maior, cuja vontade seja atual e reiterada, séria, livre e esclarecida, em: *(i)* situação de sofrimento intolerável; *(ii)* com lesão definitiva de gravidade extrema de acordo com o consenso científico ou doença incurável e fatal; e *(iii)* quando praticada ou ajudada por profissionais de saúde.[126]

O questionamento do primeiro critério estabelecido, a saber, o da situação de sofrimento intolerável, ampara-se na alegação de que esse conceito não se encontra minimamente definido e de que ele parece inculcar uma forte dimensão de subjetividade, a ser preenchida, no essencial, pelo médico orientador e pelo médico especialista, resultando pouco claro como deve ser mensurado esse sofrimento: se da perspectiva exclusiva do doente, se da avaliação que dela faz o médico, observado

---

[126] Essas são as normas questionadas no requerimento inicial e consideradas como pressupostos centrais e cumulativos da solução normativa que estatui a não punibilidade da antecipação da morte medicamente assistida, nessa medida permitindo que tais procedimentos de natureza eutanásica se tornem admissíveis no ordenamento jurídico português. Especificamente, a norma constante: (i) do nº 1 do artigo 2.º, na parte em que define antecipação da morte medicamente assistida não punível como a antecipação da morte por decisão da própria pessoa, maior, em "situação de sofrimento intolerável", (ii) do nº 1 do artigo 2.º, na parte em que integra no conceito de antecipação da morte medicamente assistida não punível o critério "lesão definitiva de gravidade extrema de acordo com o consenso científico"; (iii) dos artigos 4.º, 5.º e 7.º, na parte em que deferem ao médico orientador, ao médico especialista e à Comissão de Verificação e Avaliação (CVA) a decisão sobre a reunião das condições estabelecidas no artigo 2.º; (iv) consequentemente, as normas constantes do artigo 27.º, na parte em que alteram os artigos 134.º, nº 3, 135.º, nº 3 e 139.º, nº 2 do Código Penal.

que, em qualquer caso, um conceito com esse grau de indeterminação não parece conformar-se com as exigências de densidade normativa resultantes da Constituição.

Outrossim, relativamente ao segundo critério, consistente na existência de lesão definitiva de gravidade extrema de acordo com o consenso científico, a alegação de inconstitucionalidade é no sentido de total ausência de densificação, nessa norma, do que seja lesão definitiva de gravidade extrema, nem de consenso científico, na medida em que o legislador não forneceu ao médico interveniente no procedimento um quadro legislativo minimamente seguro que possa guiar a sua atuação. Igualmente, questiona-se que a concretização desses conceitos fica quase totalmente dependente dos pareceres e da decisão dos médicos orientador e especialista, quando é sabido que a Constituição veda ao legislador a delegação da integração da lei a atos com outra natureza que não a legislativa, nos termos do disposto no artigo 112.º, nº 5.

A tese principal do requerimento presidencial de inconstitucionalidade assenta-se na estratégia argumentativa de que o legislador, ao não fornecer aos médicos quaisquer critérios firmes para a interpretação desses conceitos, deixando-os, no essencial, excessivamente indeterminados, criou uma situação de insegurança jurídica que afeta os destinatários da norma, que estariam privados de um regime claro e seguro, num tema complexo e controverso.

Registre-se que o requerente expressamente excluiu do objeto do pedido de fiscalização preventiva a questão de saber se a eutanásia, enquanto conceito, é ou não conforme com a Constituição, tendo esclarecido que o objeto do requerimento é apenas a questão de saber se a concreta regulação da morte medicamente assistida operada pelo legislador no aludido Decreto se conforma com a Constituição. Segundo afirmado pelo requerente, a Constituição não determina orientação definitiva sobre a eutanásia e caberia ao legislador, nos termos da Lei Fundamental, permitir ou proibi-la, de acordo com o consenso social, em cada momento.

O Tribunal Constitucional entendeu, num juízo preliminar, que a alternativa resultante da opção legislativa vertida no Decreto nº 109/XIV – que se projeta no nº 1 do artigo 2.º – entre a prática ou ajuda à antecipação da morte medicamente assistida não punível "deve ser compreendida e enquadrada no âmbito de um complexo quadro de regulação jurídica no qual se integra, em especial, numa dinâmica de interação entre o cidadão-doente e o Estado, por meio de um procedimento administrativo especial de caráter autorizativo", com a finalidade de emissão de um parecer favorável por uma Comissão de Verificação e Avaliação – CVA –, que constitui condição *sine qua non* do ato ou operação material de antecipação da morte.[127]

A decisão do Tribunal Constitucional consigna que o dever de proteção da vida de quem pretende antecipar a sua morte por se encontrar doente, numa situação de grande sofrimento e sem perspectivas de recuperação, "impõe uma disciplina rigorosa quanto às situações – os casos típicos – que justificam, segundo a opção legislativa, o acesso à morte medicamente assistida e garantias procedimentais robustas e adequadas a salvaguardar a liberdade e o esclarecimento do paciente e, outrossim, a assegurarem o controlo da verificação concreta dos casos previstos", pois somente desse modo "se cumprem as exigências de certeza e de segurança jurídica próprias de um Estado de direito democrático". Por isso, as situações em que a antecipação da morte medicamente assistida é possível têm de ser claras, antecipáveis e

---

[127] Cf. Tribunal Constitucional, Acórdão nº 123/2021, p. 21-23. O Relator detalha que o procedimento em causa inicia-se com um pedido da pessoa que pretende antecipar a sua morte e desenvolve-se através de um conjunto encadeado de atos que culmina – ou, melhor, pode culminar – com a prática do ato de antecipação da morte, por via da autoadministração de fármacos letais (isto é, pelo próprio doente) ou por administração de tais fármacos diretamente pelo médico ou profissional de saúde sob supervisão médica (heteroadministração). Tal procedimento envolve, nomeadamente: i) o pedido de abertura do procedimento clínico de antecipação da morte, formulado pela pessoa (o doente) que tomou a decisão de antecipar a sua morte, a ser integrado num Registro Clínico Especial (RCE) criado para o efeito (artigos 2.º, nº 3, e 3.º, nº 1); ii) a emissão de um parecer fundamentado pelo médico orientador sobre se o doente cumpre todos os requisitos referidos no artigo 2.º (artigo 4.º, nº 1); iii) caso tal parecer seja favorável, a emissão de um parecer do médico especialista destinado a confirmar que estão reunidas as condições referidas no artigo 2.º, o diagnóstico e prognóstico da situação clínica e a natureza incurável da doença ou a condição definitiva da lesão (artigo 5.º, nº 1); iv) eventualmente, o parecer de um médico especialista em psiquiatria nas condições previstas no artigo 6.º; v) a emissão do parecer "final" da CVA, funcionando enquanto autorização da antecipação da morte medicamente assistida não punível (artigo 7.º); vi) a concretização da decisão do doente, mediante a fixação do dia, hora, local e método a utilizar para a antecipação da sua morte (artigo 8.º); vii) a prática do ato de antecipação da morte, mediante autoadministração dos fármacos letais – que corresponde à antecipação da morte ajudada por profissionais de saúde - ou a sua heteroadministração – a antecipação da morte praticada por profissionais de saúde (artigo 9.º); e, ainda, a jusante, viii) a elaboração de um relatório final pelo médico orientador ao qual é anexado o RCE, a remeter por aquele à CVA e à Inspeção-Geral das Atividades em Saúde (IGAS), inspeção-geral esta que fiscaliza os procedimentos clínicos de antecipação da morte, com poderes para, fundamentadamente, determinar a suspensão ou o cancelamento de procedimentos em curso (cf. o artigo 22.º, nºos 1 e 2). Nesse contexto, como acentuado pelo Relator, o Estado, por intermédio da CVA e da IGAS, assume uma função de garante de que todas e cada uma das condições previstas no artigo 2.º, nº 1, do Decreto é respeitada, desde a formulação do pedido inicial até à prática do ato de antecipação da morte. Isto, naturalmente, sem prejuízo de o Estado também poder desempenhar o papel de prestador de tal serviço no quadro do Serviço Nacional de Saúde, conforme previsto no artigo 12.º, nº 2.

controláveis, "devendo o procedimento assegurar a determinabilidade controlável das inevitáveis indeterminações conceituais", incumbindo ao legislador, por esta via, prevenir a possibilidade de indesejáveis e imprevistas "rampas deslizantes".[128]

Com efeito, os vícios concretos apontados pelo requerente ao Decreto nº 109/XIV são atinentes com a indefinição, insuficiente densificação ou indeterminabilidade dos conceitos ou fórmulas verbais utilizados para definir as hipóteses em que não é punível a morte medicamente assistida. Isso resultaria caber aos clínicos, no âmbito do procedimento, a definição do preenchimento dos pressupostos para o exercício da antecipação da morte medicamente assistida, sob a condição de posterior verificação e confirmação pela Comissão de Verificação e Avaliação, observado que essa indeterminação, conforme exposto pelo requerente, seria incompatível com os princípios da legalidade e da tipicidade criminal, consagrados no artigo 29.º, nº 1, da Constituição de Portugal. A aludida delegação do poder de interpretar esses conceitos aos clínicos, que ao legislador competiria densificar, seria vedada pelo artigo 112.º, nº 5, da Constituição. Para o requerente da fiscalização preventiva de constitucionalidade, os princípios da legalidade criminal e da determinabilidade das leis,[129] enquanto corolário do princípio do Estado de direito democrático e da reserva de lei parlamentar, demandam que o legislador forneça ao médico interveniente no procedimento um quadro legislativo minimamente seguro, que possa guiar a sua atuação.

A decisão do Tribunal Constitucional não acolheu a tese do requerente de insuficiente densificação normativa dos conceitos descritivos dos critérios de acesso à morte medicamente assistida, no que se refere ao questionamento em face ao princípio da legalidade criminal. O Tribunal entendeu que, na parte em que estabelece os pressupostos da ação causadora ou auxiliadora da morte, que tem lugar após

---

[128] Cf. Tribunal Constitucional, Acórdão nº 123/2021, p. 39-40.

[129] Importa referir que nesse julgamento o Tribunal Constitucional expressamente consignou (Acórdão nº 123/2021, p. 43) que, coerentemente, tem-se considerado que as disposições incriminadoras são conciliáveis com as exigências do princípio da tipicidade sempre que a sua redação, ainda que indeterminada e aberta, for materialmente adequada e suficiente para dar a conhecer quais as ações ou omissões que o cidadão deve evitar (v. o Acórdão nº 76/2016, II, 6), designadamente quando os conceitos materialmente indeterminados se tornem determináveis por via da remissão para outras disposições legais, regulamentares ou até para pronúncias administrativas de diversa ordem, e bem assim por apelo às *leges artis* ou a regras técnicas que os destinatários das normas devam conhecer (v. Acórdãos nº 545/2000, 115/2008, 146/2011, 698/2016).

CAPÍTULO 6
CONCEITOS JURÍDICOS INDETERMINADOS COMO ESTRATAGEMA POLÍTICO | **179**

procedimento formal de verificação das condições previstas no artigo 2.º do Decreto nº 109/XIV, a causa de exclusão da punibilidade prevista no mesmo Decreto é integrada apenas por elementos descritivos e conceitos determinados, o que coloca o autor material do facto em condições de poder motivar e dirigir a sua atuação. De acordo com a decisão, esse profissional de saúde dispõe dos meios necessários para orientar a sua conduta, de modo a evitar a punibilidade das condutas tipificadas nos artigos 134.º e 135.º do Código Penal, em termos que satisfazem as exigências de determinabilidade, conforme vêm sendo delineadas pela jurisprudência daquele Tribunal.[130]

Contudo, na perspectiva do princípio da determinabilidade das leis, o Tribunal Constitucional acolheu a tese do requerente de insuficiente densidade normativa em relação ao conceito descritivo de um dos critérios de acesso à morte medicamente assistida questionados pelo requerente. O Tribunal apreciou especificamente se os dois concretos segmentos normativos, contidos no nº 1 do artigo 2.º do Decreto nº 109/XIV, o critério de antecipação da morte por decisão da própria pessoa, maior, quando *(i)* "em situação de sofrimento intolerável" e o subcritério relevante para o mesmo efeito de antecipação da morte medicamente assistida não punível, a saber, *(ii)* a existência de "lesão definitiva de gravidade extrema de acordo com o consenso científico", cumpriam as exigências do princípio da determinabilidade das leis.

Segundo decidiu o Tribunal Constitucional, a lei deve obedecer a critérios de precisão ou determinabilidade, decorrentes do princípio do Estado de direito democrático, quando estão em causa direitos, liberdades e garantias, em especial quando restritiva daqueles ao fixar condições legais de admissibilidade de condutas que possam lesar definitiva e irreversivelmente os bens jurídicos por eles protegidos, relativamente à vida humana e às condições legais de exercício da autonomia pessoal nessa área.[131] Nesses domínios, segundo afirmado no Acórdão (p. 46):

---

[130] Cf. Acórdão nº 123/2021, p. 40-44.

[131] O Tribunal Constitucional assevera, no Acórdão (p. 46), que "se é, pois, verdade que inexiste no nosso ordenamento constitucional uma proibição geral de emissão de leis que contenham conceitos indeterminados, não é menos verdade que há domínios onde a Constituição impõe expressamente que as leis não podem ser indeterminadas, como é o caso das exigências de tipicidade em matéria penal constantes do artigo 29.º, nº 1, da Constituição, e em matéria fiscal (cf. artigo 106.º da Constituição) ou ainda enquanto afloramento do princípio da legalidade (*nulla poena sine lege*) ou da tipicidade dos impostos (*null taxation without law*)".

Incumbe ao Estado inscrever na lei critérios claros, precisos e seguros de decisão, em termos de conferir à atuação da Administração espaço concretizado de vinculação – e não de volição primária – através da identificação de um núcleo relevante para legitimar a intervenção restritiva do direito, liberdade e garantia afetado. Como, igualmente, permitir o controlo judicial da (eventual) ausência de critérios de gestão e a proporcionalidade das suas consequências face à lesão profunda [daquele] direito (…).

No caso em estudo, o Tribunal Constitucional avaliou se o legislador forneceu aos intervenientes no procedimento administrativo que culmina com a emissão do parecer da CVA critérios com um grau de precisão e determinabilidade tal que viabilizasse a adoção de decisões fundamentadas, congruentes e sindicáveis.

Com referência ao conceito de "situação de sofrimento intolerável", pressuposto da antecipação da morte medicamente assistida não punível, o Tribunal Constitucional fixou a premissa de que a noção de sofrimento "assume uma natureza eminentemente subjetiva, estando estreitamente associado à identidade pessoal de cada um, ao modo como se organiza na sua vivência interior" e que, na respectiva identificação, "o elemento informativo mais relevante para o médico orientador e para o médico especialista, não pode deixar de ser o modo como o doente manifesta e verbaliza o seu sofrimento, ou seja, a perspectiva individual do doente".[132]

A dúvida que restou, demonstrada a forte dimensão de subjetividade do conceito de sofrimento, foi precisamente saber qual o sentido da exigência qualitativa que decorre do adjetivo *intolerável*, tendo em vista que, para preencher o critério normativo complexo do nº 1 do artigo 2.º do Decreto nº 109/XIV, não basta que haja sofrimento, mas é necessário que esteja em estado de sofrimento intolerável. A indagação do Tribunal Constitucional foi no seguinte sentido: como, então, avaliar se o sofrimento assume essa propriedade de *intolerável*?

O argumento do requerente foi de que essa questão não encontra a devida resposta no sistema normativo instituído pelo citado Decreto, ficando a concretização do conceito largamente dependente da decisão do médico orientador e do médico especialista, privados de uma qualquer bússola orientadora, razão por que não se mostraria satisfeito, nesse ponto, o teste da determinabilidade da medida legislativa.

---

[132] Cf. Acórdão nº 123/2021, p. 49.

CAPÍTULO 6
CONCEITOS JURÍDICOS INDETERMINADOS COMO ESTRATAGEMA POLÍTICO | 181

O Tribunal Constitucional, no entanto, refutou esse argumento, sob o fundamento de que o critério normativo situação de sofrimento *intolerável*, embora amplo e interminável, desprovido da definição de situações concretas, não é, em si mesmo, indeterminável, pois permanece verificável, usando, para tanto, nas suas expressões não estritamente fisiológicas, ferramentas desenvolvidas por ramos da ciência médica como a psiquiatria ou a psicologia. O Acórdão (p. 50) concluiu que:

> (…) apesar de indeterminado, o conceito em apreço não é indeterminável, mas antes determinável. Acresce que a sua abertura se mostra adequada ao contexto clínico em que terá de ser aplicado por médicos. Estas duas razões justificam suficientemente o grau de indeterminação em causa, não permitindo, no domínio particular da antecipação da morte medicamente assistida, a conclusão de que aquele grau contrarie as exigências de densidade normativa resultantes da Constituição.

Em seguida, ao analisar o questionamento sobre a insuficiente densidade normativa do segundo critério, relacionado precisamente ao conceito de "lesão definitiva de gravidade extrema de acordo com o consenso científico", o Tribunal Constitucional, por maioria, acolheu a tese de inconstitucionalidade formulada pelo requerente. Nessa hipótese, como se percebe, não está em causa uma doença fatal, mas unicamente o critério da "lesão definitiva" para autorizar o acesso à antecipação da morte medicamente assistida.[133]

Pressupõe-se, portanto, nesse caso, o diagnóstico de uma "lesão definitiva". O problema consistiu em definir a noção de "lesão" e também apreender o sentido de "gravidade extrema", uma vez que o legislador não concedeu qualquer indício do que se deveria entender sobre tais conceitos, nem mesmo utilizando-se de conhecimentos da ciência médica essa norma se tornaria facilmente determinável aos seus destinatários. Aliás, nada se referiu o legislador quanto à natureza fatal

---

[133] O Acórdão nº 123/2021 (p. 50) registra que a formulação referente à "lesão definitiva de gravidade extrema de acordo com o consenso científico" teve origem nos projetos de lei apresentados pelo Bloco de Esquerda (artigo 1.º), bem como do Partido Socialista (artigo 2.º, nº 1), os quais se referem, de igual modo, à "lesão definitiva" enquanto critério (ou subcritério) relevante para o acesso à antecipação da morte medicamente assistida por decisão da própria pessoa e de eutanásia não punível. O artigo 2.º do que viria a ser o Decreto nº 109/XIV – e, assim, a versão final do enunciado do subcritério que se reporta à "lesão definitiva" – foi aprovado na reunião de 6 de janeiro de 2021 da Comissão competente, na redação da proposta apresentada pelo Grupo Parlamentar do Bloco de Esquerda, com a introdução do inciso no nº 1, por proposta oral do mesmo partido.

da lesão, gerando, dessa forma, sérias dúvidas interpretativas sobre a possibilidade de uma mera lesão definitiva permitir a antecipação da morte medicamente assistida.

O Tribunal Constitucional asseverou, em relação a esse ponto, que a "opção legislativa neste domínio tem de ser clara, de modo a permitir um juízo igualmente claro quanto à respectiva legitimidade constitucional, nomeadamente à luz da inviolabilidade da vida humana consagrada no artigo 24º, nº 1, da Constituição". Ainda nessa perspectiva, o Tribunal anotou que o legislador poderia, neste caso, ter utilizado outros conceitos mais comuns na prática médica e jurídica, por exemplo, "lesão incapacitante ou que coloque o lesado em situação de dependência", entendida, conforme já definido na própria Lei de Bases dos Cuidados Paliativos, como a situação em que se encontra a pessoa que, por falta ou perda de autonomia física, psíquica ou intelectual, resultante ou agravada por doença crônica, demência orgânica, sequelas pós-traumáticas, deficiência, doença incurável e/ou grave em fase avançada, ausência ou escassez de apoio familiar ou de outra natureza, não consegue, por si só, realizar as atividades da vida diária.

Contudo, segundo o Tribunal (Acórdão nº 123/2021, p. 52), não há dúvida de que "seria possível ao legislador encontrar uma formulação alternativa, que se traduzisse numa maior densificação do elemento normativo que se pretende consagrar enquanto pressuposto da não punição da antecipação da morte medicamente assistida", num quadro em que é desejável e exigível uma maior densificação quanto à "gravidade extrema" da lesão.

A propósito, o Tribunal consignou que não seria viável a densificação desse conceito nem mesmo à luz do "consenso científico" previsto no referido enunciado em apreciação. O Acordão nº 123/2021 (p. 53-54) chama a atenção para o fato de que o legislador não forneceu qualquer indicação sobre como deve ser apurado ou identificado como "consenso científico", e indaga: trata-se de um consenso nacional, europeu, internacional, entre pares de uma especialidade médica, ou de especialidades médicas relacionada com a "lesão definitiva de gravidade extrema", ou simplesmente dos pares médicos em geral? O acórdão indica que parece ser verdade que o dito "consenso científico" representará, em regra, a posição geralmente aceita num dado momento pela maioria de cientistas especializados em certa matéria, todavia, não são fixados elementos suficientemente seguros, certos, quer sobre a metodologia ou metodologias possíveis para atingir esse consenso (existindo várias possíveis), quer em relação ao universo dos peritos médicos segundo cujo consenso certa lesão deve ser considerada "definitiva" e "de gravidade extrema", podendo esse consenso assumir, inclusive, um significado essencialmente tautológico ou redundante, como alertado no acórdão.[134]

Em conclusão, o Tribunal Constitucional decidiu, por maioria, que, em relação ao conceito de "lesão definitiva de gravidade extrema de acordo com o consenso científico", evidenciava-se uma manifesta insuficiência da densificação normativa dessa previsão legal, tornando, por isso, o artigo 2.º, nº 1, do Decreto nº 109/XIV inapto, por indeterminação, para disciplinar em termos previsíveis e controláveis as condutas dos seus destinatários, razão pela qual aquele Decreto não satisfaz o princípio da determinabilidade das leis e contende com a alínea b) do nº 1 do artigo 165.º da Constituição, por referência ao seu artigo 24.º, interpretado de acordo com o princípio da dignidade da pessoa humana.[135]

A respeito dessa problemática, é válido considerar que uma solução apropriada seria o legislador ter incorporado ao texto normativo, expressamente e com a devida qualidade formal, a definição legal do conceito de "lesão definitiva de gravidade extrema de acordo com o consenso científico", de maneira a fixar os parâmetros (*standards*) para orientar a conduta dos destinatários, dos intérpretes e dos aplicadores dessa norma. É verossímil, ainda, a inferência de que o Judiciário não poderia colmatar essa omissão do legislador, sob pena de infringir o princípio da separação dos poderes.

---

[134] O Acordão nº 123/2021 (p. 55) adverte que a intervenção do médico orientador e do médico especialista destinada a verificar o preenchimento dos pressupostos ou condições de que depende a antecipação da morte medicamente assistida não punível constitui um ato médico e, como tal, encontra-se sujeita às *leges artis*, que corporizam o conjunto das regras que o médico está obrigado a respeitar em cada ato clínico, correspondendo às "regras generalizadamente reconhecidas da ciência médica" ou ao "complexo de regras e princípios profissionais, acatados genericamente pela ciência médica, num determinado momento histórico, para casos semelhantes, ajustáveis, todavia, às concretas situações individuais". A respectiva observância pelos médicos intervenientes no procedimento pressupõe já a consideração dos *standards* de atuação consensualizados na comunidade científica. Comparativamente, o acórdão aponta que a remissão para o consenso científico constante do nº 1 do artigo 2.º do Decreto nº 109/XIV assemelha-se à referência ao "estado dos conhecimentos e da experiência da medicina" que até à revisão operada pela Lei nº 16/2007, de 17 de abril, constava do nº 1 do artigo 142.º do Código Penal.

[135] Cf. Acórdão nº 123/2021, Processo nº 173/2021, Relator Conselheiro Pedro Machete (Conselheira Maria José Rangel de Mesquita), cuja integra está disponível digitalmente em: https://tribunalconstitucional.pt/tc/acordaos/20210123.html. Acesso em: 04 jul. 2024.

Deduz-se, portanto, com base nessas evidências, que a pronúncia[136] da inconstitucionalidade do Decreto nº 109/XIV, da Assembleia da República de Portugal, que regula as condições especiais em que a antecipação da morte medicamente assistida não é punível, reforça, em certa medida, a hipótese suscitada na parte introdutória desta obra, segundo a qual é possível observar, em determinados contextos de impasses para a formação de consensos no Parlamento, sobretudo envolvendo proposições legislativas com temas complexos e difíceis, a exemplo da questão da eutanásia (matéria sensível, com implicações éticas, filosóficas e religiosas), a utilização inadequada de conceitos jurídicos indeterminados, mediante a formulação de enunciados normativos articulados com expressões demasiadamente vagas, imprecisas e sem determinabilidade. Esse quadro acarreta graves prejuízos à qualidade formal e à atividade interpretativa das normas e, bem assim, é ensejador de violação aos princípios do Estado de direito democrático, da determinabilidade, da tipicidade penal e da segurança jurídica. Não foi possível confirmar, neste caso, a hipótese relativa à mobilização de conceitos jurídicos indeterminados como estratagema político para viabilizar acordos e formar maiorias parlamentares circunstanciais.

---

[136] Cf. Acórdão nº 123/2021, Processo nº 173/2021, Relator Conselheiro Pedro Machete (Conselheira Maria José Rangel de Mesquita), cuja integra está disponível digitalmente em: https://tribunalconstitucional.pt/tc/acordaos/20210123.html. Acesso em: 04 jul. 2024.

CONCLUSÕES

Com base em todo o exposto, sintetiza-se e submete-se à análise crítica as ideias apresentadas nesta obra nos seguintes termos conclusivos:

I. As políticas públicas podem ser definidas como um conjunto de princípios, diretrizes, objetivos, metas, programas de ações e normas que orientam a atuação do poder público e coordenam a estrutura estatal e, por vezes, as atividades privadas para a concretização, sobretudo, dos direitos fundamentais. Elas devem subordinar-se àquilo que exprime a tarefa primordial do direito, a normatização das condutas. A realização das políticas públicas precisa, portanto, ser compatível com o sistema constitucional vigente, como requisito fundamental de sua validade;

II. Em função dos princípios da legalidade e democrático, cumpre ao legislador fixar os parâmetros legais mediante os quais será executada e gerida determinada política pública pelo administrador, fixando-lhe limites para o agir administrativo discricionário e, inclusive, vinculações, tendo-se sempre em consideração a dignidade da pessoa humana, o interesse público e as demais normas constitucionais;

III. Relativamente à determinabilidade dos direitos sociais, pode-se concluir que existe um espaço autônomo relevante de conformação política do conteúdo de tais direitos pelo legislador. Nesses termos, compreende-se que, ao formular ou alterar determinada política pública social, o legislador coloca-se diante de notáveis desafios e dificuldades reais. É um exercício complexo que envolve, sobretudo, a concretização do princípio da dignidade da pessoa humana e a garantia de níveis adequados de prestações sociais que assegurem uma vida digna, preservando-se, na medida do razoavelmente possível, os patamares de conquista já realizados, sem incorrer, enfim, em omissão parcial ou concessão diferenciada de prestações. Essa responsabilidade encerra a escolha de prioridades, o respeito ao interesse público e às preferências constitucionais de alocação dos recursos, a ponderação em relação a fatores políticos, sociais e econômicos, todo um conjunto de variáveis que necessita ser reconhecido e analisado nesse processo de tomada de decisão;

IV. Tratando-se da criação de políticas públicas, é função precípua da Constituição delimitar o alcance do poder de iniciativa legislativa dos parlamentares, definindo as regras e as matérias em que o seu exercício se dará de forma exclusiva, privativa ou mesmo concorrentemente com o Governo. Excepcionalmente, a Constituição reserva determinadas matérias para serem tratadas de maneira privativa pelo Executivo, descabendo-se, nessa hipótese, interpretações ampliativas para além das fronteiras normativas constitucionais;

V. Sob um viés histórico constitucional, constata-se que a Constituição de 1937 (art. 64), no contexto do regime ditatorial da Era Vargas, conhecido como Estado Novo, a Constituição de 1967 (art. 60, II) e a posterior Emenda Constitucional nº 1, de 1969 (arts. 57, II, e 65), perante a influência do regime militar instaurado em 1964, impunham restrições quanto à iniciativa parlamentar de proposições que implicassem em despesas. Por sua vez, as Constituições promulgadas sob os regimes democráticos, a saber, a Constituição de 1946 e a atual Constituição de 1988, não estabeleceram, em regra, limitação em relação à iniciativa parlamentar para geração de despesas, ressalvando-se, especialmente, a limitação introduzida pela Emenda Constitucional nº 95, de 2016, que acrescentou o art. 113 ao Ato das Disposições Constitucionais Transitórias, para dispor que a proposição legislativa que crie ou altere despesa obrigatória ou renúncia de receita deverá ser acompanhada da estimativa do seu impacto orçamentário e financeiro;

VI. A atribuição de formular políticas públicas é um encargo que reside, primordial e concorrentemente, no Legislativo e no Executivo, como um verdadeiro poder-dever, visando à efetivação dos direitos fundamentais assegurados constitucionalmente. É válido aferir que, em termos de parâmetros constitucionais para o exercício dessa iniciativa, projeta-se um caminho estreito a ser percorrido pelos parlamentares em matéria de instituição de políticas públicas. Exige-se cautela para preservar o equilíbrio e a separação entre os poderes. Existe uma linha tênue que separa, nessa temática, de um lado, o campo correspondente à iniciativa parlamentar e, de outro, a autonomia conferida constitucionalmente ao Executivo para dispor sobre as matérias de cunho eminentemente administrativo;

VII. Com efeito, as proposições legislativas de iniciativa parlamentar instituidoras de políticas públicas não podem criar novas estruturas ou atribuições aos órgãos e às entidades do Executivo e devem também ser compatíveis com o conjunto de atribuições já previstas pela legislação em vigor relacionada à organização administrativa do Executivo;

VIII. O ideal, do ponto de vista constitucional, é que o parlamentar, ao propor a criação de determinada política pública, não promova o detalhamento das medidas a serem implementadas pelo Executivo, facultando-lhe a escolha dos meios como o respectivo serviço público será prestado. Preserva-se, assim, a autonomia constitucionalmente assegurada ao Executivo para engajar os órgãos que integram a sua estrutura administrativa no desenvolvimento das atividades e na execução dos instrumentos previstos na política pública instituída por iniciativa parlamentar;

IX. Em termos de parâmetros jurisprudenciais uniformes nessa matéria, o STF, no julgamento de um caso em que o Legislativo, ao instituir por iniciativa própria uma política pública de segurança determinando a obrigatoriedade de o Executivo instalar câmeras de monitoramento nas escolas públicas e cercanias, fixou a tese (Tema 917), com repercussão geral, de que "não usurpa competência privativa do Chefe do Poder Executivo lei que, embora crie despesa para a Administração, não trata da sua estrutura ou da atribuição de seus órgãos nem do regime jurídico de servidores públicos (art. 61, §1º, II, "a", "c" e "e", da Constituição Federal do Brasil)";

X. O Tema 917 do STF é bem sucinto e não evidencia, de forma mais pormenorizada, parâmetros objetivos para se precisar o alcance da reserva de iniciativa do Executivo e, bem assim, quando haveria ou não a invasão de tais limites por parte do Legislativo. Essa opção do STF, em termos enunciativos, não gera insegurança jurídica e permite-lhe uma análise, caso a caso, a respeito da intromissão ou não do Legislativo nos assuntos reservados constitucionalmente ao Executivo, ante a singularidade e a complexidade de cada caso julgado, a exigir daquela Corte de Justiça um exame particularizado do alcance e do sentido da legislação questionada, o que não permite uma ampla uniformidade entre tais julgados. Contudo, pode-se conferir ao Tema 917 a virtude de definir contornos mínimos consensuais e uniformes sobre essa temática, os quais devem ser observados pelos julgadores e também, de modo orientativo, pelo próprio legislador na feitura das leis;

XI. A Emenda Constitucional nº 95, de 2016, que instituiu o Novo Regime Fiscal, conhecido como *teto dos gastos públicos*, promoveu alterações nessa matéria, pois, ao acrescentar o art. 113 no Ato das Disposições Constitucionais Transitórias da Constituição da República brasileira, veio a exigir que a proposição legislativa que crie ou altere despesa obrigatória ou renúncia de receita esteja devidamente acompanhada da estimativa do seu impacto orçamentário e financeiro. A referida exigência teve por finalidade dotar o processo legislativo de instrumentos voltados ao controle do equilíbrio das contas públicas;

XII. Com o advento da Emenda Constitucional nº 95, de 2016, a exigência de elaboração da competente estimativa de impacto orçamentário e financeiro deixou de ser um simples critério legal – previsto originalmente nos artigos 14 e 16 da Lei de Responsabilidade Fiscal –, e tornou-se uma regra constitucional. Tendo-se como referência o sistema de controle abstrato de constitucionalidade, dessume-se que, com a transmutação do status hierárquico-normativo dessa regra, o STF poderá utilizá-la como critério para fiscalizar a constitucionalidade das normas questionadas sob esse fundamento (parametricidade constitucional);

XIII. Há uma divergência no âmbito do STF sobre o alcance da regra contida no art. 113 do ADCT da Constituição da República brasileira, se ela valeria apenas para a União ou se alcançaria também os Estados, o Distrito Federal e os Municípios, divergência esta que ficou evidenciada no julgamento não unânime da ADI nº 5816. Relativamente a essa controvérsia, adere-se, nesta obra, ao posicionamento segundo o qual a regra contida no art. 113 do ADCT da Constituição Federal aplica-se somente à União, por ser um entendimento consentâneo com o princípio federativo, que visa assegurar a unidade nacional, a descentralização do poder político, a repartição de competências, e, nomeadamente, a autonomia de cada ente estatal se organizar por meio de sua própria Constituição, respeitados os princípios da Constituição Federal. Depreende-se que o art. 113 em questão foi introduzido na parte transitória da Constituição Federal, e não no seu corpo permanente, a demonstrar que sua vigência é limitada e vinculada aos orçamentos fiscal e da seguridade social da União, como enuncia o próprio art. 106 do ADCT, a cuja delimitação o intérprete não pode se afastar;

XIV. A avaliação de impacto legislativo deve ser compreendida como uma política de Estado que visa contribuir, de forma metodológica e racional, para a garantia da qualidade das ações governamentais. Há um consenso de que as políticas públicas devem ser bem desenhadas, viáveis, eficazes e eficientes. A avaliação de impacto legislativo tem o potencial para tornar essas intervenções estatais mais confiáveis, ao produzir, reunir, compartilhar e publicizar todo o insumo informacional que dá suporte ao processo de tomada de decisão nessa área. O Estado deve justificar sua presença e as suas decisões com plausível fundamento de interesse público e a avaliação de impacto legislativo reforça, dessa forma, o compromisso de assegurar a qualidade das intervenções estatais na vida dos governados e de não haver espaços para o arbítrio e o improviso. Existe uma relação direta e positiva entre a avaliação de impacto legislativo e a promoção do desenvolvimento econômico e social. Amplia-se o bem-estar dos cidadãos e, inclusive, das empresas, as quais terão mais segurança para realizar seus investimentos. Permite-se a racionalização dos recursos públicos e o aumento do custo-benefício das políticas públicas;

XV. Observa-se que há uma semelhança entre a experiência portuguesa e a prática brasileira de se concentrar preponderantemente no Executivo as funções relacionadas à realização do relatório de impacto legislativo, especificamente nos processos legislativos de responsabilidade do Governo, embora seja imprescindível também a elaboração dessa análise em relação às proposições de iniciativa parlamentar;

XVI. O Parlamento brasileiro ainda não possui uma cultura institucional de realizar a análise do impacto legislativo das proposições de iniciativa parlamentar. Um dos motivos que podem ser apontados em relação ao Brasil para essa deficiência relaciona-se ao fato de o Legislativo não dispor de idênticas informações ou do mesmo conjunto de dados disponíveis no Executivo, e também por não possuir uma estrutura de pessoal especializado encarregado de elaborar o competente relatório de impacto legislativo. Nesse passo, a instituição de políticas públicas por iniciativa parlamentar ocorre em geral com poucas informações e dissociada do alcance dos seus efetivos impactos. É salutar, portanto, que o Legislativo, para fins de instituição e de avaliação das políticas públicas, crie, mantenha e aperfeiçoe estruturas especializadas para assessorá-lo, nos moldes das melhores técnicas. O Legislativo pode desempenhar um papel fundamental no sistema de avaliação de políticas públicas, pois tem capacidade única e vocação institucional para construir processos decisórios baseados em evidências e para exercer o papel de entidade integradora e disseminadora de conhecimentos em políticas públicas, tendo em vista que tais atividades se correlacionam diretamente com as suas atribuições constitucionais;

XVII. Pode-se inferir ser primordial, para a garantia da qualidade das ações governamentais, construir e desenvolver uma relação dialógica e colaborativa entre o Governo e o Legislativo, eis que um dos principais fatores que contribuem para que uma política pública seja eficaz, eficiente e efetiva é o diálogo, a colaboração e a integração entre tais atores governamentais e a sociedade durante todas as etapas que compõe o seu ciclo;

XVIII. Nesse cenário, as leis orçamentárias assumem um papel estratégico. A participação dos parlamentares no processo de elaboração das leis orçamentárias e no acompanhamento de sua execução é, provavelmente, a mais importante atribuição reservada ao Legislativo e uma das principais características dos atuais sistemas democráticos. Há uma partilha do dever-poder de estimar a receita e planejar os gastos do Estado entre o Governo e o Legislativo;

XIX. O planejamento realizado por esses Poderes, enquanto definidor de políticas públicas e alocador de recursos para a sua consecução, precisa se atentar para a busca das soluções mais eficientes diante das conjunturas econômicas e sociais, sob uma perspectiva de sustentabilidade social, econômica, gerencial e ambiental, sem deixar de se preocupar com as gerações futuras e uma distribuição regionalizada dos investimentos públicos que minimize as disparidades regionais e de renda;

XX. A efetividade das políticas públicas depende diretamente do grau de articulação, diálogo e colaboração entre Governo e Legislativo, especialmente na perspectiva da elaboração e da execução de um orçamento eficaz e bem planejado, o que são elementos fundamentais para garantia da qualidade e da efetividade das ações governamentais. Os Poderes Legislativo e Executivo, embora independentes, devem atuar em harmonia, colaboração e diálogo, de modo que o produto de suas ações possa se reverter em prol de toda a sociedade;

XXI. A qualidade formal do enunciado dos atos normativos, revelada por meio de um texto claro, preciso e desprovido de incertezas semânticas, e o respeito aos limites do campo interpretativo delineados no enunciado pelo legislador são fatores que contribuem para o desenvolvimento, a efetivação das políticas públicas e a construção de um ambiente de estabilidade e segurança jurídica;

XXII. Finalmente, conclui-se que a utilização inadequada de conceitos jurídicos indeterminados tem capacidade para comprometer a qualidade formal dos atos normativos, inclusive daqueles que criem políticas públicas, e ensejar a violação dos princípios do Estado de direito democrático, da determinabilidade, da segurança jurídica e da tipicidade penal. O caso brasileiro da nova Lei de Abuso de Autoridade (Lei nº 13.869, de 2019) demonstra que alguns dos seus dispositivos em vigor, e ainda outros cuja vigência foi obstada pela manutenção do respectivo veto, no seu sentido semântico, não cumprem a função de tornar inteligível, para os seus destinatários, os deveres de conduta que lhes são impostos, não atendendo, dessa forma, ao critério da determinabilidade das leis;

XXIII. Especialmente em contextos de impasses para a formação de consensos no Parlamento, sobretudo envolvendo proposições legislativas com temas complexos e difíceis, a exemplo do que ocorreu em Portugal com a questão da eutanásia (matéria sensível, com implicações éticas, filosóficas e religiosas), é possível observar a utilização inadequada de conceitos jurídicos indeterminados, mediante a formulação de enunciados normativos articulados com expressões demasiadamente vagas, imprecisas e sem determinabilidade. Esse quadro acarreta graves prejuízos à qualidade formal das políticas públicas e à atividade interpretativa das normas e, bem assim, é ensejador de violação aos princípios do Estado de direito democrático, da determinabilidade, da tipicidade penal e da segurança jurídica.

REFERÊNCIAS

ABRAHAM, Marcos. *Curso de Direito Financeiro brasileiro*. Rio de Janeiro: Forense, 2017.

ABRANCHES, Sérgio Henrique Hudson de. Presidencialismo de coalisão: o dilema institucional brasileiro. *Revista de Ciências Sociais*, Rio de Janeiro, v. 31, n. 1, p. 5-34, 1988.

AGUIAR, Afonso G. de. *Lei nº 4.320 comentada ao alcance de todos*. Belo Horizonte: Ed. Fórum, 2005.

ALEXANDER, Larry; KRESS, Kenneth. Contra os princípios jurídicos. *In*: ALEXANDER, Larry; KRESS, Kenneth. *Direito e interpretação*: ensaios de filosofia do direito. Tradução de Luís Carlos Borges. São Paulo: Martins Fontes, 2000. p. 419-493.

ALEXANDRINO, José Melo. *Direitos fundamentais*: introdução geral. Cascais: Princípia, 2011.

ALEXY, Robert. *Teoria dos direitos fundamentais*. Tradução de Virgílio Afonso da Silva. São Paulo: Malheiros, 2008.

ALKIN, M. C.; CHRISTIE, C. A. An Evaluation Theory Tree. *In*: ALKIN, M. C.; CHRISTIE, C. A. *Evaluation Roots*: Tracing Theorists' Views and Influences. Thousand Oaks: Sage, 2004. p. 12-65.

ALMEIDA, Marta Tavares de. *A contribuição da Legística para uma política de legislação*: concepções, métodos e técnicas. Congresso Internacional de Legística: Qualidade da Lei e Desenvolvimento. Belo Horizonte: Assembleia Legislativa de Minas Gerais, 2009. p. 83-102.

ANDRADE, José Carlos Vieira de. *Os direitos fundamentais na Constituição Portuguesa de 1976*. Coimbra: Almedina, 2009.

ANGLMAYER, Irmgard. The parliamentary dimension of impact assessment and policy evaluation: experiences from Europe. *Cadernos ASLEGIS/Associação dos Consultores Legislativos e de Orçamento e Fiscalização Financeira da Câmara dos Deputados*, n. 61, 2º semestre de 2021. Brasília: ASLEGIS, 2021. p. 103-127. Disponível em: https://aslegis. org.br/todas-as-edicoes-artigos/837-caderno-61. Acesso em: 26 jun. 2024.

ASSIS, Nilson Rodrigues de. *Demonstrativo das despesas obrigatórias de caráter continuado*: análise da evolução histórica, avaliação e identificação das variáveis que o determinam para proposição de um novo modelo. Brasília: ESAF, 2007.

ATIENZA, Manuel. *Contribución para una teoría de la legislación*. Texto de la ponencia presentada por el autor al tercer Congreso de la Federación de Asociaciones de Sociología del Estado Español, San Sebastián, p. 385-402, 28 de sept.-1 de oct., 1989.

ÁVILA, Humberto. *Teoria dos princípios*: da definição à aplicação dos princípios jurídicos. 4. ed. São Paulo: Malheiros, 2005.

BARCELLOS, Ana Paula de. Constitucionalização das políticas públicas em matéria de direitos fundamentais: o controle político-social e o controle jurídico no espaço democrático. *In*: SARLET, Ingo Wolfgang; TIMM, Luciano Benetti (Org.). *Direitos fundamentais, orçamento e reserva do possível*. Porto Alegre: Livraria do Advogado, 2008a.

BARCELLOS, Ana Paula de. *A eficácia jurídica dos princípios constitucionais*: o princípio da dignidade humana. Rio de Janeiro: Renovar, 2008b.

BARCELLOS, Ana Paula de. Alguns parâmetros normativos para a ponderação constitucional. *In*: BARCELLOS, Ana Paula de. *A nova interpretação constitucional*: ponderação, direitos fundamentais e relações privadas. Rio de Janeiro: Renovar, 2008c.

BARROSO, Luís Roberto. *Interpretação e aplicação da constituição*: fundamentos de uma dogmática constitucional transformadora. São Paulo: Saraiva, 1996.

BARROSO, Luís Roberto. *Neoconstitucionalismo e constitucionalização do direito*: o triunfo tardio do direito constitucional no Brasil. Coimbra: Boletim da Faculdade de Direito, 2005. p. 233-289.

BATEUP, Christine. The Dialogical Promise: assessing normative potential of theories of constitutional dialogue. *Brooklyn Law Review*, v. 71, 2006.

BIX, Brian. Questões na interpretação jurídica. *In*: BIX, Brian. *Direito e interpretação*: ensaios de filosofia do direito. Tradução de Luís Carlos Borges. São Paulo: Martins Fontes, 2000. p. 205-232.

BONAVIDES, Paulo. *Curso de Direito Constitucional*. São Paulo: Malheiros, 2006.

BRANCO, Paulo Gustavo Gonet. Aspectos da teoria geral dos direitos fundamentais. *In*: MENDES, Gilmar Ferreira; COELHO, Inocêncio Mártires; BRANCO, Paulo Gustavo Gonet. *Hermenêutica constitucional e direitos fundamentais*. Brasília: Brasília Jurídica, 2002.

BRASIL. *Manual técnico de orçamento MTO*. Ministério do Planejamento, Orçamento e Gestão. Secretaria de Orçamento Federal. Versão 2011. Brasília, 2010. Disponível em: https://www1.siop.planejamento.gov.br/mto/lib/exe/fetch.php/mtos_anos_anteriores_pdf:mto_2011.pdf. Acesso em: 26 jun. 2024.

BREUS, Thiago Lima Breus. *Políticas públicas no estado constitucional*: problemática da concretização dos direitos fundamentais pela administração pública brasileira contemporânea. Belo Horizonte: Fórum, 2007.

BUCCI, Maria Paula Dallari. *Direito Administrativo e políticas públicas*. São Paulo: Ed Saraiva, 2002.

BUCCI, Maria Paula Dallari. O conceito de política pública em direito. *In*: BUCCI, Maria P.D (Coord.). *Políticas públicas: reflexões sobre o conceito jurídico*. São Paulo: Saraiva, 2006.

BUCCI, Maria Paula Dallari; COUTINHO, Diogo R. Arranjos jurídico-institucionais da política de inovação tecnológica: uma análise baseada na abordagem de direito e políticas públicas. *In*: BUCCI, Maria Paula Dallari; COUTINHO, Diogo R. *Inovação no Brasil*: avanços e desafios jurídicos e institucionais. São Paulo: Blucher, 2017. p. 313-340.

CABUGUEIRA, Manuel. Legislar melhor e a avaliação de impacto legislativo em Portugal: caminho percorrido e estado da arte. *In*: BARBOSA, Maria Nazare Lins; MARINS, Camila Morais Cajaiba Garcez; PIRES, Ieda Maria Ferreira. *Legística*: estudos em homenagem ao professor Carlos Blanco de Morais. 1. ed. São Paulo: Almedina Brasil, 2020. p. 247-272.

REFERÊNCIAS | 195

CABRAL, Nazaré da Costa. Avaliação de impacto legislativo. *In*: FERRÃO, João; PAIXÃO, José Manuel Pinto (Org.). *Metodologias de avaliação de políticas públicas.* Lisboa: Imprensa da Universidade de Lisboa, 2018. p. 263-287.

CAGGIANO, Monica Herman. A crise de lei, a ciência da legislação-legística. *In*: BARBOSA, Maria Nazare Lins; MARINS, Camila Morais Cajaiba Garcez; PIRES, Ieda Maria Ferreira. *Legística*: estudos em homenagem ao professor Carlos Blanco de Morais. 1. ed. São Paulo: Almedina Brasil, 2020. p. 287-302.

CAMBI, Eduardo. *Neoconstitucionalismo e neoprocessualismo*: direitos fundamentais, políticas públicas e protagonismo judiciário. São Paulo: Editora Revista dos Tribunais, 2009.

CANAS, Vitalino. Colisões de direitos sociais: o papel da proporcionalidade e de outros parâmetros. *Revista Eletrónica de Direito Público*, Lisboa, v. 8, n. 2, p. 69-104, set. 2021.

CANOTILHO, José Joaquim Gomes. *Direito Constitucional e teoria da constituição*. Coimbra: Almedina, 2003.

CANOTILHO, José Joaquim Gomes. *Direito Constitucional*. Coimbra: Livraria Almedina, 1993.

CANOTILHO, José Joaquim Gomes. Relatório sobre programa, conteúdos e métodos de um curso de teoria da legislação. *Boletim da Faculdade de Direito da Universidade de Coimbra*, v. LXIII, p. 405-494, 1987.

CANOTILHO, José Joaquim Gomes. *Estudos sobre direitos fundamentais*. São Paulo: Editora Revista dos Tribunais, 2008.

CARDOSO, José António Lucas. Do problema dos conceitos jurídicos indeterminados em direito administrativo: para uma análise dos limites funcionais da jurisdição administrativa. *Polis – Revista de Estudos Jurídico-Políticos*, Lisboa, a. 1, n. 1, p. 11-54, out./dez. 1994.

CARVALHO FILHO, José dos Santos. *Manual de Direito Administrativo*. São Paulo: Atlas, 2012.

CATARINO, João Ricardo. Processo orçamental e sustentabilidade das finanças públicas: o caso europeu. *In*: CONTI, José Maurício; SCAFF, Fernando Facury (Coord.). *Orçamentos públicos e Direito Financeiro*. São Paulo: Revista dos Tribunais, 2011.

CAUPERS, J.; GUIBENTIF, P.; ALMEIDA, M. *Feitura das leis*: Portugal e a Europa. Lisboa: Fundação Francisco Manuel dos Santos, 2014.

CAVALCANTE FILHO, João Trindade. *Processo Legislativo Constitucional*. Salvador: JusPodivm, 2016.

CAVALCANTE FILHO, João Trindade. *Limites da iniciativa parlamentar sobre políticas públicas*: uma proposta de releitura do art. 61, §1º, II, e, da Constituição Federal. Brasília: Senado Federal, fevereiro 2013. (Textos para discussão nº 122). Disponível em: https://www12.senado.leg.br/publicacoes/estudos-legislativos/tipos-de-estudos/textos-para-discussao/td-122-limites-da-iniciativa-parlamentar-sobre-politicas-publicas-uma-proposta-de-releitura-do-art.-61-ss-1o-ii-e-da-constituicao-federal. Acesso em: 26 jun. 2024.

CHEVALLIER, Jacques. A racionalização da produção jurídica. *Cadernos de Ciência de Legislação*, Oeiras, n. 3, p. 9-23, jan./mar. 1992.

COELHO, Inocêncio Mártires. *Interpretação constitucional*. São Paulo: Saraiva, 2007.

COMPARATO, Fábio Konder. Ensaio sobre o juízo de constitucionalidade políticas públicas. *Interesse Público*, Belo Horizonte, ano 4, n. 16, out./dez. 2002.

CORREIA, José Manuel Sérvulo. Conceitos jurídicos indeterminados e âmbito do controlo jurisdicional: Acordão do Supremo Tribunal Administrativo (1ª Secção) de 17.1.2007, P. 1068/06 / [anotado por] José Manuel Sérvulo Correia. *Cadernos de Justiça Administrativa*, Braga, n.70, p. 32-57, jul./ago. 2008.

CORREIA NETO, Celso de Barros. Art. 106 a 114. *In*: CANOTILHO, J. J. Gomes *et al.* (Coord.). *Comentários à Constituição do Brasil*. São Paulo: Saraiva, 2018.

DI PIETRO, Maria Sylvia Zanella. O STJ e o princípio da segurança jurídica. *Revista do Advogado*, São Paulo, ano XXXIX, n. 141, p. 160-166, abr. 2019.

DUARTE, Tiago. *A lei por detrás do orçamento*: a questão constitucional da lei do orçamento. Coimbra: Almedina, 2007.

ENGISH, Karl. *Introdução ao pensamento jurídico*. Tradução de J. Baptista Machado. 6. ed. Lisboa: Fundação Calouste Gulbenkian, 1988.

FAILLACE NETO, Jandyr Maya. Elementos de elaboração normativa no brasil. *In*: BARBOSA, Maria Nazare Lins; MARINS, Camila Morais Cajaiba Garcez; PIRES, Ieda Maria Ferreira. *Legística*: estudos em homenagem ao professor Carlos Blanco de Morais. 1. ed. São Paulo: Almedina Brasil, 2020. p. 155-178.

FALANGA, Roberto. Avaliação pré-pós. *In*: FERRÃO, João; PAIXÃO, José Manuel Pinto (Org.). *Metodologias de avaliação de políticas públicas*. Lisboa: Imprensa da Universidade de Lisboa, 2018. p. 247-262.

FERRÃO, João. Dos paradigmas, práticas e teorias de avaliação às metodologias: uma visão panorâmica. *In*: FERRÃO, João; PAIXÃO, José Manuel Pinto (Org.). *Metodologias de avaliação de políticas públicas*. Lisboa: Imprensa da Universidade de Lisboa, 2018. p. 5-28.

FERRARA, Francesco. Interpretação e aplicação das leis. *In*: FERRARA, Francesco. *Ensaio sobre a teoria da interpretação das leis*. Traduzido por Manuel A. D. de Andrade. 2. ed. Coimbra: Arménio Amado, 1963. p. 107-197.

FERREIRA FILHO, Manoel Gonçalves. *Do processo legislativo*. São Paulo: Saraiva, 2001.

FERREIRA FILHO, Manoel Gonçalves. *Curso de Direito Constitucional*. São Paulo: Saraiva, 2012.

FERREIRA FILHO, Manoel Gonçalves. Blanco de Morais e a legística no Brasil. *In*: BARBOSA, Maria Nazare Lins; MARINS, Camila Morais Cajaiba Garcez; PIRES, Ieda Maria Ferreira. *Legística*: estudos em homenagem ao professor Carlos Blanco de Morais. 1. ed. São Paulo: Almedina Brasil, 2020. p. 235-245.

FIGUEIREDO DIAS, Jorge de. *Direito Penal*. Parte Geral. Coimbra: Coimbra Editora, 2004. Tomo I.

FIGUEIREDO DIAS, Jorge de. *Direito Processual Penal*. Coimbra: Coimbra Editora, 1974. Tomo I.

GADAMER, Hans-Georg. *Verdade e método*. 3. ed. Petrópolis: Vozes, 1997.

GRAU, Eros Roberto. *O direito posto e o direito pressuposto*. 7. ed. São Paulo: Malheiros Editores, 2008.

GUERRA, Sérgio; SALINAS, Natasha S. C. Controle político da atividade normativa das agências reguladoras. *Revista de Direito Econômico e Socioambiental*, Curitiba, v. 9, n. 3, p. 402-430, set./dez. 2018.

HESSE, Konrad. *Temas fundamentais do direito constitucional*. São Paulo: Saraiva, 2009.

HESSE, Konrad. *Escritos de derecho constitucional*: selección. Madrid: Centro de Estudos Constitucionais, 1983.

HOGG, Peter W.; BUSHELL, Allison A. The charter dialogue between Courts and legislatures (Or Perhaps The Charter Of Rights Isn't Such A Bad Thing After All). *Osgood Hall Law Journal*, v. 35, n. 1, p. 105, 1997.

HOWLEST, Michael; RAMESH, M.; PERL, Anthony. *Política pública*: seus ciclos e subsistemas. Rio de Janeiro: Elsevier, 2013.

JAHRREISS, Hermann. *Groesse und Not der Gesetzgebung*. [s.l.: s.n.], 1953.

KARPEN, Ulrich. *Legislação, desenvolvimento e democracia*. Congresso Internacional de Legística: Qualidade da Lei e Desenvolvimento. Belo Horizonte: Assembleia Legislativa de Minas Gerais, 2009. p. 13-25.

KELLY, Richard. *Briefing MPs on Bills in the UK House of Commons*. Brasília: ASLEGIS, 2021. p. 149-156 (Cadernos ASLEGIS/Associação dos Consultores Legislativos e de Orçamento e Fiscalização Financeira da Câmara dos Deputados – n. 61). Disponível em: https://aslegis.org.br/todas-as-edicoes-artigos/837-caderno-61. Acesso em: 26 jun. 2024.

LACERDA, Gabriela. *Tomada de decisão com base em evidência*: contributos do legislativo. Brasília: ASLEGIS, 2021. p. 57-79 (Cadernos ASLEGIS/Associação dos Consultores Legislativos e de Orçamento e Fiscalização Financeira da Câmara dos Deputados – n. 61). Disponível em: https://aslegis.org.br/todas-as-edicoes-artigos/837-caderno-61. Acesso em: 26 jun. 2024.

LAHERA, Eugenio. *Política y políticas públicas*. Santiago de Chile: CEPAL – Naciones Unidas (Serie Políticas Sociales; n. 95), 2004.

LARENZ, Karl. *Derecho justo*: fundamentos de ética jurídica. Traducción y presentación de Luis Diez-Picaźo. Madrid: Civitas, 1985.

LIBERATI, Wilson Donizeti. *Políticas públicas no estado constitucional*. São Paulo: Atlas, 2013.

LOPES, Pedro Moniz. Derrotabilidade normativa e jurisdição constitucional. *In*: LOPES, Pedro Moniz. *Estudos de Teoria do Direito*. Lisboa: AAFDL Editora, 2018. v. I. p. 275-286.

LOPES, Pedro Moniz. The syntax of principles: genericity as a logical distinction between rules and principles. *Ratio Juris*, v. 30, n. 4, p. 471-490, dez. 2017.

MADER, Luzius. *Legística*: história e objeto, fronteiras e perspectiva. Congresso Internacional de Legística: Qualidade da Lei e Desenvolvimento. Belo Horizonte: Assembleia Legislativa de Minas Gerais, p. 43-54, 2009.

MADER, Luzius. A avaliação legislativa: uma nova abordagem do direito. *Legislação*, n. 1, abr./jun. 1991.

MARTINS, Ives Gandra da Silva; BASTOS, Celso Ribeiro. *Comentários à Constituição do Brasil*. São Paulo: Saraiva, 1995. v. 4. Tomo 1.

MAXIMILIANO, Carlos. *Hermenêutica e aplicação do Direito*. Rio de Janeiro: Forense, 2011.

MAZZEI, Rodrigo Reis. Código Civil e o Judiciário: apontamentos na aplicação das cláusulas gerais. *In*: MAZZEI, Rodrigo Reis. *Reflexos do novo Código Civil no Direito Processual*. Salvador: Juspodivm, 2006.

MEDEIROS, Rui. Direitos, liberdades e garantias e direitos sociais: entre a unidade e a diversidade. *In*: MEDEIROS, Rui. *Estudos em homenagem ao prof. Doutor Sérvulo Correia*. Coimbra: Coimbra Editora, 2010. v. I. p. 657-683.

MELLO, Celso Antônio Bandeira de. *Curso de Direito Administrativo*. São Paulo: Malheiros Editores, 2010.

MENDES, Gilmar Ferreira. Legística e o controle jurisdicional de atos normativos do chefe do poder executivo: reflexões a partir da ação direta de inconstitucionalidade (ADI) 6.121. *In*: BARBOSA, Maria Nazare Lins; MARINS, Camila Morais Cajaiba Garcez; PIRES, Ieda Maria Ferreira. *Legística*: estudos em homenagem ao professor Carlos Blanco de Morais. 1. ed. São Paulo: Almedina Brasil, 2020. p. 113-124.

MILLER, Mark C.; BARNES, Jeb (Ed.). *Making police, making law*: an interbranch perspective. Washington D.C: Georgetown University Press, 2004.

MIRANDA, Jorge. *Teoria do estado e da Constituição*. Coimbra: Coimbra Editora, 2002.

MIRANDA, Jorge. *Manual de direito constitucional*. 4. ed. Coimbra: Coimbra Editora, 1990. tomo 1.

MIRANDA, Pedro Calhman de et al. *O CMAP e a Institucionalização da avaliação de políticas públicas no governo federal*. Brasília: ASLEGIS, 2021. p. 35-56 (Cadernos ASLEGIS/ Associação dos Consultores Legislativos e de Orçamento e Fiscalização Financeira da Câmara dos Deputados – n. 61). Disponível em: https://aslegis.org.br/todas-as-edicoes-artigos/837-caderno-61. Acesso em: 26 jun. 2024.

MITCHELL, William; RANDY, Simmons. *Para além da política*: mercados, bem-estar social e o fracasso da burocracia. São Paulo: Topbooks, 2004.

MONTEIRO, Susana; MOREIRA, Amílcar. O ciclo da política pública: da formulação à avaliação *ex post*. *In*: FERRÃO, João; PAIXÃO, José Manuel Pinto (Org.). *Metodologias de avaliação de políticas públicas*. Lisboa: Imprensa da Universidade de Lisboa, 2018. p. 71-86.

MONTESQUIEU, Charles Louis de Secondat, Baron de la. *Do espírito das leis*. Tradução de Cristina Murachco. São Paulo: Martins Fontes, 2000.

MORAES, Alexandre de. *Direito Constitucional*. São Paulo: Atlas, 2015.

MORAES, Antão de. A má redação das nossas leis. *Revista dos Tribunais*, São Paulo, n. 762, p. 777-783, abr. 1999.

MORAIS, Carlos Blanco de. *Manual de Legística*: critérios científicos e técnicos para legislar melhor. Lisboa: Verbo, 2007.

MORAIS, Carlos Blanco de. *Curso de Direito Constitucional*. Coimbra: Coimbra Editora, 2008.

MORAIS, Carlos Blanco de. Segurança jurídica e justiça constitucional. *RFDUL*, v. XLI, n. 2, p. 619-30, 2000.

MORAIS, Carlos Blanco de. *O sistema político no contexto da erosão da democracia representativa*. Coimbra: Almedina, 2018.

MORAIS, Carlos Blanco de. *Curso de Direito Constitucional*: teoria da constituição em tempo de crise do estado social. 1. ed. Coimbra: Coimbra, 2014b. Tomo II. v. II.

MORAIS, Carlos Blanco de. Introdução. *In:* BARBOSA, Maria Nazare Lins; MARINS, Camila Morais Cajaiba Garcez; PIRES, Ieda Maria Ferreira. *Legística*: estudos em homenagem ao professor Carlos Blanco de Morais. 1. ed. São Paulo: Almedina Brasil, 2020. p. 19-33.

MORAIS, Carlos Blanco de. De novo a querela da "unidade dogmática" entre direitos de liberdade e direitos sociais em tempos de "exceção financeira". *Revista Eletrónica de Direito Público*, Lisboa, v. 1, n. 3, p. 60-85, dez. 2014a.

MOTTA, Fabrício; GOTTI, Alessandra. Articulação: instrumento do direito e das políticas públicas. *Revista Consultor Jurídico*, 11 de fevereiro de 2021. Disponível em: https://www.conjur.com.br/2021-fev-11/interesse-publico-articulacao-instrumento-direito-politicas-publicas#author. Acesso em: 26 jun. 2024.

NOVAIS, Jorge Reis. *Direitos sociais*: teoria jurídica dos direitos sociais enquanto direitos fundamentais. Coimbra: Coimbra, 2010.

NOVAIS, Jorge Reis. *Princípios estruturantes de Estado de direito*. Coimbra: Almedina, 2019.

NOVAIS, Jorge Reis. *Uma Constituição, dois sistemas?* Coimbra: Almedina, 2020.

OLIVEIRA, Wéder. Lei de responsabilidade fiscal, margem de expansão e o processo legislativo federal. *In:* BRASIL. Ministério da Fazenda. Escola de Administração Fazendária (Esaf). *IX Prêmio Tesouro Nacional*: coletânea de monografias. Brasília: Esaf, 2005.

PALUDO, Augustinho Vicente. *Orçamento público, administração financeira e orçamentária e LRF*. Rio de Janeiro: Forense; São Paulo: Método, 2018.

PAULO, Vicente; ALEXANDRINO, Marcelo. *Direito Constitucional descomplicado*. São Paulo: Método, 2011.

PEREIRA JUNIOR, Jessé Torres; MARÇAL, Thaís Boia. Orçamento público, ajuste fiscal e administração consensual. *Fórum de Contratação e Gestão Pública – FCGP*, Belo Horizonte, ano 14, n. 163, p. 41-52, jul. 2015.

PERRY, Stephen R. Interpretação e metodologia na teoria jurídica. *In:* PERRY, Stephen R. *Direito e interpretação*: ensaios de filosofia do direito. Tradução de Luís Carlos Borges. São Paulo: Martins Fontes, 2000. p. 145-204.

PIÇARRA, Nuno. *A separação dos poderes como doutrina e princípio constitucional*: um contributo para o estudo das suas origens e evolução. Coimbra: Coimbra Editora, 1989.

PIRES, Maria Coeli Simões. *Diálogos e conflitos no processo de elaboração das leis*. Congresso Internacional de Legística: Qualidade da Lei e Desenvolvimento. Belo Horizonte: Assembleia Legislativa de Minas Gerais, 2009. p. 119-156.

REZENDE, Renato Monteiro de. *A insustentável incerteza no dever-ser*: reserva de iniciativa de lei, jurisprudência oscilante e a criação de fundos orçamentários. Brasília: Núcleo de Estudos e Pesquisas/CONLEG/Senado, abr. 2017. (Texto para Discussão nº 231). Disponível em: http://www2.senado.leg.br/bdsf/handle/id/532564. Acesso em: 26 jun. 2024.

RIBEIRO, Gonçalo de Almeida. Controlo judicial das restrições aos direitos sociais. *Revista Eletrónica de Direito Público*, Lisboa, v. 7, n. 3, p. 65-94, dez. 2020.

RIZEK JUNIOR, Rubens Naman; ROSARIO, Ricardo Pedro Guazzelli. Consolidação das leis brasileiras: paradigma para o desenvolvimento. *In:* BARBOSA, Maria Nazare Lins;

MARINS, Camila Morais Cajaiba Garcez; PIRES, Ieda Maria Ferreira. *Legística*: estudos em homenagem ao professor Carlos Blanco de Morais. 1. ed. São Paulo: Almedina Brasil, 2020. p. 303-313.

SAGER, Laurence G. *Justice in Plainclothes*: a theory of american constitucional practice. New Haven: Yale University Press, 2004.

SAMPAIO, Jorge Silva. *O controlo jurisdicional das políticas públicas de direitos sociais*. Coimbra: Coimbra Editora, 2014.

SÁNCHEZ, Pedro Fernández. *Lei e sentença*: separação dos Poderes Legislativo e Judicial na Constituição Portuguesa. Lisboa: AAFDL, 2017.

SÁNCHEZ, Pedro Fernández. Breve nota sobre uma inovação na jurisprudência constitucional portuguesa: entre o fortalecimento da tutela dos direitos, liberdades e garantias com recurso ao princípio da igualdade e o reconhecimento da garantia de um mínimo existencial. *Revista da Faculdade de Direito da Universidade de Lisboa*, Coimbra, Coimbra Editora, v. 56, p. 93-110, 2015.

SANTA HELENA, Eber Zoehler. *Competência parlamentar para geração e controle de despesas obrigatórias de caráter continuado e de gastos tributários*. Brasília: Edições Câmara, 2009.

SANTOS, Rita de Cássia Leal Fonseca dos. *Integração e transformação*: o papel do Poder Legislativo na avaliação das políticas públicas. Brasília: ASLEGIS, 2021. p. 11-33. (Cadernos ASLEGIS/Associação dos Consultores Legislativos e de Orçamento e Fiscalização Financeira da Câmara dos Deputados – n. 61). Disponível em: https://aslegis.org.br/todas-as-edicoes-artigos/837-caderno-61. Acesso em: 26 jun. 2024.

SARMENTO, Daniel. A proteção judicial dos direitos sociais: alguns parâmetros ético-jurídicos. *In*: SARMENTO, Daniel. *Por um constitucionalismo inclusivo*. Rio de Janeiro: Lumen Juris, p. 179-215, 2010.

SCHICK, Allen. The role of fiscal rules in budgeting. *OECD Journal on Budgeting*, Paris, v. 3, n. 3, p. 7-34, 2003.

SILVA, Vasco Manuel Pascoal Dias Pereira da. *Em busca do acto administrativo perdido*. Coimbra: Almedina, 1996.

SILVA, José Afonso da. *Comentário contextual à Constituição*. São Paulo: Malheiros, 2006.

SILVA, Jorge Pereira da. *Dever de legislar e proteção jurisdicional contra omissões legislativas*: contributo para uma teoria da inconstitucionalidade por omissão. Lisboa: Universidade Católica, 2003.

SILVA, Jorge Pereira da. *Deveres do estado de protecção de direitos fundamentais*: fundamentação e estrutura das relações jusfundamentais triangulares. Lisboa: Universidade Católica, 2015.

SILVEIRA, João Tiago Valente Almeida da. Técnicas inovadoras na avaliação legislativa. *In*: BARBOSA, Maria Nazare Lins; MARINS, Camila Morais Cajaiba Garcez; PIRES, Ieda Maria Ferreira. *Legística*: estudos em homenagem ao professor Carlos Blanco de Morais. 1. ed. São Paulo: Almedina Brasil, 2020. p. 179-196.

SOARES, Fabiana de Menezes. *Legística*: história e objeto, fronteiras e perspectiva. Congresso Internacional de Legística: Qualidade da Lei e Desenvolvimento. Belo Horizonte: Assembleia Legislativa de Minas Gerais, p. 55-68, 2009.

SOARES, Fabiana de Menezes. Legística e desenvolvimento: a qualidade da lei no quadro da otimização de uma melhor legislação. *Cadernos da Escola do Legislativo*, v. 9, n. 14, p. 734, jan./dez. 2007.

SOUSA, António Francisco de. *Conceitos indeterminados no direito administrativo*. Coimbra: Almedina, 1994.

SOUSA, Marcelo Rebelo de; MATOS, André Salgado de. *Direito Administrativo geral*. Lisboa: Dom Quixote, 2004. Tomo I.

STEIN, Ernildo. O mal está na raiz da hermenêutica filosófica. *In*: DOMINGUES, I. *et al.* (Orgs.). *Ética, política e cultura*. Belo Horizonte: UFMG, 2002.

TEODORO, Viviane Rosolia. Cláusulas gerais e conceitos vagos. O direito processual como sistema de aplicação e controle. *Revista Forense*, v. 429, p. 262, 2019.

TORRES, Ricardo Lobo. *Tratado de Direito Constitucional Financeiro e Tributário*. O Orçamento na Constituição. 2. ed. Rio de Janeiro; São Paulo: Renovar, 2000. v. 5.

TUSHNET, Mark. *Weak Courts, strong rights*: judicial review and social welfare right in comparative constitucional law. Princeton: University Press, 2008.

VEDUNG, Evert. *Two approaches to legislatures and public policy evaluation*. Brasília: ASLEGIS, 2021. p. 157-174. (Cadernos ASLEGIS/Associação dos Consultores Legislativos e de Orçamento e Fiscalização Financeira da Câmara dos Deputados – n. 61). Disponível em: https://aslegis.org.br/todas-as-edicoes-artigos/837-caderno-61. Acesso em: 26 jun. 2024.

WALDRON, Jeremy. *A dignidade da legislação*. Tradução de Luís Carlos Borges. São Paulo: Martins Fontes, 2003.

JURISPRUDÊNCIA

BRASIL. Supremo Tribunal Federal. *Agravo em Recurso Extraordinário (ARE) nº 743480*. Requerente: Ministério Público do Estado de Minas Gerais. Requerido: Salvador Gomes Dutra. Relator: ministro Gilmar Mendes, julgamento de 10.10.2003, DJ 20.11.2003. Disponível em: http://www.stf.jus.br. Acesso em: 26 jun. 2024.

BRASIL. Supremo Tribunal Federal. *Recurso Extraordinário (RE) nº 792.687*. Recorrente: Cesar Augusto Seronni. Recorrido: Yedda Seronni. Relatora: ministra Cármen Lúcia, julgamento em 28.03.2016, DJ 30.03.2016. Disponível em: http://www.stf.jus.br. Acesso em: 26 jun. 2024.

BRASIL. Supremo Tribunal Federal. *Recurso Extraordinário (RE) AgR nº 290.549*. Recorrente: Prefeito do Município do Rio de Janeiro. Recorrido: Câmara Municipal do Rio de Janeiro. Relator: ministro Dias Toffoli, julgamento em 28.02.2002, DJ 29.03.2002. Disponível em: http://www.stf.jus.br. Acesso em: 26 jun. 2024.

BRASIL. Supremo Tribunal Federal. *Ação Direta de Inconstitucionalidade (ADI) nº 3394*. Requerente: Governador do Estado do Amazonas. Requerido: Assembleia Legislativa do Estado do Amazonas. Relator: ministro Eros Grau, julgamento em 02.04.2007, DJ 24.08.2007. Disponível em: http://www.stf.jus.br. Acesso em: 26 jun. 2024.

BRASIL. Supremo Tribunal Federal. *Ação Direta de Inconstitucionalidade (ADI) nº 2072 MC*. Requerente: Governador do Estado do Rio Grande do Sul. Requerido: Assembleia Legislativa do Estado do Rio Grande do Sul. Relator: ministro Octavio Gallotti, julgamento em 17.11.1999, DJ 19.09.2003. Disponível em: http://www.stf.jus.br. Acesso em: 26 jun. 2024.

BRASIL. Supremo Tribunal Federal. *Recurso Extraordinário (RE) nº 591209*. Recorrente: Governador do Distrito Federal. Recorrido: ministério Público do Distrito Federal e Territórios. Relatora: Ministra Cármen Lúcia, julgamento em 03.06.2014, DJ 12.06.2014. Disponível em: http://www.stf.jus.br. Acesso em: 26 jun. 2024.

BRASIL. Supremo Tribunal Federal. *Repercussão Geral no Recurso Extraordinário com Agravo (ARE) nº 878911*. Recorrente: Câmara Municipal do Rio de Janeiro. Recorrido: Prefeito do Município do Rio de Janeiro. Relator: ministro Gilmar Mendes, julgamento em 29.09.2016, DJ 10.10.2016. Disponível em: http://www.stf.jus.br. Acesso em: 26 jun. 2024.

BRASIL. Supremo Tribunal Federal. *Recurso Extraordinário (RE) nº 1158273 AgR*. Recorrente: Prefeito do Município de Ribeirão Preto. Recorrido: Câmara Municipal de Ribeirão Preto. Relator: ministro Celso de Mello, julgamento em 06.12.2019, DJ 17.12.2019. Disponível em: http://www.stf.jus.br. Acesso em: 26 jun. 2024.

BRASIL. Supremo Tribunal Federal. *Ação Direta de Inconstitucionalidade (ADI) nº 5816*. Requerente: Governador do Estado de Rondônia. Requerido: Assembleia Legislativa do Estado de Rondônia. Relator: ministro Alexandre de Moraes, julgamento em 05.11.2019, DJ 26.11.2019. Disponível em: http://www.stf.jus.br. Acesso em: 26 jun. 2024.

BRASIL. Supremo Tribunal Federal. *Ação Direta de Inconstitucionalidade (ADI) nº 1347*. Requerente: Confederação Nacional do Transporte. Requerido: Secretário de Estado e Saúde no Trabalho. Relator: ministro Celso de Mello, julgamento em 05.10.1995, DJ 01.12.1995. Disponível em: http://www.stf.jus.br. Acesso em: 26 jun. 2024.

BRASIL. Supremo Tribunal Federal. *Ação Direta de Inconstitucionalidade (ADI) nº 4723*. Requerente: Governador do Estado do Amapá. Requerido: Assembleia Legislativa do Estado do Amapá. Relator: ministro Edson Fachin, julgamento em 22.06.2020, DJ 08.07.2020. Disponível em: http://www.stf.jus.br. Acesso em: 26 jun. 2024.

PORTUGAL. Tribunal Constitucional. *Processo nº 173/2021*. Acórdão nº 123/2021. Requerente: Presidente da República de Portugal. Relator Conselheiro Pedro Machete (Conselheira Maria José Rangel de Mesquita). Diário da República, 1ª série, 12.04.2021, p. 5-93. Disponível em: https://tribunalconstitucional.pt/tc/acordaos/20210123.html. Acesso em: 26 jun. 2024.

PORTUGAL. Tribunal Constitucional. *Processo nº 354/13*. Acórdão nº 296/2013. Requerente: Presidente da República de Portugal. Relator Conselheira Maria de Fátima Mata-Mouros. Diário da República, 1ª série, 28.05.2013.

PORTUGAL. Tribunal Constitucional. *Processo nº 356/2021*. Acórdão nº 545/2021. Requerente: Primeiro-Ministro da República de Portugal. Relator Conselheiro Fernando Vaz Ventura. Diário da República, 1ª série, 14.07.2021.

Esta obra foi composta em fonte Palatino Linotype, corpo 10
e impressa em papel polen Bold 70g (miolo) e Supremo 250g (capa)
pela Gráfica Formato, em Belo Horizonte/MG.